멀리 오래 보기

TAKING A LONG LOOK by Vivian Gornick
First published by Verso 2021
Copyright ⓒ Vivian Gornick 2021
All rights reserved

Korean translation rights ⓒ ETRE 2023
Korean translation rights are arranged with VERSO
through AMO Agency Korea.

이 책의 한국어판 저작권은 AMO 에이전시를 통해
저작권자와 독점 계약한 에트르에 있습니다.
저작권법에 의해 한국 내에서 보호를 받는 저작물이므로
무단 전재와 무단 복제를 금합니다.

멀리 오래 보기
Taking a Long Look

비비언 고닉
Vivian Gornick

진정한 관점을 찾기 위한 기나긴 응시

이주혜 옮김

에트르

일러두기
본문의 주석은 내용의 이해를 돕기 위해 모두 옮긴이와 편집자가 달았습니다.

들어가며

진정한 관점

어렸을 때부터 바라온 논픽션 스토리텔링을 시작하려고 비판적 저널리즘계를 떠났던 순간을 정확히 기억한다. 급진주의 페미니즘에 관해 많은 글을 썼던 대안 신문 《빌리지 보이스》*로부터 휴가를 떠나온 어느 여름 아침, 나는 해변에 면한 임시 책상 앞에 앉아 글을 쓰다가 나도 모르게 이런 문장을 타자했다. "나는 여덟 살이다. 엄마와 나는 아파트에서 나와 2층 층계참에 서 있다. 옆집 드러커 아줌마가 자기네 집 문을 열고 담배를 피우고 있다." 나의 회고록 《사나운 애착》의 첫 문장들이다. 이때부터 가감 없는 자신의 경험을 적나라하게 이용하

---

* 비비언 고닉은 1969년부터 1977년까지 이 신문에서 일하면서 저널리스트이자 급진적 페미니스트로서 작가의 경력을 시작했다.

면서 이야기에 의탁하는 글쓰기가 아니라 이야기에 봉사하는 글쓰기를 귀하게 여기도록 스스로 깨우친 작가로서 긴 수습 생활을 시작했다. 다시 말하면 이런 뜻이다. 비판적 저널리스트로서 나는 내 주장을 명백히 밝혀줄 이야기들을 찾아다니고 최고의 논리를 전개해줄 언어를 사용해왔다. 회고록 작가로서 나는 상호작용하는 인물들을 개발해 그들이 자신의 상황을 가장 잘 표현해줄 언어를 스스로 찾게 했다.

초등학교에 다닐 때 한 선생님이 반 아이들에게 내 작문 숙제를 보여주며 말했다. "이 작은 아이는 작가가 될 거야." 전율했지만 놀라지는 않았던 게 기억난다. 그때도 선생님의 예상은 어느 정도 적절하게 들렸다. 수십 년 후 대학에서 도움이 되는 글쓰기 강의를 몇 개 들었는데(당시에는 문예 창작을 전문으로 하는 과정이 없었다), 그때도 강사가(말이 거친 노동계급 출신의 소설가였다) 나를 두고 작가가 될 거라고 단언했다. 이번에는 그 강의를 듣는 전원이 강사가 보여준 인정의 끄덕임을 성유 축성으로 여겼기에 나는 뿌듯했다. 졸업하기 일주일 전, 나는 그 강사의 책상으로 가 아무 말 없이 서 있었다.

"무슨 일이죠?" 그가 말했다.
"이제 저는 뭘 하면 될까요?" 내가 말했다.
"써요." 그가 말했다.
"뭘요?" 내가 말했다.
"학생, 일단 여기서 나가요." 그가 말했다.

그래서 나는 낮에 일하고—사무원, 일당제 고등학교 교사, 편집 보조—그리고 썼다. 주로 짧은 글을 썼다. 네 살인 내가 듣는 데서 낙태에 관해 주고받는 내 어머니와 이웃의 이야기랄지, 공원에서 열린 어느 이민자의 결혼식이랄지, 시장의 해임을 요구하는 시청 앞 시위 같은 것들을. 어설퍼도 너무 어설펐다. 그 글들을 읽고 또 읽으며 언어가 맥빠지고 중심 구조가 없으며 줄거리를 끌고 가는 힘이 약하다는 걸 깨달았다. 결국 진정한 관점이 없는 게 문제임을 이해했다. 실제로 할 이야기가 전혀 없기 때문에 관점도 없다는 것을 마침내 알게 되었다. 나는 어떤 작가가 "종이 위의 검은 점"이라고 부른 것을 그저 축적하고 있었을 뿐이다.

그러던 1960년대 말 어느 저녁, 누가 인권운동의 주체인가를 둘러싸고 흑인들과 백인들이 격렬하게 의견충돌을 일으켰던 한 공개회의에 참석했다. 그곳은 감정으로 폭발했다. 요란하고 분노하고 위협적이었다. 내 가슴속에서도 열기가 쌓이는 게 느껴졌다. 나 역시 누가 내 말을 들어주었으면 싶었다. 하지만 방 안의 혼란을 대면할 용기가 없었기에 그 광경을 종이에 남기기로 했다. 지금도 그날 밤 내 손가락이 자판 위를 날아다닐 때 경험한 다급함과—투명하게!—이해받기를 갈망하는 생각과 감정을 풀어내고자 애쓸 때의 흥분이 고스란히 느껴진다. 내가 간절히 원했던 것은 내 눈 뒤에 독자를 세워놓고 내가 본 대로 장면을 보고 내가 느끼듯 분위기를 느끼게 하는 것, 그리고 당시에도 '조명의 도구'로 생각했던 나의 좌파적이

들어가며

고 문학적인 사고방식을 지닌 자아를 이용하는 것이었다. 그러다가 우연히 개인 저널리즘*으로 알려진 글쓰기 방식을 만났고 곧바로 내 방식으로 삼았다.

아침에 원고를 봉투에 넣고 길모퉁이 우체통으로 가 망설이지도 않고 《빌리지 보이스》에 보냈던 일은 지금 생각해도 흥미롭다. 《뉴요커》나 《타임스》 혹은 당시 존재했던 수많은 권위 있는 간행물에 원고를 보낼 생각은 한 번도 하지 않았다. 전혀. 나는 《빌리지 보이스》야말로 내가 속한 곳임을 본능적으로 알았다. 《빌리지 보이스》는 정말로 그 원고를 실어주었을 뿐만 아니라 일 년도 안 되어 앞으로 10년을 꼬박 일하게 될 자리를 내주었고, 대항문화 저널리즘을 통해 천천히―아주 천천히―나의 전문성을 깨우치게 해주었다.

비판적 저널리즘이 그 안에 장착된 관점을 주었다는 사실을 깨닫기까지 시간이 조금 걸렸고, 이러한 관점이 페르소나의 목소리로 표현된다는 사실을 깨닫기까지는 시간이 더 걸렸다. 페르소나는 해당 이야기를 전개하기 위해 내 안에서 끌어낸 진술의 목소리로 원고의 모든 것, 즉 구조의 형태나 언어의

---

* personal journalism. 개인의 관점과 이야기로 보다 큰 사회 문제를 조명하는 글쓰기 방식이다. 비비언 고닉은 페미니즘의 여러 사안에 관해 일인칭 비평이라고 할 만한 개인 저널리즘을 발전시켰다. 그 과정에서 개인의 감정을 주제로 삼는 게 아니라 주제를 탐구하는 과정에 감정을 이용하는 글쓰기를 통해 비평과 솔직한 회고록과 에세이를 동시에 추구하는 문학적 방식인 개인 서사(personal narrative)로 확장시켰다.

분위기, 방향이 그리는 호를 결정했다. 훨씬 더 중요하게는 얼마 후 이 페르소나의 모습이 바깥으로—다시 말해 정치와 문화로—뻗어나가면 하나의 의제에 복무하게 되고, 안으로 향하면 첫째 개인 저널리즘이, 둘째 개인 서사가 된다는 사실을 깨달았다.*

그러나 무엇이 되었든지 결국 모든 것은 관점이라는 지배적인 문제로 돌아갔다. 말했다시피《빌리지 보이스》에서 일할 때 나의 관점은 타고난 논쟁가의 후예였는데, 그저 관점을 하나 '가지기만' 해도 정말로 할 말이 있을 때와 단지 다람쥐 쳇바퀴 돌리듯 종이 위에 검은 점을 옮기고 있을 때를 진지하게 구별할 수 있게 되었다.《빌리지 보이스》를 떠나 공개적이고 비판적인 글쓰기에서 물러나면서부터 다른 곳에서 내 관점을 찾아야 했다. 나는 에세이와 회고록, 서평을 쓰기 시작했고 눈앞의 소재에서 구출되기를 기다리는 귀중한 이야기를 찾기 위해서라면 어떤 일이든 할 준비가 된 비非대리자 페르소나의 관점에 점점 더 주목하게 되었다.

그러므로 약 50년에 걸쳐 쓴—최근작부터 가장 오래된 것까지—원고를 모아놓은 이 책이 소재 속으로 들어가면서 읽

---

* 비비언 고닉은 모든 문학 작품에는 상황(situation)과 이야기(story)가 있는데, 상황은 맥락이나 환경, 줄거리이며, 이야기는 통찰력이나 지혜, 말하고자 하는 바 등 작가를 사로잡은 감정적 경험이라고 말한다. 나아가 효과적인 개인 논픽션을 쓰려면, 고백이나 적나라한 자기 몰두에 빠지지 않도록 작가와 별개로 글을 이끌어가는 페르소나가 반드시 필요하다고 말한다.

들어가며

으면 생생한 활력을 주지만 소재로부터 거리를 두고 읽으면 단연 더 큰 보람을 안겨준다는 힘겹게 얻은 깨달음을 통해 자신의 비평 역량을 다듬어온 어느 작가의 수습 시절 본보기가 될 수 있길 바란다.

2020년 뉴욕
비비언 고닉

차례

들어가며 진정한 관점   5

Literature

1부 책과 그 책의 진실한 독자 사이

함께 행간 읽기	17
진술하는 자아는 어떻게 분투하는가 앨프리드 케이진	24
시와 유혹 에드나 세인트 빈센트 밀레이	35
진실을 통렬하게 느낄 때까지 허먼 멜빌	43
타고난 정서적 불만 다이애나 트릴링	57
경이로운 풍자 메리 매카시	68
목소리가 곧 이야기다 캐슬린 콜린스	84
이민자 경험이 완성되다 로어 시걸	97
그는 실제로 무슨 이야기를 하고 있는가 제임스 설터	111

Culture

2부 무엇이 인간의 조건을 힘들게 하는가

왜곡된 나르시시즘	121
실천과 이론 사이의 틈	131
자기 삶의 타자성 시몬 드 보부아르	142
외로움을 위한 치료 에리히 프롬	152
인간으로 남는다는 것 프리모 레비	164
주어진 것에 대한 견해 한나 아렌트	177
경이의 감각 레이철 카슨	188
정치와 문학과 혁명 해리엇 비처 스토	199

Feminism

3부 싸워서 지켜야 하는 내면의 삶

의식 고양 모임	211
남자처럼 행동했다는 이유로 기소되다	245
여성운동의 위기	255
이 남자들은 왜 여성을 미워할까	268
여성적 감수성의 의미를 향하여	287

New York Stories

4부 뉴욕 이야기

버스에서   321
바비의 살롱   329

옮긴이의 말
페르소나와 페르소나의 절도 있는 일인칭 춤   348

책과 그 책의 진실한 독자 사이

1

Literature

함께 행간 읽기

우리는 모두 다섯 명이다. 10년 동안 함께 회고록을 읽어왔다. 전부 시간이 될 때만 만난다. 어느 시절에는 고작 예닐곱 번 만난다는 뜻이다. 이 모임은 종종—일정 짜기에 사로잡힌—우리 삶에서 꼭 불편한 순간에만 찾아오는 것처럼 보인다. 하지만 누구도 이 모임을 그만두길 원하지 않는다.

우리를 하나로 묶는 것은 독서 자체가 아니다. 얼마나 많은 시간을 위대하다고 알려진 책의 뜻밖의 지루함에 맞서 눈꺼풀을 밀어 올리려 애쓰며 앉아 있었던가. 책이 가져다주는 것이 심지어 대화라고 생각하지도 않는다. 그보다는 어느새 모임 없이 사는 일을 주저하게 된 우리가 함께 모였을 때 차지하는 분위기다.

한때는 나도 책이 가져다주는 게 대화라고 생각했다. 대화는 반드시 깊이 있거나 독창적이거나 심지어 의견이 일치하지도 않았다. 오히려 우리 사이에는 강력하고 논쟁의 여지가 많은 의견 불일치가 일상이었다. 사실 그게 우리가 기대하는 바였다. 우리 사이의 의견 불일치는 억제제가 아니라 각성제였다. 자신이 옹호하는 의견에 반대하는 견해는 전보다 자신에 관해 많은 것을 돌려준다. 조지 메러디스*가 좋은 대화의 당연한 귀결이어야 한다고 말한 것처럼, 우리도 모임 안의 언쟁을 통해 사회적 교류를 자기 확장의 행위로 경험하고 이전과는 달라진 느낌을 받곤 한다.

사실 이 모임은—좋은 대화의 동력에 관해서—우리 모두 알고는 있지만 좀처럼 만나기는 어려운, 탁월하고도 거듭 돌아오는 모범 사례다. 우리 모임의 특별히 탁월한 점은 그런 대화에 필요한 공동의 기질을 오직 '집단으로서' 획득한다는 점이다. 우리는 서로를 이런저런 배경에서 20년 이상 알고 지냈고 추상적으로는 서로를 다른 사람들보다 귀하게 여겼지만, 모임 밖에서 일부러 시간을 내 만난 적은 없다. 한 사람 한 사람이 함께 있으면 활짝 피어나야 하지만 실제로 그렇지는 않은, 생각이 충분히 비슷한 사람들 사이에 매우 흔한 이상 접근**의 훌륭한 예시다. 몇 년 동안 모임 구성원들 각자가 다른 한 명과 따로 책 이야기를 나눠봤지만 대화가 너무 빨리 끝나

---

* George Meredith. 빅토리아시대의 영국 소설가이자 시인.
** 비행기끼리 충돌할 정도로 서로 접근하여 비행하는 일.

버리거나, 한쪽 혹은 양쪽 모두 당혹감을 느끼거나, 분하거나, 심지어 우울한 느낌에 빠지곤 했다. 그러나 우리가 모임을 이루어 함께할 때는 우리 '모두의' 읽는 방식이 가진 주요한 공통성 덕분에 한 명씩 따로 만나면 어쩔 수 없이 상대에게 끼쳤던 짜증과 불편함을 줄여준다.

첫 모임 저녁에—내 기억에 루소를 읽고 있었다—나는 레너드의 발언이 언제나 나를 과도하게 방어적으로 만드는 그 습관적인 신랄한 부정주의에 빠져 있다고 생각했다. 그가 말하는 동안 내 머릿속에서 아직 내뱉지도 않은 나의 발언이 위축되기 시작했다. 그러나 클레어가 따뜻하게 웃으며 지적 위안을 주는 의견을 말하자 마이라가 활발해졌고 드디어 토론이 시작되었다. 내 차례가 왔을 때 나는 레너드가 앞서 제기한 주장의 이점을 파악하기 위해 필요한 거리를 확보할 수 있었고, 그 점을 다정하게 말할 수 있었다. 저녁 내내 이런 종류의 예상치 못한 재미가 우리 사이에서 발생하는 것을 목격했고 그때마다 말투에 긴장이 담기지 않아 대화가 끝날 줄 몰랐다.

우리를 하나의 모임으로 엮어준 것이 바로 이런 분위기였다. 거듭 말하지만 이런 발언들 덕분에 우리는 각자의 생각을 방어 없이 자유롭게 말했고, 그 생각들이 비록 도전받을지라도 결국 받아들여질 것을 아는 데서 오는 안정감을 느꼈다. 모임은 자기 생각을 향해 우리를 활짝 열어줄 뿐만 아니라 우리에게 반응이라는 의무도 지워준다. 이 의무 때문에 우리는 열린 의견들 속에서도 각자 더 깊이 파고들어야 했다. 어쩔 수 없이 더 깊이 파고들면 누군가는 유익한 광맥을 만나기도 한다. 수많은 밤 우리 중 한 사람 이상은 '빌어먹을, 이번 책에 관해서는 할 말이 하나도 없네'라고 생각하며 모임에 와서는, 결국 그날 저녁에 기억할 만한 통찰을 전해주고 끝을 맺곤 했다. 또 다른 사람이 그 책에 강하게 이입해 분위기가 달아오르면, 결국 다들 별로 집중하지 않고 읽었을 때의 둔한 마음에서 벗어나기 때문이다. 누가 어떤 책에 이입하는가는 언제나 새로운 깨달음을 준다. 언젠가 조지 케넌*의 회고록을 읽고 있었는데 그날의 모임은 이렇게 시작되었다.

"교양 있고 시적인 존재." 대니얼이 말했다.

"열정은 약하고 야망은 강하고 세계 속 자의식은 빈번해." 내가 말했다.

"향수로 점철된 냉정한 전사." 마이라가 말했다.

"러시아 사람들은 악마화된 그의 어린 시절이야." 클레어가 말했다.

"평생 나를 수치스럽게 만든 남자야." 레너드가 말했다.

그날 밤 그 책은 레너드의 것이었다. 케넌을 향한 그의 혐오가—강력하지만 완화된—유용한 신경을 건드렸다. 레너드는 60세의 게이 남성으로 그에게 중산층 자유주의는 언제나 적이었다. 그는 오랜 시간 성찰을 통해 깨닫고 정체성의 중대한 조각 안에 닻을 내린 강력한 감정을 통해 말했다. 그의 비

---

* George Kennan(1904~2005). 미국의 외교관이자 역사학자.

판이 예기치 못한 대화의 맥을 열었다. 우리 가운데 누구도 레너드의 관점으로 케넌을 생각한 적이 없었고, 누구도 다시는 그를 전처럼 세련된 외교관으로 보지 못할 것이었다. 그날 저녁 우리는 한껏 취했다.

어떤 책이든 우리 중 한 사람은 시적으로 반응했다. 그 사람에게 그 책은 어떤 단점이나 괴팍한 점이 있더라도 내적 명료함을 전달하며 표현적 자아 가운데 지성이 감수성에 도움을 주는 바로 그 부분에서 울림을 주었다. 누가 누구에게 울림을 주는가는 언제나 놀라웠다. (카네티? 아우구스티누스? 네가? 맙소사, 오스카 와일드라고?) 내가 언젠가 토머스 드 퀸시*에게, 또 언젠가는 로런 아이슬리**에게 마음을 뺏겼음을 깨달았을 때 나보다 더 놀란 사람은 없었다. 한 작가는 영국의 약물 중독자이고, 또 한 작가는 중서부의 우울증 환자로 둘 다 나에겐 너무 낯선 시대와 장소에 살았던 사람들이다. 이 어울리지 않는 한 쌍 중 각자에게서 나는 스스로 만들어낸 외로움이—신경과민에 고집스럽고, 다른 무엇보다 우선하는—삶의 중심이었음을 목격했다. 그런 외로움이라면 나도 아주 잘 알았다. 이 회고록들 덕분에 내가 이미 알고 있던 것을(레너드와 케넌 사이에 일어났던 바로 그것) 더 잘 알게 되었다. 그들과 함께 있을

---

* Thomas de Quincey(1785~1859). 영국의 소설가이자 수필가. 자신의 아편 체험을 자서전풍으로 쓴《어느 영국인 아편쟁이의 고백》으로 잘 알려졌다.
** Loren Corey Eiseley(1907~1977). 미국의 인류학자, 교육자, 철학자, 자연과학 저술가.《그 모든 낯선 시간들》《광대한 여행》《시간의 창공》등을 썼다.

때 '나'는 명징해졌다.

책과 맺는 관계가 사람과 맺는 관계와 얼마나 밀접하게 닮았는지를 깨닫게 해준 것이 바로 독서 모임이었다. 마이라는 모임 안에서 가장 똑똑한 독자였고 가장 협소한 독자였다. 책의 명성이 얼마나 대단한지 혹은 작가가 얼마나 유명한지는 중요하지 않다. 마이라는 향수나 감상을 가차 없이 싫어하고 일종의 자기기만으로 본다. "이 작가는 자신을 몰라." 마이라가 즐겨 쓰는 도입 문장이다. 그러나 마이라에게 특별 사면을 받아 우리에게 신비로운 기질적 결합을 일으키는 작가들과 불가해한 연결을 가능하게 해준 책이 꽤 자주 있었다.

대니얼과 나는 둘 다 서로 모순될 뿐만 아니라 대상의 삶을 설명하는 내용도 어긋나는 H. G. 웰스의 전기 두 권을 읽었다. 우리가 함께 웰스의 회고록《자서전의 실험Experiment in Autobiography》을 읽었던 밤에는 내용이 어긋나는 지점에 관한 토론이 재미있게도 개인의 진술에 담긴 '진실'에 관한 세미나로 바뀌고 있었다. 마이라의 차례가 왔는데, 웰스가 자기 이야기를 표백했다고 해도 전혀 문제가 되지 않는다고 건조하게 말하는 바람에 우리 모두 깜짝 놀랐다. 이 회고록에서는 우리가 '마음'에 매우 만족스러운 어떤 분위기를 불러일으키는 게 중요한데, 웰스는 이런 점을 매우 뛰어나고 온전하게 전달했고, 결국 마이라도 과학과 사회주의가 불가피하게 발전할 거라는 소멸되지 않는 신념을 통해 탁월한 지성이 오래오래 살아남을 수 있는 시대를 염원하게 되었다고 말했다.

우리 중 누구도 이때처럼 마이라가 빨간펜을 내려놓고 마치 쾌락주의자처럼 경솔하게 하나의 책을 옹호하는 말을 들어본 적이 없었다. 마이라를 매료시킨 것은 웰스의 회고록에 담긴 특정 내용이 아니었고 심지어 웰스 자신도 아니었다. 그것은 탁월한 방식으로 마이라 '스스로' 온전하다고 느끼는 부분을 건드린 책 속의 온전성이었다. 우리가 바로 우정이나 사랑에서 경험하는 것, 자신의 표현성으로 회귀하게 되는 어떤 연결이었다. 마이라의 말에 귀 기울이는 동안 방 안에 모인 모두가 더 깊게 숨을 쉬는 것 같았다. 공기가 눈에 띄게 맑아졌다. 언젠가 랜들 저렐*이 했던 말, 즉 우리는 읽기가 공기와 빛과 물처럼 기본적인 요소로 여겨지는 그런 분위기에 살기를 소망한다는 말이 떠올랐다.

　독서 모임 중에 종종 저렐의 말을 떠올린다. 내가 책과 그 책의 진실한 독자 사이에서 거의 매번 발생하는 이 생생한 현상에 감동할 때, 그리고 그 생생함이 우리 사이에 일으키는 특별한 결과에 마음이 움직일 때 저렐의 말은 얼마나 사실적이고 심장에 가까웠던가. 바로 그 순간 나는 인류가 문학을 만드는 행위에 그토록 몰두했던 것은 그것이 읽는 행위로 이어지기 때문임을 강력하게 이해하게 된다.

(2004)

---

* Randall Jarrell(1914~1965). 미국의 시인이자 문학평론가.

진술하는 자아는 어떻게 분투하는가

앨프리드 케이진

1차 세계대전 도중에 태어나 1930년대에 성년이 된 미국의 유대인 작가 세대는 1950년대와 60년대 미국 문학계에 혁명을 일으킬 운명이었다. 이 시기는 대공황과 2차 세계대전이 일으킨 사회 역사상 발화기 중 하나로, 계급 안정과 와스프WASP 헤게모니의 세대를 끝냈다. 사회적 확신이 중단된 이 틈에 델모어 슈워츠, 솔 벨로, 버나드 맬러머드 같은 상상력이 풍부한 작가들과 레슬리 피들러, 앨프리드 케이진, 어빙 하우 같은 비평가들이 대거 쏟아져 들어왔다. 상위 문화의 조건에 질식감을 느꼈던 이들은 모두 이 순간을 포착해 자신만의 독특한 목소리로 '말하기' 시작했고, 그 목소리의 독창성은 실로 놀라웠다. 이 작가들의 수많은 작품에 분노의 열기가 깃들어 있었는데, 그 분노는 너무도 독보적인 힘으로 타올라 오직 뛰어난 탄력성을 지닌 미국 언어만이 이를 감당할 수 있었다. 수많은 작가들에게 분노는 결코 사그라지지 않았고 외부자성의 감각 역시 잦아들지 않으면서 결국 강점과 한계를 동시에 드러냈다. 이 작가들의 삶을 지배했던 공개적인 반유대주의는 가라앉았지만, 이들은 여전히 세계를 무자비한 불안과 좌절의 장소로 경험했고, 비유대인을 향한 전쟁은 여성을 향한 전쟁으로 대체되었다. 언제나 불꽃이 살아나기 위해서는 산문에 적이 하나 필요했다. 그들이 점점 나이가 들어가면서 많은 작가들이 분노의 매개물이 내면에 있음을 발견했다. 불변의 고뇌는 그들의 손에 들어가 문학의 황금기를 생산해낸 은유였다.

이러한 유대계 미국인 작가 세대의 스타 중 하나인 앨프리드 케이진Alfred Kazin은 1915년 브루클린의 노동계급 이민자 가정에서 태어났다. 1942년 27세의 나이에 새 시대의 한 획을 그은 문학비평서 《본토에 서서On Native Grounds》를 출간하며 유럽 소설이 오랫동안 미국 지식인 계급의 마음에 걸어두었던 속박을 깨뜨리는 데 일조했고, 미국 문학의 가치를 드러낸 강력한 사례로 자리매김했다.

그 순간부터 케이진에게 문학계로 들어가는 문이 조금씩 열리기 시작했고, 마침내 활짝 열려 줄곧 성장하는 저명한 삶이 계속되었다. 반세기가 넘도록 그는 쓰고 가르치고 책을 출간했고, 가장 권위 있는 상과 기금을 받았으며, 저명한 사람들과 저명에 가까운 사람들과 함께 만찬에 참석했고, 중요한 모든 파티에 초대되었다. 결혼을 네 차례 했고 수없이 연애했다. 그만하면 삶이 꽤 보람되게 느껴져야 했지만 그렇지 않았다. 참석한 파티는 지루했고, 함께 잔 여자들은 그를 여전히 갈망 속에 두었으며, 그가 가장 존경을 바랐던 남자들은 그를 무시하는 것 같았다.

80년 남짓한 삶의 대부분 동안 앨프리드 케이진은 자신의 악마에게 산 채로 잡아먹혔다. 산 채로 잡아먹히는 사람 중 누구는 생각에 잠긴 침묵으로 물러나고 누구는 하늘을 향해 큰 소리로 울부짖는다. 케이진은 분명 두 번째 부류였다. 스스로 게토의 방식이라고 불렀던 폭발적이고 대립적인 태도로 일관하는 그는 영원히 고도의 불안 상태에 있는 것 같았다. 다른 이들의 성공을 시샘했고, 자신의 재능이 늘 불충분하게 보였으며, 연애 능력도 충분히 발휘하지 못했다고 느꼈고, 자신의 유대인성에 집착했다. 그는 끝까지 어디선가 자신은 초대받지 못한 근사한 파티가 벌어지고 있다는 확신에 시달렸다. 이러한 신경증적 태도는 그의 작품 어디에서도—대단한 솜씨와 부인할 수 없는 재능, 그리고 표준 영어로 쓴 비평과 자서전—찾아볼 수 없었지만 그의 내적 삶을 경악할 정도로 지배했고, 이러한 태도는 그가 평생에 걸쳐 사적 불행을 기록한 《앨프리드 케이진의 일기Alfred Kazin's Journals》(2011)에 고스란히 담겨 있다.

케이진은 50년 넘게 이 일기를 썼고 전체 분량은 7,000페이지가 넘는다고 전해진다. 좋았던 시절에도 나빴던 시절에도 그는 일기에 의존해 일상생활에 대한 열띤 견해를 문서로 열심히 기록하는 편안함과 정화를 추구했다. 머지않아 그는 일기를 주요 작업으로 여기게 되었다. 비록 비평 쓰기를 사랑했지만 자신이 시인이나 소설가가 되지 못했음을 끊임없이 놀라워했다. 일기 쓰기가 상상력에서 흘러나오는 글쓰기와 비슷해 보이기 시작했다. 일기를 계속 쓰는 행위에 대해 일기에 반복적으로 언급했다. 일기 쓰기가 무엇을 위한 일인지, 이를 통해 무엇을 성취할 것인지 스스로 되뇌었다. 그는 일기가 고뇌하는 영혼과 지각 있는 지성을 소유한 한 남자가 사회적 혼란의 한가운데서 도덕적인 존재가 되기 위해 몸부림치며 쓴 경험을 —자신의 경험과 시대의 경험 모두— 은유적으로 설명해준다고 생각했다.

간단히 말해 일기는 문학 만들기를 통한 구원이어야 했다. 이러한 야망이 분명히 드러나지는 않았어도 케이진은 이 사적인 글쓰기를 통해 솔 벨로의 《허조그》나 필립 로스의 《포트노이의 불평》에 필적할 만한 작품을 만들어냈다고 은밀히 생각하길 즐겼을 것이다. 실제로 그는 오랫동안 생전에 일기를 출판하지 못할까 안달했다. 다행히도 그의 소망은 이루어지지 않았다. 만약 케이진이 살아 있을 때 일기가 출간되었더라면 친지 누구도 다시는 그에게 말을 걸지 않았을 것이다. 그와 뜻이 엇갈렸던 거의 모든 이가 일기 안에서 반복해서 욕을 먹었다. 여기서 모순은 그가 아는 모든 사람이 '자신의' 일기 안에서 똑같은 일을 하고 있다는 점이다.

1964년 케이진은 그가 속한 미국의 유대계 작가 세대에 관해 썼다. "우리 모두 어떤 신경증적 증세가 있든지 그게 우리의 방식이다. 자기 절제, 진정한 예의와 탐구의 전통은 없다… 우리에게 우리의 떠들썩한 요구를 밀어붙일 권리가 있다고 생각하지 않을 근거도 없다."

그가 이런 말을 할 때 허조그나 포트노이처럼 들리지 않는 것은 아니다. 정말로 그렇게 들린다. 그는 허조그나 포트노이처럼 유대인임을 불평하고, 인정을 못 받는다고 불평하고, 여자랑 자고 싶다고 영원히 불평할 수는 있지만, 허구의 인물인 허조그처럼 말하는 것과 《허조그》를 만들어내는 것은 같지 않다. 《허조그》에서 허조그는 하나의 은유가 된다. 이 소설은 주인공을 하나의 은유로 만드는 매우 드문 일기라고 볼 수도 있는데, 물론 이 일기를 쓴 사람의 성격은 케이진만큼이나 복잡하다.

《앨프리드 케이진의 일기》를 지배하는 두 가지 요소는 영원히 배제당한다고 느끼는 지속적인 불평, 그리고 자신으로부터 일기 쓰는 사람을 구해내리라고 반복적으로 약속하는 글쓰기를 향한 열정이다. 물론 여기저기 정치와 문학, 미국에 관한 생각, 뉴욕 지식인들과 여성과 경력, 브루클린에서 보낸 어린 시절 등에 관한 내용도 있지만, 이 책은 대부분 극단적인 감정적 심취 상태로—매일 매주 매달 매년 써온—눈에 띄게 충실한 기록이다. 이따금 케이진의 평생은 오직 가장 비열하거나 혹은 가장 고귀한 충동으로 이루어져 각 충동이 내면의 관심을 둘러싸고 끝없이 경쟁하는 것처럼 보인다.

케이진은 심리적으로는 불만을 털어내지 못하는 자신의 무능함을 잘 알면서도 그렇게 하지 못한다. 50년이라는 시간 동안 불만은 처음처럼 끝까지 강력하고 끈덕지게 행진한다. 여기 예시가 있다.

> 1948년: "명예와 특권과 '사랑'을 향한 나의 갈망은 걷잡을 수 없어 보인다… 하루하루, 매시간 나의 불안은 상상력의 검열과 타인의 거절이라는 상대와 쓸모없는 섀도복싱에 빠져 있다."
>
> 1955년: "고립되었고 문학의 흐름 안에서 인정받을 만한 자리를 차지하지 못했다는 느낌이 끊이지 않는다… 어디에도 속하지 않은 것 같다… 어느 곳에도 분류되지 않았고 분류가 가능하지도 않다고, 나는 어떤 '작가'나 추상적인 '비평가'에 속하지 않는다고, 그래서 사람들이 불만이라고 느낄 때까지 내 생각과 공상과 나의 바로 그 사랑을 끌어안으려 한다고."
>
> 1959년: "날은 너무 덥고 내 심장은 너무 무겁다… 나는 여전히 어떤 지위를, 철학을 찾고 있는 것 같다… 이 미숙함과 이 감수성과 사랑과 온기와 안정을 향한 이 영원한 울부짖음에서 벗어나기 위해…"
>
> 1980년: "다들 정상에 있음을 아는 궁정 유대인 이사야 벌린이 자꾸 생각난다. 1947년 산타 카테리나 아말피 호텔에서 나

를 외면한 그의 등에서 내가 받았던 냉대를 생각하면 아직도 울분으로 떨게 된다."

1982년: "악명 높은 밤의 눈초리 아래 이 불안하게 잠자리에 든 자는 도대체 무슨 생각을 하는가? 그는 왜 더 이상 유명하지도 않고 다른 사람들처럼 '유명 인사'도 아닌가."

1986년: "일기를 하루하루 넘겨보면 똑같은 분노, 똑같은 울화, 똑같은 심정, 똑같은 불안과 초조, 굶주린 영혼이자 가끔은 쓸쓸한 영혼을 마주치고 몸을 떤다… 여전히 나 혼자 뚝 떨어져 살고 있다는 외로움이 나를 갉아먹는다… 그중 최악은 타인의 사회적 재능에 분개할 때다… 확실히 나는 사회성이라는 재능은 부족하다. 그래서 점점 더 쓸쓸해지고 만다."

동시에 그는 글쓰기를—그 행위를, 그 기쁨을—한결같이 사랑했고, 이는 열변과 지혜를 모두 낳았다. 그는 글쓰기가 자신의 일이라서 사랑했다. 자신의 일에 몰두한다는 것은 자신을 발견하는 일임을 그는 일찍부터 알았다. 특히 '그의' 일은 자신의 경험에 형태와 깊이를 안겨주어야 하는 대단히 근사한 임무임을 깨달은 후로 그는 이 사실을 알고 있었다.

서른두 살에 그는 이렇게 썼다. "자신의 경험에 충실한 것은 작가가 실천하기에 가장 쉬운 일이 아니라 오히려 가장 어려운 일이다. 자신의 독자성, 자신의 특별한 운명을 진정으로 이해하고 받아들여야 하기 때문인데, 이는 우리가 타인에게서 배운 것과 다른 사람의 가면 아래 우리 자신을 숨기고 싶은 유혹을 구별하는 능력이다."

　같은 해 그는 또한 작가는 진공상태에서 일하지 않고, 그 일에는 독자와 생명력 있는 연결을 이루어내는 것도 포함된다고 보았다. "비평가의 가치는 자신이 독자임을 기억하는 한도와 그 기억이 자신의 독자들에게 유익하도록 적용할 때의 영리함과 열정으로 규정된다." 이 역시 쉽게 성취할 수 있는 일이 아니다.

　통찰은 또 다른 통찰을 낳는다.

　1954년: "나의 가장 큰 문제는 내 주제의 한계를 깨닫는 것이다… 끊임없이 나의 모든 것을, 내가 생각하는 모든 것을 책 안에 집어넣으려 들고, 그래서 무엇으로 책 한 권을 만들어낼 수 있을지 깨닫기까지 몇 년이나 걸린다."
　1955년: "진정한 작업이 이루어지는가는 하나의 대상에—하나의 주제에—우리가 가진 모든 힘을 전적으로 집중시킨 정도에 정확히 비례한다."
　1957년: "작가와 책 사이의 열정적인 만남만이 진정한 비평을, 새로운 '발견'이라는 지속적인 감각을 만들어낸다. 중요한 것은 '발견의 항해', 인식의 열정적인 여정이다. 즉, 발견하는 마음의 자유와 사변의 풍부함이 중요하다…"
　1960년: "이는 글쓰기의, 생각하기의 아름다움이다. 나라는 컵은 매일 흘러넘친다. 내겐 생각이 너무 많다. 폭격처럼 찾아온다. 나는 그저 기다릴 뿐이다. 이런 나의 재능을 가지고 어떻게 불행할 수 있겠는가? 나로선 행운이다. 매일이 축복이다! 갑자기 나를 찾아와 평소의 자기연민이라는 안개를 걷어올린다. 신이시여, 위대한 신이시여, 저는 매일 이토록 생각을 잘할 수 있는데 어떻게 사람이 불행할 수 있나요?"

이와 같은 일기는 비평가로서 그리고 전기작가로서 영원히 불안해했던 남자가 죽으면서 뒤에 남긴 모든 훌륭한 글쓰기를 강력하게 떠올려준다.

케이진은 적어도 세 권의 훌륭한 회고록을 썼다. 《도시의 산책자A Walker in the City》(1951), 《30년대에 시작하기Starting Out in the Thirties》(1965), 《뉴욕의 유대인New York Jew》(1978). 모두가 시간과 장소를 불러일으키는 풍성한 세부 묘사, 화자가 만나는 이들과의 온전한 동반이라는 측면에서 최고다. 케이진의 동시대인들이—어빙 하우, 라이어널 트릴링, 대니얼 벨—회고록에서만큼 일기에도 자주 등장하지만, 일기에서만은 하나같이 조악한 본성의 부정적인 인물로 취급되고 있다는 사실을 흥미롭게 지적해야겠다. 회고록에서 모욕의 감각은 글쓰기의 품위 때문만이 아니라 편협한 이기심을 뛰어넘으려는 작가의 의도 때문에라도 상당히 절제되어 있다. 다시금 진정한 성취다.

자서전에서 앨프리드 케이진은 스토리텔링에 주된 관심을 둔 화자가 된다. 이야기를 전달하는 이 목소리는 당대에 완전히 자리매김한 한 인생을 들려준다. 이 글을 쓰면서 케이진은 훌륭한 회고록 작가라면 누구나 이해해야 하는 것, 즉 작가 자신의 평범하고 헝클어지고 일상적인 자아는 진술하는 자아에게 자리를 내주어야 한다는 것을 이해하게 되었다. 이 화자는—다른 말로 페르소나—이야기의 이유이자 이야기의 종복이 된다. 1964년 이와 같은 일을 깨우치면서 케이진은 일기에 이렇게 썼다.

기본적으로 모든 자서전은 '나'에게 주어진 가치 혹은 헌신에 매달린다. '나'는 중심 신화가 되고, 다른 모든 인물이 걸어 다니는 통로가 되며, 책에서 중요한 것은 이 상술의 주체가 자신의 '나'에게, 그가 일상생활에서 실제로 경험하는 수많은 자아 가운데 선택한 그 '나'에게 기꺼이 어떤 하나의 신화나 해석을 부여하는가다.

케이진의 일기에는 회고록을 만든 풍성하고 직접적인 표현력이 있다. 이 표현력은 찬란하지만 동시에 당혹감의 원천이 된다. 한편으로 이 표현력은 가슴을 칠 만큼 안타까운 굶주림으로 1950년대와 60년대 문화를 변화시킨 산문을 이룩한 허구적인 유대계 미국인 화자들의 집단적 태도를 뛰어나게 그려 보인다. 또 다른 한편 예술이 변신시키지 못한 원재료의 혐오스러운 속성을 고스란히 드러낸다. 이 모든 것을 감안해도 이 책은 우리 모두 지니고 살아가지만 오직 앨프리드 케이진처럼 재능 있는 작가만이 무릎을 꿇릴 수 있는 내면의 혼돈에서 벗어나기 위해 좋은 글쓰기가 어떻게 분투하는지를 보여주는 탁월한 사례다.

(2011)

시와 유혹

에드나 세인트 빈센트 밀레이

　　1970년 낸시 밀퍼드는 미국 문학 보헤미안 사회의 전설적인 나쁜 여자 중 하나였던 젤다 피츠제럴드의 유명한 전기를 출간했다.* 이 전기는 피츠제럴드 부부를 괴롭혔던 낭만적 무질서를—두 사람은 그것 때문에 얼마나 '사랑받았던가!'—탁월한 힘으로 생생하게 살려냈고, 그 안에 더 갇혀 있었던 사람은 스콧보다 젤다 쪽이었다고 밝혔다. 스콧이 두 사람의 공동 환경을 문학으로 만들어냈다면, 스콧의 원료였던 젤다는 오직 그것에 소비되었을 뿐이다. 젤다는 내적 혼돈으로 사랑받

---

* 전기작가 낸시 밀퍼드는 두 편의 전기 《젤다(Zelda)》와 《야성의 아름다움: 에드나 세인트 빈센트 밀레이의 삶(Savage Beauty: The Life of Edna St. Vincent Millay)》을 썼다.

왔다. 그게 그의 재능이자 업보였다. 진정 씁쓸한 종말을 향해 거침없이 가는 것 말고 달리 할 일이 없었다.

젤다가 비범한 파도의 물마루를 타고 있을 바로 그 시기에 미국 예술계의 또 다른 유명한 나쁜 여자가 자신의 파도를 타고 있었다. 그러나 이 사람은 우리에게 재능의 동반자가 아닌 재능 자체로 알려졌다. 맹렬한 보헤미안 에드나 세인트 빈센트 밀레이Edna St. Vincent Millay는 영광의 시기에 자신이 쓴 시만큼이나 자유연애와 무모한 생활을 향한 전국적인 환상을 불러일으킨 능력으로 유명하다. 낸시 밀퍼드의 말을 빌리자면 그는 "바이런만큼 개인적인 추종자를 거느렸던 최초의 미국인"이었다. 실제로 밀레이는 바이런이 끌어모은 것과 같은 부류의 군중을 끌어모았다. "그의 수행 자아는 사람들에게 살아 있는 뮤즈를 가까이서 목격한 듯한 느낌을 주었고… 그는 그들을 일으켜 세워 자신에게 오게 했다. 대공황의 한가운데서 그의 소네트집 《치명적인 인터뷰Fatal Interview》(1931)는 출간 2주일 만에 3만 5,000부가 팔렸다." 미국이 시를 사랑하는 사람들의 나라가 됐기 때문이 아니었다.

에드나 밀레이는 1892년에 태어나 메인주 해안 지역에서 역경과 아름다움 속에서 성장했다. 그는 가난하고 독립적인 어머니(가발 제작자이자 방문 간호사)의 세 딸 중 하나로 태어났다. 어머니는 1900년에 무능한 남편을 쫓아내고 홀로 세 딸을 키웠다. 코라 밀레이는 독창적인 여성으로 강인하고 똑똑하며 아는 게 많았다. 그의 거친 경계 안에는 자신이 아닌 딸들을 위한 낭만주의가 기이한 야망으로 불타올랐다. "나는 그 애들 때문에 늘 악에 받쳐 살았다. 아슬아슬하게 먹고사는 일이야 남들도 비슷할 수 있겠지만, 세상에 등을 돌린 부모와 사는 일은 훨씬 더 힘들 것이다… 아이들은 언제나 아름답고 비극적인 것을 향해 줄을 섰다… 나는 딸들이 가난을 깨닫게 놔두었다. 살아가려면 모든 이익에 대가가 따른다는 것을 깨닫게 했다."

딸들은 어머니를 과도하게 숭배했고—어머니와 살면서 삶을 '향한' 열정이 아니라 '삶의' 열정이 형성기 경험이 되었다—딸들의 정신 속에서 어머니를 향한 이러한 숭배는 평범하지 않은 가족 로망스로 엮였다. 1920년대 그리니치빌리지 사람들은 코라 밀레이와 세 딸이 서로에게 푹 빠진 채 함께 이야기를 나누고 산책하는 모습을 목격했다. 대도시에 도착한 이 소규모의 여성들은 '작은 아씨들'의 괴상한 형태로 보였다. 독창적이고 고결한 정신 안쪽에 뭔가 은밀하고 조롱하는 듯 닿지 않는 것이 있었다. 그들은 서로에게 여느 사람과는 전혀 다른 존재, 즉 다가올 모든 외로움의 원형이 되어주었다.

물론 심장이 뛰는 한복판에 에드나가 있었다. 언제나 에드나였다. 그들은 에드나 때문에 그곳에 있었다. 에드나가 스무 살에 유명한 시 〈부활Renascence〉을 쓰고 부유한 후원자의 지원으로 바사칼리지에 간 후 1917년 시와 유혹의 놀라운 경력을 시작하고자 뉴욕에 왔기 때문이다. 맬컴 카울리*의 기억에 의하면 "각각 따로 사랑스러운 소녀들이었다. 그러나 에드나는… 사람의 심장을 깨뜨리는 사람이었다. 그에게는 거칠고 종잡을 수 없는 면이 있었다."

에드나는 열두 살에도 그랬고 마흔 살에도 그랬다. 거칠고 종잡을 수 없었다. 아니면 사람들이 자신을 거칠고 종잡을 수 없는 사람으로 경험하게 하려고 의도했거나. 그의 성격과 작품의 핵심에는 언제나 자신을 극적으로 보이게 하려는 과감성이 있었다. 그 점에 관해서는 에드먼드 윌슨**이 수많은 타인을 대표해 가장 잘 표현했다. 그는 1920년대 그리니치빌리지에서 열린 에드나의 시 낭독 파티에서 에드나를 처음 만났다. 에드먼드에 의하면, 에드나의 목소리는 압도적인 전율이 넘쳤다. 목소리가 그녀에게 "고독이라는 감정을 털어내는 매개체를 통해 타인에게 자신을 부여하는 힘을 주었다. 사람들은 음악을 들을 때처럼 숨을 죽이고 그 목소리에 귀 기울였다. 그녀의 권위는 언제나 완전했다… 그녀는 이목구비가 완벽하지 않고 어스름한 순간에는 심지어 예뻐 보이지도 않았지만, 피나 영혼에 흥분하면 거의 초자연적으로 아름다워지는 그런 여성이었다."

---

* Malcolm Cowley. 미국의 문학평론가이자 사회사학자.
** Edmund Wilson. 미국의 작가이자 문학평론가, 언론인.

도로시 톰슨*은—밀레이가 가장 유명할 때 유럽 여행 중 부다페스트에서 만나 알고 지낸—이를 다른 방식으로 표현했다. "에드나는 작은 마녀, 천재, 부랑아와 천사의 혼종이었다… 그녀는 거울 앞에 앉아 아름다운 머리카락을 빗고 또 빗었다. 나르시시스트였다. 자신을 제외하고 누구도 사랑한 적이 없었다… 내가 빈으로 돌아가야 했을 때 그녀에게 도시 사람 절반의 축배를 받게 했다. 그녀가 천사였기 때문에 내가 가진 모든 것을 주었다… 그녀는 조세프[톰슨의 남편]를 내버려 뒀을 수도 아닐 수도 있다."

관능과는 아무 상관 없는 이야기다. 전부 의지를 통한 낭만적 행동과 관계가 있다. 에드나 주변 사람들에게 평생의 갈망을 불러일으키는 데 열중한 의지 말이다. 자력은 소녀 시절부터 갖추고 있었던 의기양양한 태도에서 나왔다. 그녀는 자신이 고결한 운명과 연결되어 있다고 생각했다. 시 속에서도 자신이 유혹한 사람들은 '자신에게' 사랑받았고 결별당했기에 기품이 생겼다고 과감하고도 짜릿하게 선언했다. 모두 그녀의 자기 몰두라는 고귀한 명분에—고강도의—복무한 것을 자랑스레 여겨야 한다고 생각했다.

강렬함을 제외하면 어떤 것도 그 누구도 중요하지 않았다. 강렬함을 살아 있게 하는 것이 삶의 핵심이 되었다. 물론 대답은 언제나 같았다. 술 마시고, 돌아가며 자고, 예술하기. 멈추

---

* Dorothy Thompson. 미국의 저널리스트이자 라디오 방송인.

지 않고. 그녀의 침대에는 사랑이 식기 전 천 명의 남자가 거쳐갔고, 발치에는 수천 개의 술이 있었으며, 이전 혹은 이후의 다른 어떤 미국 시인보다 시로 돈을 더 많이 벌었다. 무슨 일이 있어도 자기 자신으로 살겠다는 요구가 시대의 요구와 완벽하게 맞물리면서 명성이 따라왔다. 1925년《뉴요커》에 실린 그녀의 소개 기사에서 글쓴이는 왜 에드나의 목소리가 순간의 목소리인지 설명한다. "시는 매인 데 없는 자유를 향한 사랑을 찬미한다… 유일하게 진정한 항복은 죽음을 향한 항복뿐… 스스로 불타버린 사랑 후에 가능한 것은 오직 강렬함뿐이다." 글쓴이는 이어서 전쟁을 막 겪은 세대는 "자신에 대해 이토록 정확하게 활자화된 것을 본 적이 없었다"라고 주장한다.

한때 이토록 사랑받았던 시인이 오늘날에는 완전히 무명이다. 우리는 더 이상 그의 작품을 읽지 않고, 읽더라도 그 당시의 경험을 고스란히 경험하지는 않는다. 왜 그렇게 되었냐고 묻는다면 이렇게 대답할 수도 있겠다. "감상적이다." 밀레이의 형식이나 주제, 태도가 낡아서가 아니라 그보다는 시가 충분히 깊이 들어가지 않았기 때문이라는 뜻이다. 소재가 충분히 변형되지 않았다. 그랬다면 나머지는 전혀 중요하지 않다고 말할 수 있었을 것이다. 그러면 어떤 시들은 새롭게 남아 새로운 것이 되었을 것이다.

그러나 인물 에드나 밀레이는 매혹적이다. 그녀의 삶 속에 있던 어떤 면이 매혹을 보여준다. 밀퍼드가 쓴 전기를 읽다가 에드나는 그 시대의 바이런이 아니라 더 정확히는 그 시대의

앤 섹스턴이라는 생각이 들었다. 지금 섹스턴의 작품은—30년이 지나 라이브 공연의 특별한 호소력 없이 오직 활자로만 봐야 하는—독자들이 언어 뒤에 숨은 배우이자 시인의 감동적인 존재를 느낄 수 있었던 때보다 영향력이 훨씬 덜하지만, 섹스턴은 독자 대중을 열광하게 했던 또 한 명의 놀라운 시 유혹자였다. 실제로 이 두 문학계의 뱀파이어는 강렬한 매혹을 불러일으키면서—스스로 중독돼버린 매혹—시의 명성을 멀리, 그리고 널리 퍼뜨렸다. 그 결과 그들은 영원히 뱀파이어로 남기를 갈망했고, 두 사람 모두 사실상 삶에서나 작품에서나 이 다급한 요구를 뛰어넘어 발전하지 못했다. 두 경우 뱀파이어 노릇이 지금은 내면의 니힐리즘을 나타내는 전조로, 당시 상징적으로 보였던 것을 산 채로 집어삼키기로 결심한 것처럼 보일 수도 있는데, 그게 바로 우리의 주의를 끄는 면이다.

   이 여성들은 타오르고, 분노하고, 살인적인 극단에, 즉 찬란하고, 이끌리고, 용서 없는 태도에 사로잡혔다. 다가오는 모든 것을 집어삼켜야 했고 어쩔 수 없이 스스로를 집어삼켰다. 실비아 플라스도 여기에 더할 수 있을지도 모르지만—플라스는 확실히 시 때문이 아니라 분노 때문에 죽었다—당연히 여기에 젤다 피츠제럴드가 있다. 각자 문학적 재능에 차이가 있었지만, 그들 모두 평범한 인간적 손실을 안고 태어난 일에 대해 완고하게 기질적으로 분노하는 부류의 생생한 예시들이다. 그들이 굴복한다면 저주를 받을 것이고 실제로 저주를 받았다.

   이렇듯 다소 굉장한 인물들의 삶에는 거대한 규모의 영광과 슬픔의 조각이 갇혀 있다. 밀레이와 피츠제럴드 둘 다 진지하게 몰두했던 사회적, 성적 무질서는 어떤 경험도 영향을 끼칠 수 없었다. 이는 힘들고 비열하고 바꿀 수 없는 삶이었고 견딜 수 없는 외로움을 끼쳤다. 실제로 이들은 외로움을 견뎌내지 못했다. 섹스턴과 플라스는 자살했고, 젤다 피츠제럴드는 미쳤지만, 아마도 그중 가장 복잡했던 밀레이는 스스로 완전하게 흥미로운 결말을 고안했다. 그녀는 말년에 그녀를 공경하는 남편과 '첨탑꼭대기Steepletop'라고 부른 은거지로 들어가 단둘이 살았다. 뉴욕시에서 세 시간 거리에 있는 아름다운 영지는 오직 에드나의 예술을 위해 창조되었다. 그러나 시간이 흐르고 그의 젊음과 아름다움의 힘이 증발하자 이곳은 그의 예술이 아니라 멜랑콜리를 위한 공간이 되었다. 그는 꾸준히 술과 약으로 물러났다. 유지에 천재적 재능을 쏟았던 남편은 계속해서 이 집을 언제라도 나타날 에드나의 뮤즈를 기다리는 공간으로 지켜냈다. 그들이 기다리는 동안 집은 점점 누추해졌다. 에드나는 모르핀 중독에 빠졌고, 남편 역시 마찬가지였으며, 집을 떠나는 일이 점점 줄었고, 마침내 두 사람 모두 기대했던 삶의 괴기한 환상 속에 산 채로 파묻혔다. 간단히 말하자면 '첨탑꼭대기'는 '선셋대로'*가 되었다.

(2001)

---

* 빌리 와일더 감독의 1950년 영화로, 한물간 배우를 통해 대중의 기억에서 사라진 스타의 일그러진 초상을 보여준다.

진실을 통렬하게 느낄 때까지

허먼 멜빌

《타임스 리터러리 서플먼트》는 《그림 동화》 새 판본에 관한 최근 리뷰에서 우리 일반 독자가 이 동화집을 주요한 문학 작품으로 볼 수 있도록 이 책이 아이들과 민속학자들의 손에서 옛이야기를 구출하면서 '크게 벌어진 틈'을 메우게 될 거라고 예측했다. 나는 어떤 사람의 어깨 너머로 이 흥미로운 문단을 읽었다. 비행기 안에 앉아 앤드루 델반코*가 쓴 허먼 멜빌의 새 전기를 막 펼쳐 든 참이었다. 확실히 내 무릎에 있는 책도 같은 일에 착수할 것 같았다. 다시 말해 《모비딕》의 작가를 멜빌의 삶과 작품을 둘러싼 세상의 일반적인 상식이 알려주는 수많은 지식으로부터 구해내고, 현세대 독자들에게 이 위대한

---

* Andrew Delbanco. 미국의 저명한 영문학자이자 사회비평가.

19세기 작가를 새롭게 알리는 일이다.

  허먼 멜빌은 1819년 뉴욕시에서 사교적이지만 재정적으로는 실패한 가정에서 태어났다. 어머니는 미국독립전쟁 당시 활동했던 갠스보트 장군의 일가였고, 양쪽 할아버지 모두 독립전쟁 영웅이었으며, 아버지는 멜빌이 열두 살 때 파산한 채 사망하면서 아내와 여덟 명의 자녀가 최선을 다해 몸부림치도록 했다. 어떤 아이도 흔히 성공했다고 말할 수 있는 삶을 살지 못했다. 멜빌은 이따금 학교에 갔고, 이따금 은행원으로 일했으며, 이따금 측량 기사로 일했다. 스물한 살에 여전히 별다른 목표 없이 평선원이 되어 고래잡이배에 몸을 실었고, 18개월을 바다에서 보낸 후 마르케사스 군도에서 탈주한 다음, 훗날 스스로 '방종한 포로 생활'이라고 일컬은 생활을 하며 원주민 부족과 몇 주를 함께 보내게 된다. 거기서 탈출하자마자 천천히 미국으로 돌아오면서 이후 50년 동안 가장 깊은 곳의 자아가 끌어다 쓰게 될 경험을 한다. 그가 미국으로 돌아오는 데 4년이 걸렸다.

  멜빌은 폴리네시아 섬사람들과 보낸 생활을 책으로 쓰기로 했다. 《타이피Typee》(1846)는 상업적으로 성공을 거두며 잠시나마 멜빌을 소소한 유명 인사로 만들었다. 더 중요하게는 이 책을 쓰면서 스스로 작가임을 깨닫게 되었다. 이후 5년 안에 네 권의 책 《오무Omoo》(1847), 《마디Mardi》(1849), 《레드번Redbun》(1849), 《화이트재킷White-Jacket》(1850)을 냈는데 갈수록 책을 향한 반응이 줄었다. 책들이 점점 멜빌이 처음 쓰기 시작했을 때의 단순한 모험 이야기에서 멀어지자 《타이피》의 독자들은 따라가지 않았다.

멜빌은 글쓰기를 통해 열정적이고 울적하며 점점 더 내면으로 치닫는 본성을 표출했는데, 바다에 나간 후로 그를 압박해온 고민, 즉 인간이라는 존재의 형이상학적 진실에 관해 공공연히 궁리했다. 《마디》에서 바바란자가 말했듯이 "나는 사물의 정수이자 저 너머에서 기다리는 수수께끼에 열중한다… 그것은 보이는 것 밑에 있다." 인간을 괴롭히는 것은 우주에 의미가 있을 거라 믿고 싶은 열망이 아니라 그 열망 뒤에 무無의 공포가 있을 거라는 의심임을 멜빌은 깨닫게 되었다. 바다에서 그 열망과 공포가 둘 다 완전히 일어나는 모습을 목격했고—야만적 행위의 잠재성과 초월의 요구 사이에서 그를 둘러싼 사람들의 지속적인 투쟁—결국 기독교인들이 문명이라고 부르는 행위는 핵심에 이르지 못했음을 이해하게 되었다. 적절한 환경만 주어지면 대다수 인간은 선과 악이 조건적이고 삶의 기본적인 힘들이 압도적임을 예증할 수 있다. 그렇다면 선과 사탄은 무엇을 위해 존재하는가?

그는 그 질문에 집착했다. 그의 내면에서 윌리엄 제임스가 "자연 뒤에 자연을 표현한 정신이 있음을 믿는 심장의 열망"이라고 밝히게 될 울적함이 자라났다. 이 열망은 충족시킬 수 없으면서 계속 그를 따라다녔다. 너새니얼 호손이 리버풀로 멜빌을 찾아와 그들이 처음 만나고 몇 년 후 호손은 이렇게 일기에 썼다. "그가 고집스럽게… 이 [신학적] 사막을 이리저리 헤매는 모습은 어딘가 이상하다… 그는 신을 믿을 수도 없고 자신의 불신을 편안하게 받아들일 수도 없는데, 너무 솔직하고 용감해서 한 가지 혹은 다른 한 가지를 시도하지 않을 수가 없다… 그의 본성은 매우 고귀하고 고결하며 우리 나머지보다 불멸의 삶을 살 가치가 있다."

《타이피》의 독자들에게 멜빌이 매번 새롭게 내놓는 문학 공물은 사기처럼 보였다. 이 병적이고 혼란스러운 추상들은 그들이 생각했던 모습이 아니었고, 멜빌이 자신을 덮쳐오지만 통제를 벗어나는 것의 정체를 분명히 밝히려고 분투할 때 책속 진술의 문장들은 종종 수렁에 빠지고 만다. 그는 스스로 독자들을 멀리하고 있음을 알았지만—"의심이 너의 마음을 흩트린다면 헛되게도 너는 동료 인간에게서 동정심을 구하게 될 것이다"라고 《마디》의 한 인물은 말한다—스스로 탐색하는 자아가 되는 길 말고 그가 달리 할 수 있는 일이 무엇이겠는가?

1850년 봄, 멜빌은 자리에 앉아 포경선과 거기서 일하는 남자들에 관한 이야기를 하나 더 쓰려고 했는데, 이번 이야기는 전에 없이 그를 압도했다.

갑자기 모든 것이—언어, 구조, 은유가—평소와 달리 다양하게 통합되었다. 나중에 그가 말하길 하나의 이야기가 두 개의 이야기가 되었는데, 더 큰 이야기가 그의 피를 빨아대는 동안 다른 이야기는 그저 잉크만 있으면 되었다. 마침내 그는 자신이 무엇을 하고 있는지 알았는데, 그 일은 향후 백 년 동안 다시는 나타나지 않을 모더니스트 스타일로 미국 문학에 크게 이바지하는 글쓰기였다. 물론 그 책은 《모비딕》(1851)이었고, 다른 책들과 마찬가지로 비평에서나 상업적으로나 크게 실패한 것으로 유명하다. 오직 한 줌의 사람들만이—그중 호손도 있었다—《모비딕》을 걸작으로 보았다.

멜빌은 계속 썼지만—시, 단편소설, 장편소설을 썼고 그중에는 《피에르》(1852), 《필경사 바틀비》(1853), 마지막으로 《빌리 버드》(1891)가 있다—《모비딕》 이후 40년은(그는 1891년에 죽었다) 일종의 무기징역 상태였다. 무명으로 우울하게 칩거하며 뉴욕 세관에서 일했고, 거의 아무도 만나지 않으며, 한때의 대중에게 완전히 잊힌 채 살아간 실패한 작가의 길고 고통스러운 세월이었다. 그가 죽었을 때 많은 이들이 멜빌이 여태 살아 있었다는 사실을 알고 놀랐다.

아, 다른 일도 있었다. 그는 40년 넘게 같은 계급 출신의 여성과 결혼생활을 하며 두 딸과 두 아들을 두었지만, 부인도 아이들도 그의 영혼의 단짝은 아니었다. 집안 어디에서도 정신적 위안을 구하지 못했고, 칭찬에서 안도감을 찾지 못했으며, 칭찬은 오히려 그를 심하게 압박할 뿐이었다. 어쩌면 이런 불행한 환경이 불안정하고 열정적인 작가를 집안에서 호통치고, 눈에 띄는 사람은 누구나 두려움에 떨게 하며, 결국 쓰라린 후회로 괴로워하는 가정의 폭군으로 만들었을지도 모른다. 멜빌의 손녀딸에 의하면 가족은 수년 동안 계속해서 "일상에 필요한 것들을 충당할 돈이 충분하지 않아서이기도 했지만, 그보다는 신경질적으로 터져 나오는 멜빌의 울화와 까다로운 양심의 공격 때문에 훨씬 더"고생했다. 한 아들은 열여덟 살에 자살했고, 또 다른 아들은 서른다섯 살에 집에서 멀리 떨어진 곳에서 죽었다.

오늘날 일부 독자들은 극적으로 실패한 그의 가정사를 멜빌의 동성애 성향을 말해주는 추가 증거로 삼는다. '추가'라고 말한 것은 호손이 의도적으로 둘의 우정을 멀리한 것에 대해 (어느 편지에서 멜빌은 씁쓸하게 호손이 '자제'한다고 썼고, 한 시에서는 이 연상의 작가에게 "내게 당신을 주세요!"라고 간청하는 것처럼 보인다) 멜빌이 터무니없을 정도로 불행해한 것에서도 많은 증거가 수집되었기 때문이다. 그러나 동성애적인 멜빌이 불가피하게 발견되었던 것은 바로 글쓰기에서였다고, 즉 남성 간의 교제라는 특별한 초상에서(《모비딕》에서 이슈미얼과 퀴퀘그), 남성의 아름다움을 향한 분명한 숭배에서(《빌리 버드》), 서로 속박해 있는 남성들의 에로틱한 배치에서(《베니토 세레노》) 찾아볼 수 있다는 주장이 있었다. 이런 증거는 누구나 계속해서 쉽게 찾아볼 수 있다. 그러나 누구나 읽을 수 있게 명백히 존재하는 것을 가지고 우리는 정확히 무엇을 할 수 있을까?

내게 멜빌의 동성애는 D. H. 로런스의 동성애와 비슷하다. 그들은 어둡고 자유롭고 거칠고 심지어 신비로운 자아가—혹시 빠뜨린 수사가 있나?—발견되길 기다리는 인간 존재의 한가운데까지 내려가 닿기를 갈망했던 두 남자였다. 둘 다 거의 종교적인 히스테리 상태로 다른 어떤 것보다 상황의 '진실'을 더 깊이 알기를 원했다. 두 작가는 이러한 앎을 남자들의 세계, 즉 강력하고 생생한 행동의 세계, 자신의 공포와 욕망에 위험하게 맞서는 세계와 완전히 결합시켰다. 오직 남자들하고만 있을 때 그들은 말하자면 벌거벗을 수 있었다. 여자들과 함께 있으면 언제나 어느 정도는 옷을 입었다. 그들의 세계에는 질서와 감상과 관습의 위안이 있었지만, 이곳에서는 가정성*이 내면의 폭발에 설치한 구속 장치에 맞서 끊임없이 투쟁했다.

그러나 두 남자 모두 어쩔 수 없이 여성들에게 집착하면서—그들 없이 제대로 사는 방법을 알지 못해 그들에게 매달렸다—동시에 실제로는 아닐지라도 상상 속에서나마(우리는 진실을 절대 알 수 없다) 남자들 사이에 오가는 것을 성애화했다. 간단히 말해 두 사람이 이해했든 못했든 각자 성적인 힘의 놀라운 복잡성을 느꼈고, 이는 그들이 썼다고 생각한 것에서도 찾아볼 수 있다. 천재성은 감수성의 힘에 있다.

내가 보기에 이것들이 바로 우리가 동성애적이라고 부르는 복잡성이고, 동성의 사람들에게 직접 성적으로 끌리는 것보다는 그 자체를 향한 고뇌와 흥분으로 분열한 정신의 측면에서 보았을 때 더 흥미롭다. 이 자기 분열을 열쇠처럼 돌려 내면의

---

* domesticity. 19세기 영국과 미국이 이상화한 여성의 사회적 역할과 덕목을 구성하는 원칙을 말한다. 중상류층은 가정성을 중심으로 이상적인 여성의 모습을 서술하고 전파했다.

드라마로 들어가는 문을 열었을 때—로런스뿐만 아니라 멜빌도—이를 통해 위대한 소설을 썼다.

멜빌이 죽은 그 세기의 대부분 동안, 그리고 그 후로도 한동안 그의 작품과 그라는 사람을 둘러싸고 미국 학계에—일부는 훌륭하고 대부분은 세속적인—산 하나가 쌓였다. 보다 빛나는 비평 작업 가운데 고전인 F. O. 매시슨F. O. Matthiessen의 1941년 작 《미국의 르네상스: 에머슨과 휘트먼의 시대 예술과 표현American Renaissance: Art and Expression in the Age of Emerson and Whitman》이 있다. 미국 문학을 공부하는 많은 이들에게 큰 영향력을 행사한 책이다. 이 책이 감동적인 것은 19세기 미국의 글쓰기에 대한 매시슨의 통찰력이 신선하기 때문만이 아니라 글을 쓸 때 발휘되는 두드러진 감수성 때문이기도 하다. 《모비딕》에 관한 논의에서 매시슨은 우리에게 "멜빌이 본능적으로 적절하게 구조의 층위들을 서로 얽히게 해놓은 모습은 오직 느리게 움직이는 전체적인 그림을 통해서만 볼 수 있다"라고 말하는데, 이 '느리게 움직이는 그림'을 너무도 아름답게 보여주면서 독자를 울린다. 이 책에서 우리는 비평으로 문학을 만들어낸 흡입력 있고 자꾸만 곁을 맴도는 산문을 만난다.

내 생각에는 작품이 아닌 멜빌이라는 사람에 관해 이루어진 작업이 더 문제적일 때가 많다. 모든 전기작가가 그의 삶을 둘러싼 자료가 치명적으로 부족해 전기의 대상을 '알 수 없다'라는 불평으로 시작한 다음, 이후 수백 페이지를 처음의 염려를 확인하는 내용으로 마구 채워 넣고 있다. 지난 10년 사이만 해도 우리는 허셜 파커Hershel Parker가 쓴 두 권짜리 전기를―거의 2,000쪽에 달한다!―만났는데, 많은 독자가 끝부분에 가서도 전기를 읽기 전보다 허먼 멜빌에 대해 딱히 더 잘 알게 되었다고 느끼지는 못했다. 그에 관한 모든 것이 페이지마다 담겨 있지만, 그 사람 자체는 여전히 파악하기 어렵다.

기이하게도 파커의 전기 1권이 등장하자마자 컬럼비아대학교 미국학 교수 앤드루 델반코는《뉴욕 리뷰 오브 북스》에 발표한 특별히 긴 에세이에 다음과 같이 썼다. "허먼 멜빌은 문학적 전기의 주제로 삼기엔 독보적으로 어렵다. 멜빌의 삶에 대한 희미한 기록은 작품의 번쩍이는 빛 속으로 사라지고, 우리가 희망할 수 있는 최선은 삶과 작품이 수렴하는 얼마 안 되는 순간을 흘낏 엿보는 것뿐이다." 이 리뷰는 본질적으로 파커가 축소적이면서 동시에 과도하게 규정된 학술적 주제를 논하면서 '숫자로 표시된 기록'을 일종의 '난잡한 세부'가 두드러진 '전기'로 바꾸었다는 비난이었다. 이상한 점은 과도하게 규정된 주제는 성적 열망에 관한 것이었지만―"모든 기분과 동기의 뿌리에서 [파커는] 성적 열망을 발견한다."―델반코 역시 이러한 관찰에 진실이 전혀 없다고 생각하지는 않았다. 다만 이 주제가 파커의 손에 들어가면서 이 가엾은 전기작가가 정말로 알지 못해서 가차 없이 갈아낸 도끼가 되어버렸다. 델반코의 견해에 의하면 파커가 평생에 걸쳐 이룩한 문학적 헌신에는 '장대한 주제가 전혀 없었다'.

그로부터 8년이 흐른 지금 우리는 델반코가 자기 입으로 오래전 문학적 전기의 주제로 삼기엔 험하다고 말했던 그 남자에 관해 직접 400쪽이 넘게 쓴 의기양양한 전기를 만났다. 독자는 어쩔 수 없이 생각하게 된다. '왜 굳이 또 다른 전기를 쓰는 거지?' 그 침묵의 질문을 들은 것처럼 델반코는 전기의 서문에서 필자에겐 다소 설득력이 떨어지는 용어를 써가며 고백한다. "이유는 우리 모두 자유의지와 운명의 알 수 없는 조합에 따라 살아간다는 느낌과 관계가 있다. 이 느낌은 나이가 들어갈수록 점점 강해지는 경향이 있어서 누군가 호락호락하지 않으면서 동시에 쏜살같이 덧없는 삶을 가지고 아름답고 영속적인 것을 만드는 모습을 지켜보면 확실히 편안함을 느끼게 된다." 델반코가 오래전 멜빌의 편지 한 통을 손에 넣었을 때 "교회에서 무릎을 꿇고 기도하는 신자에게 가까이 다가가 그 기도를 엿듣는 관광객이 된 것 같다"라고 느꼈던 순간을 우리에게 '공유'할 때 이 추상 속의 경건한 감각은 한층 더 강력해진다. 이제 우리는 숭배와 마주치게 되는데, 이를 확신하듯 서문은 다음과 같이 끝맺는다. "멜빌의 글을 읽은 사람이라면 에머슨이 셰익스피어를 읽다가 일기에 '정말로 눈이 부셔 손으로 눈을 가린다'라고 썼을 때 그게 무슨 의미였는지 알게 될 것이다."

이런 문장들이 몹시 불편했음을 인정해야겠다. 성인전도 아니고 이토록 순수하고 단순하게 시작한다면 다음에 무슨 내용이 이어질지 궁금했다. 그 생각은 들어맞았고 동시에 들어맞지 않았다. 델반코의 전기는 성인전이 맞지만 순수하고 단순하지 않다.

《멜빌: 그의 세계와 작품Melville: His World and Work》(2005)은 이미 알려지고 기록된 작가의 개인적인 삶을 온전하고 충실하게 설명하고, 한 세기가 펼쳐지는 동안의 정치와 문화 속에 그의 삶을 풍성하게(다시 말하지만 온전하게) 자리매김한다. 물론 델반코가 전기의 대상이 쓰거나 그에 관한 자료를 전부 읽었기에 그의 연구는 멜빌의 작품을 향한 풍성한 반응을 고스란히 반복할 수 있고, 실제로도 반복한다. 한편 이 반복은 연구의 권위를 입증하면서 또 한편으로는 다른 독자들의 인용문으로 포화 상태인 책 한 권을 우리에게 준다. 페이지마다 루이스 멈퍼드가 지적하고, 엘리자베스 하드윅이 주장하고, 해럴드 블룸이 언급한다. 이 인용 출처의 기본 목록에 에드워드 사이드, 워커 퍼시, E. M. 포스터, 뉴턴 아빈, 에드먼드 윌슨, W. H. 오든, 존 업다이크가 포함되었고, 덜 알려졌지만 영향력 있는 학자 프랭크 렌트리치아, 리처드 슬롯킨, 도미닉 라 카프라가 있다. 기이한 점은 이 작가들과 학자들이 말한 것의 상당수가 그 걸출한 이름들에 매달리지 않아도 말할 수 있는 내용이라는 점이다. 예를 들어 엘리자베스 하드윅이 말한 대로《타이피》를 쓴 남자는 '거울에 자기 얼굴을 그린 사람'이 아니었고, 루이스 멈퍼드의 주장처럼 뉴욕의 멜빌은 '세계의 광활함을 잊을 수 없었'으며, 슬롯킨의 말처럼 모비딕은 '남성적이면서 동시에 여성적이고 음경이자 여자 노예'이다.

델반코는 이러한 감상을 자신의 언어로 쉽게 옮길 수 있는 세련된 작가다. 그러나 그는 그렇게 하지 않기로 했다. 내 생각에는 권위를 향한 피상적인 호소를 쌓아가는 학계의 일반적인 습관 때문이 아니라, 실제로 무비판적으로 사랑한 작가의 작품을 찬란하게 에워싸고자 의도했기 때문이다. 그는 멜빌의 작품이 웅장할 뿐만 아니라 예사롭지 않게 변화무쌍하기도 하다고, 즉 당시 문화적 순간이 어떤 해석 체계에 초점을 맞추든지 쉽게 수용할 수 있기에 모든 시대, 모든 개인에게 의미가 있을 수 있다고 우리를 꼼짝 못하게 설득하려 한다. 내 생각엔 그것이 이 전기가 몰두하는 주제다.

그러므로 우리에겐 초월적인 멜빌, 모더니스트 멜빌, 냉전의 멜빌, 게이 멜빌, 생태학적 멜빌, 미국 제국주의와 반제국주의 역류의 멜빌을 시사하는 모든 제안을 지지할 수 있는 인용문이 생겼다. 특히 마지막 제안은 꽤나 그럴싸하다. 에드워드 사이드가 아프가니스탄 침공 전날 밤에 이렇게 말했다는 인용문이 있다. "집단적인 열정은 모비딕을 쫓는 에이해브 선장을 으스스할 정도로 닮은 전쟁 추동력 속으로 빨려 들어가고 있다." 델반코는 이 말을 거들어 책 뒷부분에서 많은 이들이 "이라크 공격의 결단을 내린 것과 관련해 부시 대통령을 에이해브에 비유했다"라고 주장했다. 이 책은 《모비딕》이 미국의 전 세계 지배 시도를 예언했다는 데니스 도너휴*의 과감

---

* Denis Donoghue. 아일랜드의 문학비평가.

한 발언 전에 출간되었지만, 델반코는 피쿼드호가 사실 붕괴 중인 1850년의 민주당이라고 앞서 말하지는 못했다.

그러나 "[멜빌의] 문장들이 지닌 이원 균형은 자크 데리다나 폴 드 망 같은 20세기 후반 포스트모던 작가의 글을 읽을 때와 그리 다르지 않게 시소를 타는 느낌을 준다"라는 구절을 읽을 때면 우리는 전기의 대상에 관한 주장이 너무나 광범위해 해석적 가치를 잃어버린 전기작가를 만나게 되고, 어쩔 수 없이 '도대체 무슨 말을 하는 거지?'라고 생각하게 된다. 이 마구잡이식 학설을 하나로 합하는 '대大 주제'는 어디에 있을까? 그저 질문하기만 해도 대답하는 것과 같다.

문제는 일종의 상상이다. F. O. 매시슨이 50년 동안 진실로 여겨왔던 장대한 용어로 멜빌을 제시했을 때—자연에 맞서는 인간의 비극적인 모습, 우리 내면의 타락, 십자가에 못 박힌 순수를 향한 죄책감의 필요, 존재 자체의 악의적 지능—이러한 용어들은 신선하고 독창적이며 유쾌했다. 오늘날 그 용어는 비평에서나 전기 안에서나 똑같이 닳고 닳았다. 반면 프로이트, 정치학, 문학 이론에서 파생된 새 용어로 단순히 대체한다고 해도 연구 대상을 좀처럼 자유롭게 놔두지 않는 학계의 관습이 낳은 정신적 구조 안에서 작업하는 학자들이 쓴다면 여전히 불만족스럽다.(축소적이고 도식적이다.) 델반코의 책은 축소적이지도 도식적이지도 않다. 잘 썼고 더 중요하게는 강력한 집중을 이끌어낸다. 그러나 가장 깊은 측면에서 책이 여전히 그러한 관습에 갇혀 있기에 우리에게 새로운 멜빌을 데려다주지 않고 그럴 수도 없다.

  멜빌처럼 아이콘이 된 인물에게 필요한 것은 자료에 거의 의존하지 않고 그 '삶'을 조직해낼 수 있는 독창적인 통찰력을 소유한 전기작가다. 이러한 통찰력이 감당해야 할 유일한 책무는 위조된 것이 아니라 진실된 것임을 입증하는 것, 그리고 책을 읽을 때 크게 벌어진 틈이 닫히는 것을 알아볼 정도로 이해 깊은 독자들이 《모비딕》을 쓴 남자에 관한 진실을 통렬하게 느낄 때까지 깊이 있게 쓰는 것이다.

(2005)

타고난 정서적 불만

다이애나 트릴링

미국에 책 문화가 실재했던 1940년대와 50년대에 다이애나 트릴링Diana Trilling은 매우 흡족하게 두려워했던 문학평론가 중 하나였다. 오늘날 그토록 오래된 그의 작품을 읽는 것은 경이로운 일이다. 글의 횡포함은 흥분과 분노를 자아내며 여전히 독자의 뺨을 붉게 물들일 수 있다. 트릴링은 처음부터 평론의 대상을 향해 손가락을 내젓는다. 그녀는 문학과 도덕적 책임 사이 관계에 대해—유명한 남편 라이어널 트릴링의 그림자라는—엄격한 개념을 작동시키는 머릿속 잣대를 가지고 있다. 이 기준에 의해 그녀가 읽는 책이 받아들여질 운명이라면 승인의 끄덕거림을 받는다. 그렇지 않으면 머리가 잘린다. 어떤 비평은—다수의 비평을 대표할 수 있다—"오직 꼴사납다는 이유만으로 눈에 띄는, 뒤죽박죽에 허세나 부리는 저속한 책"이라는 낙인을 찍었다.

다이애나에게 책은 점잖거나 점잖지 못한 것, 저속하거나 세련된 것, 책임을 지는 것과 무책임한 것 중 하나였다. 꼬챙이에 꿰였다가 잊힌 수백 명의 작가는 잊길. 다이애나는 존 치버, 유도라 웰티, 에벌린 워, 아서 쾨슬러 같은 작가를 일상적으로 혹독히 비판했다. 1948년 트루먼 커포티의 데뷔 소설 《다른 목소리, 다른 방》을 평하면서 다이애나는 이렇게 썼다. "커포티 씨의 소설이 지닌 전체적인 예술-도덕적 목적에 나는 깊은 반감을 품는다. 나라면 그가 지닌 기술력의 80퍼센트를 20퍼센트 더 높은 가치로 맞바꿔 사용할 것이다." 버지니아 울프에 관해서는 독자들에게 "우리는 울프 부인의 손에 본질적인 진실을 움켜쥘 힘이 부족했다는 사실에 직면한다"라고 슬프게 알렸다. 다이애나 자신은 나치 치하 오스트리아 출신의 망명자 소설가가 고향, 고국, 언어를 잃는 동안에 적어도 다이애나 트릴링의 비평은 면할 수 있어서 크나큰 행운이라고 말했다는 일화를 즐겨 반복했다.

이러한 비평을 쓰고 그 이야기를 반복했던 여성이 다른 사람에게 상처받았다고 느끼는 능력은 비범한 피해자였다는 사실은 별로 놀랍지 않다. 그는 누가 자신을 칭찬하고 비웃었는지, 지지하거나 반대했는지, 깎아내리거나 찬양했는지 계속 현황을 기록했고, 자기 작품이나 개인을 향한 모든 비평을 질투심이나 시기심 탓으로 돌렸으며, 만찬에 초대받지 못하면 누군가 모욕을 주려고 일부러 꾸민 일이라고 확신했다. 90년 인생의 절반 이상을 매일 아침 깨어나 계속해서 머릿속을 울리는 동맹과 적의 목록을 새로 점검했다. 그녀는 당시 일상적으로 도전받지 않았던 사악한 성차별주의를 면하기 어려웠던 거의 완전한 남성 세계에 살았지만—20세기 중반—이러한 삶의 모습이 상당 부분 아무리 막대한 문화적 변화가 찾아와도 절대 제거할 수 없는 타고난 정서적 불만—결코 아물지 않았던 자아도취적 상처—탓이었다고 단정하지 않기가 어렵다.

다이애나 루빈 트릴링은 1905년 뉴욕시의 유복한 폴란드계 유대인 이민자 가정에서 태어나 일찍부터 자신의 삶을 특징 짓는 성격적 모순을 드러냈다. 이 가족은 과도할 정도로 기탄없는 태도를 높이 샀고—어느 구역에서는 솔직함으로, 어느 구역에서는 대적하는 태도로 알려진—영리했던 어린 다이애나는 과감하고 꾸밈없이 자기 생각을 말하고 쓸모없는 부스러기는 털어버리라고 격려받았다. 이 엄청난 솔직담백함이 번창하는 동시에 그녀의 내면에서—어쩌면 이 두 가지는 나란히 갈 운명이었을지도 모른다—어둠에 대한, 높은 곳에 대한, 또 강도와 침입에 관한, 마지막으로(그리고 가장 지배적으로) 혼자 남겨질지도 모른다는 공포처럼 저절로 나타나 자유롭게 떠다니는 다양한 불안이 발달했다. 다이애나의 경우 이것은 성격적 특성의 특이한 조합이—성급한 확신이 안도할 수 없는 불안정을 가리는—전혀 아니었고, 거의 고의적이었다.

가족은 영리한 딸을 그 계급과 세대의 대다수 여성처럼 래

드클리프칼리지에 보낼 만큼 재력과 사회적 야망이 있었고, 그곳에서 그녀는 대학이라기보다는 신부학교에 가까운 교육을 받았다. 젊은 여성들은 잠재적으로 권력을 거머쥘 남편의 적당한 짝이 될 준비를 공개적으로 갖추어나갔는데, 다이애나에게 그러한 기대는 매우 합리적으로 보였고 때가 되어 결국 충족시킨 기대이기도 했다.

1927년 각자 친구들이 다이애나에게 컬럼비아대학교에서 문학박사 과정을 밟고 있는 동갑의 대학원생 라이어널 트릴링을 소개했다. 만난 지 얼마 안 되어 라이어널은 일기에 다이애나가 "어떤 일에 대해서도 말할 수 있는 기계적인 재주를" 지녔고 "그 웃음소리와 목소리는 짜증스럽고 대화는 날 자극한다기보다 오히려 억누르지만" 그럼에도 다이애나가 성적으로 흥분된다고 썼다. 그들은 곧 사랑에 빠졌고 일 년도 안 되어 같이 잤다. "확실히 결혼 전 남자와 침대로 간 일은 내 인생에서 가장 용감한 행위였다"라고 훗날 다이애나는 말했고, 그러한 평가를 수정할 이유는 전혀 없었다.

트릴링 부부는 1929년 결혼했고 1975년 라이어널이 죽을 때까지 일심동체로 지냈다. 다이애나가 다른 남자와 잤을 가능성은 없어 보이지만 라이어널은 그렇지 않았다. 약간 실수였지만 그는 실제로 다른 여성과 잤다. 가능한 모든 증거로 미루어보아 부부는 둘 다 상상력의 문학이 만들어낸 인간의 동기에 관해서는 수십 년 동안 계속해서 표명해왔으면서 성애적 삶을 완전히 경험했을 때의 모순적인 지령에 대해서는 심각하게 무지했다.

라이어널은 곧 컬럼비아대학교의 저명한 문학 교수이자 미국의 주요 평론가 라이어널 트릴링이 되었고, 다이애나는 불안하기는 했지만 유능한 협력자가 되었다. 다이애나는 살림을 했고 점점 바빠지는 부부의 사교 생활을 조직했으며, 남편의 일을 적극적으로 도왔다. 자신의 인생을 목적 있는 삶으로 생각하고 싶은 열망으로 그녀는 정신적으로 자신의 직업을 '가족 페미니스트'로 높여 설명했다. 클레어 부스 루스*가 유명한 연극 〈그 여자들The Women〉에서 남자가 되고 싶은 여자를 비웃었듯이, 다이애나 역시 그 개념을 발전시켜 "남자들과 가족들과 협력하는 여자들이 현대 생활을 변혁할 것이다"라고 말했다고, 다이애나의 전기작가 내털리 로빈스는 《말하지 않은 여정: 다이애나 트릴링의 삶The Untold Journey: The Life of Diana Trilling》에 썼다. 이 개념은 적어도 현대 페미니즘에 관해서는 미심쩍은 정의이고, 그렇지 않았다면 다이애나가 획득했을지도 모르는 진정한 자존심마저 앗아간 개념이었다.

알고 보니 그는 타고난 편집자였다. 엉겨 붙은 문장을 가독성 있게 고치고 원고 뒤에 숨은 생각이 명확하게 드러날 수 있게 원고를 정리할 줄 아는 사람이었다. 그러나 다이애나는 자신의 직업을 따로 찾지 않고 남편의 글을 다듬는 데 몰두했고, 꽤 일찍부터 자기가 없으면 사람들이 남편의 원고를 절

---

* Clare Boothe Luce. 미국의 작가이자 정치인.

대로 완전하게 이해할 수 없을 것을 확신했다. 라이어널이 죽고 그 원고가 공개되면 유명한 산문마다 가해진 자신의 공헌이 세상에 알려질 거라고 믿었다. 그러나 라이어널이 죽었을 때 다이애나는 자신의 편집 메모가 붙은 모든 초고를 남편이 파괴해버렸음을 발견했다. 이때 그녀가 느낀 감정은 당혹감이 아니었다. 몇 년이 지나고 아들 제임스 트릴링은 말했다. "어머니는 그 일을 두고두고 슬퍼하고 분노했어요. '그이가 어떻게 나한테 이럴 수가 있지?' 하면서요."

이 특별한 '배신'이 무척 심각해진 것은 다이애나가 '뉴욕 지식인'으로 알려진—필립 라브, 델모어 슈워츠, 어빙 하우, 드와이트 맥도널드, 더 나열할 필요가 있을까?—라이어널의 친구들과 적들의 눈앞에서 애타게 해명을 원했기 때문이다. 이들은 1930년대와 70년대 사이 이 나라의 문학/정치적 문화에서 중요한 자리를 차지한 비평가 집단으로, 다이애나는 이들을 자신의 평생 모략자로 (정확하게) 생각했다. 이 남자들은 상대를 이기는 것에서 그치지 않고 절멸시키기로 한 논쟁에 맹렬하게 몰두한 것으로 유명하다. 이 판에서 그 남자들과 동등하게 여겨진 유일한 여성들이 메리 매카시와 한나 아렌트였고, 나머지는 사교 모임에는 받아들여졌지만 아무도 그들의 말을 귀 기울여 듣지 않았던 아내들이나 여자친구들이었다.

복수의 의도를 품은 1993년 회고록 《여정의 시작The Beginning of the Journey》에서 다이애나는 이 '뉴욕 지식인'들을 "젠체하고 무례하고 남을 업신여기며 거들먹거리고 비판하기 좋아하고 앞뒤가 맞지 않는다"라고 묘사했다. 그러나 모순되게도 자기 차례가 오면 자기 혀가 그들의 혀만큼이나 신랄하고 자기 판단이 절대적이며 자기 의견이 옳음을 굽히지 않고 똑같이 고집을 피운다는 사실은 인정하지 않았다.

1941년 다이애나의 차례가 왔다. 라이어널이 잡지 《네이션》의 소설 리뷰 코너에 다이애나를 추천했고 그녀는 그 일을 받아들였다. 오래 기다린 끝에 그녀는 자신의 생각을 활자화할 수 있는 지면을 받았고, 오직 죽음만이 누그러뜨릴 수 있는 억눌렸던 비판의 에너지가 홍수처럼 쏟아져 나왔다. 다이애나는 산문집과 비평집 세 권, 긴 전기 한 권 그리고 회고록 한 권을 남겼는데, 모두 미국 문학사에 자리를 차지했다. 1940년대 말 다이애나는 자신을 책뿐만 아니라 정치, 사회적 경향, 영화 등등 무엇에 관해서든 대중적 의견을 표해도 되는 문화비평가로 여기게 되었다. 어떤 경우에는 그저 하나의 의견이 아니라 결정적 지위를 부여받을 만큼 강력한 관심을 보이기도 했다. 우선 가장 중요하게는 미국의 공산주의가 있고, 둘째로 정신분석이 있었으며, 셋째로 중요한 소설가가 될 거라는 라이어널의 잠재성이 있었다.

다이애나 트릴링의 삶에 미국의 공산주의는 커다란 요괴였다. 1930년대 중반부터 그녀는 공산주의를 도덕적으로 가장 크게 분노할 만한 미국 민주주의의 위협으로 보았다. 그녀는 미국의 공산주의와 소비에트연방의 공산주의를 구별하지 않고, 미국 공산당 조직자들이 하는 일을 '순진한 사람을 포섭

하는 데' 열중하고 '우리 문화를 흠뻑 적시려는 데' 집중하는, '내부의 악'으로 이루어진 '고위 명령의 사슬' 아래 벌어지는 일로 묘사한다. 그녀는 종종 미국의 인권을 지키는 일보다 이 '내부의 악'과 싸우는 것을 더 중요하게 여겼고, 왜 이런 생각을 품었다고 다른 이들이 자신을 수구로 여기는지 정말로 이해하지 못했다. 오늘날 소문자로 시작하거나 대문자로 시작하는 공산주의에 관해 쓴 그녀의 글을 읽으면, 어이가 없어서 웃음이 나거나 오싹해지거나 입이 떡 벌어진다. 그녀의 공산주의 색깔 논쟁에 관한 혹평 중 감정적인 상상력을 닮은 어떤 것에서 통찰력이 퍼져 나온 적은 단 한 번도 없었다.

다음으로 정신분석이 있다. 1930년대와 40년대 내내 그녀는 누그러들지 않는 불안을 치료하고자 한두 가지 형태의 심리 치료를 받았다. 대체로 20년 동안 일곱 명의 분석가를 만났는데—한 명이 나머지보다 더 무지했다고 코웃음을 치기도 했다—그녀의 설명에 의하면 치료를 받고도 본질적인 변화가 전혀 없었다. 그렇지만 그녀는 친구들, 친척들과 대화할 때는 정신분석과 심리학 관련 은어를 똑같이 사용했다. 한번은 라이어널이 누군가에게 다이애나가 "그저 그에게 화를 내는 데 그치지 않고 그를 유아기로 내던지고 정신분석을 했다"라고 말하기도 했다. 또 다른 친구는 종종 다이애나에게 "차라리 병원을 개업하고" "미치광이에게 차분하게 말하는 정신과 의사처럼" 말하지 말아달라고 애원했다. 흔히 정신분석의 통찰력에 몰두하면 그 시대가 재치 있게 표현한 대로 '자신의 상처받은 감정'에서 기인한 1970년대의 해방운동, 특히 여성운동에 공감까지는 못해도 이해는 하게 되리라 생각할 것이다. 그러나 사실은 그렇지 않았다. 저명했던 남편과 마찬가지로 다이애나는 자기 나름의 19세기 자유주의자였고 여성운동을 분열적으로 보았다.

그리고 마침내 우리는 다이애나가 품었던 불멸의 확신, 즉 라이어널이 시대만 잘 타고났어도, 혹은 생계를 꾸릴 필요가 없었다면, 출판사와 편집자들이 좀 더 격려해주었다면 훌륭한 소설가가 될 수 있을 거라는 확신에 도달했다. 언뜻 봐도 이런 주장은 터무니없다. 라이어널 트릴링은 그 세대 모든 예술가와 지식인처럼 작가라는 개념 자체가 소설을 성공적으로 쓰는 사람이었기 때문에 소설가가 되기를 갈망했다. 그러나 사실 그는 생생한 삶을 절대 종이에 표현할 수 없는 사람이었다. 훌륭한 소설가 이야기는 여기서 끝이다. 그러나 다이애나에게는 그렇지 않았다. 결코 그렇지 못했다.

다이애나 트릴링은 일생을 스스로 개별적 자아임을 선언하며 살았지만, 단 한 번도—공산주의나 정신분석에 관해 오만하게 말할 때를 제외하고—남편과의 관계에서 벗어난 자신을 상상해본 적이 없었다. 그녀가 쓴 회고록이나 내털리 로빈스가 쓴 전기에서 라이어널이 빠진 부분은 총 두 페이지가 안 된다. 이러한 애착은 말할 필요도 없이 긍정적인 감정만이 아니라 부정적인 감정도 상당히 품게 한다. 그러므로 다이애나는 라이어널이 '당연히' 천재라고 반복적으로 선언하는 한편,

그가 수영을 못하고 운전도 못하며 수표책 잔고도 못 맞춘다고 꾸준히 지적했다. 다이애나가 임신했을 때 라이어널은 아내 근처에도 가지 않았다. 또 다이애나는 라이어널이 일상적으로 분노성 우울증에 시달렸으며, 그러는 동안 다아애나가 자기 존재에 독을 탔다고 소리를 지르곤 했다고—다이애나는 그 이유가 궁금했다—폭로하기도 했다.

모순되게도 다이애나 트릴링의 삶은 모범적이다. 영리하고 재능 있는 여성이 내면의 자존감을 획득하고자 분투하면서 인생의 주요한 시기를 영광의 그늘에서 지내다가 점점 이중의 구속에 집착하게 되고, 그 결과 자신의 눈으로 봐도 벗어날 수 없는 정체성이 되어버린 삶이었다. 다이애나는 끝까지 자신의 부고 기사 제목이 '걸출한 교수이자 문학평론가 라이어널 트릴링의 아내, 다이애나 트릴링 150세에 작고'가 될 거라고 생각했다. 정말로 오늘날 그녀의 이름을 들은 사람 네 명 중 세 명은 "그게 누구죠?"라고 물을 것이다. 이때 라이어널 트릴링의 아내였다고 덧붙이면 그제야 사람들은 알겠다는 뜻으로 고개를 끄덕일 것이다.

그의 운명은 스스로 어떤 일을 떠맡았든지 '위대한 남자의 아내'로 살다가 죽을 운명이었다. 문학사만 살펴봐도 이러한 운명을 공유한 여성 세 사람이 떠오른다. 제인 칼라일(토머스 칼라일의 부인), 클로버 애덤스(헨리 애덤스의 부인), 젤다 피츠제럴드(F. 스콧 피츠제럴드의 부인)다. 제인은 저명한 일기 작가였고, 클로버는 뛰어난 대담자이자 편지 작가였으며, 젤다는 유능한 무용수이자 고통스럽게 마음을 끄는 소설의 저자였다. 이러한 여성들의 타고난 재능이 유명했던 남편들의 재능보다 반드시 열등했다고는 말할 수 없지만, 이 남성들이 자기 작업에 강박적으로 매달리는 동안 이 여성들은 절대로 그러지 못했다는 사실만은 분명하다. 관습 때문에 최우선적인 일에 필요한 한결같은 동기를 개발하지 못했던 일은 이후 삶의 모든 것을 결정했다. 결국 제인 칼라일은 시들었고, 클로버 애덤스는 자살했으며, 젤다 피츠제럴드는 미쳤다. 그러나 다이애나 트릴링은 쓰러질 때까지 싸웠다.

이제 아흔 살이 된 다이애나는 눈이 멀고 살 날이 일 년밖에 남지 않았는데, 《보스턴 글로브》의 한 기자는 다이애나의 발목이 "검정 샌들 끈 때문에 고통스럽게 분홍색으로 부어 있었지만" 다이애나는 여전히 "따버린 통조림 깡통처럼 날카로운 혀"를 지녔다고 썼다. 누군가 이 기사를 큰 소리로 읽어주었을 때 다이애나는 틀림없이 상처받은 짐승처럼 울부짖었을 것이고, 곧 정신을 수습한 다음 그 기자에게 보낼 편지를 받아 적으라고 불러주었을 것이다. 50년 전 어느 서평에 썼을 법한 화려하게 엄격한 꾸짖음으로 점철된 편지를.

(2017)

경이로운 풍자

메리 매카시

친구들과 내가 이십대였을 때—1950년대였다—다른 사람들이 성경을 읽을 때 우리는 두 명의 작가, 콜레트Colette와 메리 매카시Mary McCarthy를 읽었다. 우리가 누구이고 제한된 조건 속에서 어떻게 살아야 할지 더 잘 배우고 싶었다. 물론 그 조건이란 우리가 젊은 여성이라는 점, 그리고 결혼과 모성이 삶과의 전투가 벌어질 영토를 결정할 것이라는 점이었다. 우리가 우리 인생이 될 것이라고 믿으며 자랐던 진술을 과감하고 충격적으로 뒤집은 이야기를 이 두 사람—내가 들었던 어느 문학 수업의 커리큘럼에도 없었던—콜레트와 매카시의 작품에서만 보았다.

이 작가 중 누구도 결혼이나 모성에 대해 전혀 그리지 않았다. 콜레트에게 대문자로 시작하는 '사랑'은 작가 스스로 성애적 집착이라고 말한 바 있듯이 여성에겐 궁극의 경험이었다. 열정을 아는 것이 중요했고, 심지어—어쩌면 특히—사랑이 부르주아의 체면을 잃는 일을 뜻할지라도, 결국 젊음과 아름다움이 사라지고 욕망을 불러일으킬 수 없는 모욕에 빠질지라도 어쩔 수 없다. 그녀는 '살았었으니까'. 이런 상황에 대해 살아 있는 어떤 작가도 콜레트만큼 위험성을 제대로 이해한 것 같지는 않았다. 그녀의 작품에는 우리가 만났던 그 어느 작품과도 다르게 깊은 이해가 담겨 있었다. 콜레트 혼자만으로도 '지배당하는' 여성의 딜레마로부터 고급 예술을 만들어낼 수 있었고, '사랑'이라는 주제를 다른 소설가들이 '신'이나 '전쟁'을 숙고한 끝에 도달할 수 있었던 것과 같은 은유적 높이로 끌어올릴 수 있었다.

  그러나 메리 매카시는 우리 안에 살아 있는 또 다른 유의 로맨스, 더욱 노골적인 로맨스에 대해 말했다. 즉, 우리는 곧 '경험'으로 무장할 것이므로 우리를 고갈시키는 게 아니라 강하게 해줄 모험을 추구하고 우리 자신을 세상 밖에 나가 일하는 독립적인 여성, '신여성'으로 바라보는 로맨스였다. 이러한 시나리오에서 성적인 사랑은 납작하고 도구적이었고, 우리 중 많은 이가 무의식적으로 살기 시작한 현실을, 길에서 우연히 만난 뜻밖의 방해물로서의 현실을 밝혀준다는 점에서 역시 흥미로웠다. 콜레트처럼 높은 수준의 황홀경을 치환하는 데 집중하지 않고 매카시는 성의 해방이 치르는 대가에 집중했다. 즉, 사랑을 나누기 전에는 매우 매력적인 낯선 사람과 '실제로' 옷을 벗고 한자리에 누울 때 따르는 호기심과 흥분 그리고 당혹감은 사후에는 입에 쇠 맛을 남기고 떠나기 마련이다.

우리가 매카시에게서 가장 높이 샀던 점은 상황을 분석하고 폭로할 때의 전적인 솔직함이었다. 《그녀가 사귀는 친구 The Company She Keeps》(1942년 출간된 첫 장편소설)에서 매카시는 당시 우리가 투사할 수 있는 여성 주인공을 보여주었다. 1950년대에 누구도 서부로 가는 기차에서 브룩스 브라더스* 셔츠를 입은 남자를 만나 아침에 그 남자의 침대칸 바닥을 기어 다니며 남자가 깨어나 하룻밤 섹스의 굴욕적인 복잡성을 대면하게 하기 전에 양말 한 짝을 필사적으로 찾는 대담무쌍한 메그 서전트와 자신을 동일시할 수 없었다. 그 장면은 너무도 현실적이라 나와 내 친구들 같은 독자들은 감상이나 사회적 리얼리즘이 아니라 반짝이는 아이러니에 들어맞는 뛰어난 핍진성과 무시무시하게 탁월한 산문에 구원받았다고 느꼈다. 매카시의 글에서 성공적인 것은 바로 그러한 아이러니다. 그 안에는 누구도—심지어 주인공마저도—피할 수 없는 조롱이 내재하는데, 특히 남성들은 조롱을 피할 수 없다. 매카시가 남자 인물들을 놀려대는 방식이란! 악한이 아니라 바보로 만든다. 그들이 비웃음의 욕조로 들어가는 모습을 보기만 해도 우리는 고양되는 기분이었다. 1950년대에 매카시를 읽은 젊은

---

* Brooks Brothers. 링컨, 케네디 등 미국 대통령을 비롯한 명사들에게 많은 사랑을 받아온 의류 브랜드.

여성들이 매카시의 소설이 그토록 이른 때에 우리에게 직접 말을 걸었던 이유를 이해하려면 20년이 더 지나야 했다. 남성과 여성의 낭만적 관계를 냉담하고 가차 없이 바라보는 그의 시선은 우리의 시선이 되기엔 너무 일찍 당도했고, 그 시대의 성차별주의자가 그랬듯이 우리가 차례차례 졸업하고 세상으로 나가면서 1970년대가 되어서야 우리 중 많은 수가 매카시가 인정사정 볼 것 없이 자신의 등장인물들을 비웃어야 했던 이유가 클래리사 댈러웨이*가 부부의 침대에서 물러났던 이유와 같은 방어선이었음을 알게 되었다.

메리 매카시는 1912년 시애틀의 네 자녀 가족의 첫째로 태어났다. 여섯 살에 당시 전 세계적으로 5,000만 명에 달하는 목숨을 앗아간 1918년 인플루엔자의 유행으로 부모가 며칠 간격으로 나란히 세상을 떠났다. 매카시 집안의 아이들은 부계 쪽 조부모의 집으로 가 훗날 메리가 《가톨릭 소녀 시절의 추억Memories of a Catholic Girlhood》(1957)**에서 디킨스적이라고, 다시 말해 몸과 마음과 정신에 모두 야만적이었다고 말한 환경의 중서부 지역에서 살았다.

    십대 시절 메리는 모계 쪽 조부모에게 구조되어 시애틀로

---

* 버지니아 울프의 소설 《댈러웨이 부인》의 주인공을 말한다.
** 메리 매카시의 자서전으로 고아가 된 후로 겪은 불우했던 어린 시절을 연대기적으로 보여준다.

돌아갔고 그 후 유복하고 다정한 분위기에서 살았지만, 그 야만적이었던 중서부의 거칠고 애정 없던 시절을 완화하기 위해 할 수 있는 일은 없었다. 바사칼리지에 입학할 무렵에는 남은 인생을 살아갈 모습을 완전히 형성한 사람이 되었다. 즉, 아름답고 영리하며, 감상에 빠지지 않는 시선과 함께 듣는 사람은 두려워하지만 어떤 이는 심술궂고 재미있다고 느끼고, 또 어떤 이는 그저 심술궂게만 느끼는 냉소적인 말솜씨와 기민한 이성을 갖추었다. 1933년 대학을 졸업하자마자 결혼하고 뉴욕에 살다가 곧 이혼하고 그리니치빌리지의 작은 아파트에서 자신만의 삶을 시작했다.

  매카시와 그녀의 남편은(연극계 인물이다) 당시 좌파의 유명한 소설가였던 제임스 T. 패럴을 만났고, 1936년 이혼 후에도 패럴의 아지트에 놀러 가곤 했다. 이곳에서 메리는 수많은 흥미로운 사람을 만났고 출판계 사람들과 인맥을 쌓았으며 곧 서평을 쓰기 시작했다. 일 년도 안 되어 메리의 세련되고 아름답고 놀랄 만큼 영리한 존재는 좌파 문학계 파티에서 인기를 끌었다. 매카시의 전기작가 캐럴 브라이트먼*의 말대로 그녀는 "새로운 연극, 새로운 파업, 새로운 모스크바 재판, 새로운 현대미술관의 추상화 전시에 관해 생생한 논쟁을 펼치며" 행

---

* 캐럴 브라이트먼(Carol Brightman)이 쓴 메리 매카시의 전기 《위험하게 쓰기: 메리 매카시와 그녀의 세상(Writing Dangerously: Mary McCarthy and Her World)》(1992)은 출간된 그해 전미도서비평가협회상을 수상했다.

사장의 목소리를 높였던 "진보주의자 바깥주인과 모더니스트 안주인들"에게 소개되었다.

1937년 한때 공산당의 문학 담당이었다가 폐간된 잡지 《파르티잔 리뷰》의 복간을 결정한 사람들을(그중에서도 필립 라브와 윌리엄 필립스가 우두머리였다) 만난 것도 이러한 파티에서였다. 이 남자들은 모더니즘과 사랑에 빠진 반스탈린주의 마르크스주의자들이었고, 문학을 논쟁의 도구로 파악하는 공산당의 원시적인 태도를 부인하는 일에 몰두했다. 그들은 트로츠키가 예술이란 정치적 올바름보다 그 자체에 진실할 때 혁명을 가장 잘 원조할 수 있다고 말했기 때문에 트로츠키를 사랑했다. 여기서 정치적 올바름이란 1930년대 소설을 장악했던 사회적 리얼리즘을 의미했다.

매카시가 이런저런 파티에서 스탈린주의를 비판했다는 소식이 퍼지자 새로운 《파르티잔 리뷰》의 일원이 되어달라는 초대를 받았다. 그녀는 연극비평가로 시작해 곧, 그리고 즐겁게 자기 안에서 젊고 맹렬하게 글을 쓰는 목소리를 발견했고, 일절 타협하지 않는 작가로서 경력을 시작했다. 당시 좌파의 유명한 희곡작가였던 맥스웰 앤더슨에 대해서도 주저 없이 비평했다. "다시 한 번 그는 고매한 주제에 사로잡혔고 또다시 평범한 재능이 그 주제를 무의미하게 축소해버렸다." 또 유진 오닐의 《얼음장수 오셨네Iceman Cometh》(1939)가 뛰어난 작품으로 찬사를 받을 때도 매카시는 알코올이 성격을 예리하게 다듬어주는 게 아니라 오히려 무너뜨린다는 것을 만인이 다 아는데, 극이 진행될수록 극작가의 메시지를 전달하려는 목적으로 다수의 술꾼이 그 메시지를 명백히 표현하게 했다며 유진 오닐의 감상성을 몹시 비난했다.

전기작가 캐럴 브라이트먼은 이렇게 말한다.

처음부터 《파르티잔 리뷰》는 메리 매카시의 맥박을 고동치게 하는 논쟁으로 가득했다. 그녀는 그 사람들의 특별한 자아 때문이 아니라 [그녀의 표현에 의하면] 그 사람들이 '돈에 근접했다거나 공산주의자 기관을 포함한 설립 기관에 근접했다고 평가할 수 없고, 오직 문화적 변화의 선구자로서 그 수행에 의해서만 평가해야 할 자칭 엘리트'였기 때문에 그 잡지 사람들을 사랑했다.

본질적으로 이는 끊임없는 논쟁과 끊임없는 이론화, 그리고 끊임없는 냉소를 의미했다. 매카시는 논쟁거리가 되는 어떤 사안에 대해서도 실제 자리를 차지하지 않았다. 그런 문제에 대해서라면 그녀는 한 번도 진지한 마르크스주의자나 모더니스트였던 적이 없었지만, 방 뒤쪽에서 임금님이 벌거벗었다고 당당히 말하는 도발적인 아이가 되는 일, 즉 언제나 거만하고 진지한, 주로 유대인이었던 지식인들 사이에서 어떤 논쟁이 벌어지든 저속하고 일관성 없는 면을 꾸준히 지적해온 사람이 되는 일에는 진지했다.

그러나 그 사람들 가운데 단 한 사람, 바로 그 자아 때문에 매카시가 진정 사랑했던 사람이 바로 필립 라브였다. 이 지적으로 우월하고 영향력 있는 작은 온상에서도 핵심 인물이었던 라브는 정치에서만큼 문학에서도 실재계를 구성하는 것이 무엇인가에 관해 타협하지 않는 견해를 고수했다. 그를 실제로 만나본 사람들 모두—편집자들과 작가들—한결같이 그를 가장 두려워하고 그래서 가장 존경하게 된 것은 바로 라브의 주장 뒤에 숨은 열정 때문이었다. 라브의 장례식에서 엘리자베스 하드윅*이 말한 것처럼 그의 탁월한 성격은 "지엽적이고 덧없는 문화적 성취를 부풀리는 경향을 향한 경멸이었다. 저급한 취향과 소소한 성취를 대가의 것으로 퉁치는 경향을 향한 혹평은 (…) 쉽게 굴복하는 영혼이라면 금방 지쳐 떨어졌을 십자군 전쟁이었다. 그러나 그는 광범위한 '부정론'을 부끄러워하지 않았고, 오히려 끝까지 무가치한 순응을 기탄없이 질책했다. 자신의 권위를 세우기 위해서가 아니라 역사 자체의 영광과 위상을 위해서였다."

《파르티잔 리뷰》의 다른 이들과 마찬가지로 매카시는 라브의 지적인 자신감을 진지하게 위협적으로 느꼈고, 상황을 해결할 유일한 방법은 그와 함께 침대로 가는 것이었다. 놀랍게도 두 사람은 사랑에 빠졌고 커플이 되었으며, 공개적인 동거

---

* Elizabeth Bruce Hardwick(1916~2007). 미국의 문학평론가이자 소설가. 첫 장편소설 《유령 같은 연인(The Ghostly Lover)》(1945)에 필립 라브가 관심을 보였고, 이를 계기로 평론가로 데뷔했다.

를 시작하면서 사실 어떤 부르주아나 노동계급 청교도인보다 비혼 성관계를 두려워했던—그리고 여성을 훨씬 더 두려워했던—수많은 동지들의 당혹감과 아니꼬움을 샀다. 델모어 슈워츠 같은 남자들은 매카시를 가엾은 바보 라브를 손아귀에 넣고 흔드는 요부라고 가차 없이 경멸했다. 1938년 매카시가 아무런 경고도 없이 몰래 자는 관계였던 에드먼드 윌슨과 갑자기 결혼했을 때 《파르티잔 리뷰》의 남자들은 자신들의 말이 맞았다고 코웃음을 쳤다. 라브는 경악했다.

에드먼드 윌슨과의 결혼으로 메리 매카시는 큰 깨달음을 얻었다. 한 가지는 유대인 지식인들은 그녀에게 낯설었지만 윌슨은 그 계급과 출신 때문에 익숙했다는 점이다. 훗날 매카시가 직접 말했듯이 그녀는 윌슨과 결혼하면서 '집에 돌아왔다'는 안도감을 느끼고 스스로 놀랐다. 다시금 그는 본질적으로 정치적이 아니라 문학적인 남자와 함께하게 되었다. 윌슨의 독려로 매카시가 소설 습작을 시작하면서 '잔인하고 야만적인 처우'를 구상한 첫 번째 결과물이 나왔을 때—이 단편은 나중에 《그녀가 사귀는 친구》의 깜짝 놀랄 만한 첫 장이 된다—그녀는 이 분야야말로 자신의 글쓰기 재능이 가장 잘 연결된 곳임을 깨달았다. 이후 그녀가 쏟아내기 시작한 이야기들은 매카시가 오직 소설을 통해서만이—저항할 수 없고 억누를 수도 없는—최고의 사회풍자가로 남을 것임을 냉정하게 보여주었다.

매카시가 《그녀가 사귀는 친구》의 메그 서전트나 《매혹된 삶A Charmed Life》(1955)의 마사 시노트 같은 자전적 인물을 넣은 일종의 풍자소설을 쓸 때, 다른 상황이었으면 타협 없이 무능의 총합으로 그려냈을 등장인물이 공감과 자책으로 누그러든 모습을 보면 통렬하기까지 하다. 그녀는 오만하다거나 자기기만적이라고 제시하는 인물들, 즉 소설 속 등장인물의 실제 모델들이 스스로를 다르게 볼 것이라는 생각을 한 번도 하지 않았고―결국 그녀는 자명한 사실을 말하고 있었으니까―그들이 활자화된 자신의 모습에 상처 입은 곰처럼 울부짖거나 그냥 그녀를 더 이상 파티에 초대하지 않기로 했을 때 오히려 깜짝 놀라 당황했다. 곰처럼 울부짖었던 한 사람이 바로 필립 라브였는데, 그는 실제로 1949년에《오아시스The Oasis》*의 출판 금지 소송을 제기하려고 생각했다.

이 중편소설은 냉전 전야 핵폭탄의 공포가 달아오르자 그 자체로 서구 세계에 불어닥친 세계 종말 시나리오에 중대한 저항을 할 수 있으리라고 생각한 협동 코뮌을 만들기 위해 모인 유토피아 추종자들의 이야기다. 등장인물은 전부 매카시의 직업과 사교 생활에서, 즉《파르티잔 리뷰》의 남자들, 좌파 동조자들, 보헤미안들, 동료 여행자들, 그녀가 옮겨 다닌 주위 사람들에서 나왔다. 그러므로 우리는 이 유토피아 추종자들

---

* 1949년 메리 매카시가 발표한 짧은 풍자소설로 그녀는 이 작품을 '철학 콩트'라고 말했다. 소설은 뉴잉글랜드의 산악지대에 유토피아적 공동체를 건설하려다 궁지에 몰린 한 무리의 지식인 집단에 대해 이야기한다.

경이로운 풍자

사이에서 지식인 지도자뿐만 아니라 "선의를 실행하지 않는 산만한 개인들, 전국 시사 주간지의 편집자 둘, 남학교 라틴어 교사… 노동조합 홍보담당자, 뉴욕 고등학교 교사 몇 명… 배우와 라디오 작가와" 그들의 남편들, 아내들, 아이들까지 만나게 된다.

이 집단의 이데올로기 성향은 현실주의자와 순수주의자로 나뉘는데, 한쪽은 윌 토브(필립 라브가 분명한)가, 다른 한쪽은 맥도걸 맥더못(드와이트 맥도널드가 훨씬 더 분명한)이 이끈다. 그러나 현실주의자이건 순수주의자이건 모두 자신들과 앞으로의 계획에 대해서 무척 진지하고, 무엇보다 내부 분열을 심각하게 받아들인다. 그들은 사회민주주의라는 통용되는 정의는 떠올리지 못해도 서로의 이론적 차이를 걱정하는 법은 확실히 알고 있고, 자신을 지지하는 수많은 사람들에 관해 잘 아는 토브는 본능적으로 이렇게 반응한다. "그런 건 신경 쓰지 마시오. 우리가 누구와 맞서고 있소?" 어떤 사안이든 유토피아 지도자들은 "민주주의적 이상의 수사를 만들어내는 게 아니라 [상대편의 의견을] 유치하고 비현실적이며 비역사적인 것 등등으로 특징짓는 일에 조심스러움을 훨씬 덜" 보여준다. 이는 《오아시스》에서 매카시가 조롱의 관심을 집중시키는 도덕적 상상력의 실패다.

처음부터 매카시는 코뮌 구성원들이 유토피아에 도착했을 때 품은 복잡한 동기와 자기기만을 비웃는다. 그들은 앞으로 할 일이 세계에 모범이 될 것이라고 상상했으면서 실제로는 각자의 독특한 방식으로 유토피아의 대의보다 은밀한 이기심에 더 심취한다. 바로 첫 단락에서 우리는 조 록맨 부부가 유토피아에 처음 도착한 이유를 알게 된다. "현실에서는 매사추세츠 벨몬트 출신의 당뇨 환자 사업가인 조는 30년간 경쟁자들을 앞질러왔다. 조가 유토피아에 온 목적은 이미 가공할 만했다. 평등과 박애의 원칙을 존중하면서도 그 어떤 이보다 여기서 더 많은 것을 얻기로 마음먹었던 것이다… 그는 동료 주민들보다 더 많이 페인트칠하고, 더 많이 생각하고, 더 많이 느끼기로 했다… 그가 이 문제를 능률 촉진의 측면으로 생각하지 않았다면 고귀한 삶을 향한 열정도 품지 않았을 것이다."

이어서 (슬프고도) 우스운 안도감을 품고 우리는 결혼한 지 겨우 2년이 되었고 열렬한 순수주의자였던 케이티와 프레스턴이 결혼생활의 불행을 전략화하는 일에 주로 몰두하고 있음을 알게 된다. 두 사람이 언쟁을 벌일 때마다 케이티는 곧장 프레스턴이 경멸하는 감정적 도취에 빠져들고 절대로 거기서 빠져나오지 못하지만, 프레스턴은 "의심할 여지 없이 자신에게서 아내를 차단하기 위해 유토피아의 형제애를 이용하고 있다." 유토피아는 프레스턴에게 "2년간의 결혼생활 동안 추구했지만 수포로 돌아가고 말았던 사생활"을 그에게 주었다. 한편 케이티는 "사생활의 소란은 유토피아에서는 할 수 없는 일이고… 이제 감시자들 사이에 둘러싸여 기본적인 권리를 박탈당했다고 느끼며… 필요하다면 자신의 슬픔에 [프레스턴이] 반응할 때까지 엉망으로 행동하고" 있음을 깨달아갔다.

경이로운 풍자

이제 다시 토브와 한패인 해럴드 시드니(윌리엄 필립스)가 있다. "그는 토론과 언쟁을 잘 받아주는 영리하고 공평한 남자로, 고통을 가하는 것을 싫어하고 이런 점이 동료들과 함께 헌신하는 숙명론과 결합해 다소 약하고 회피적인 사람이 되었다… 그의 융통성은 적의 입장이 되었다가 진척이 있었다는 망상과 함께 고무줄처럼 탁 튕겨 돌아오는 정도로 뻗어갔다."

유토피아 사람들이 내부에서 맞닥뜨린 최초의 도덕적 난관은 조 록맨이 원인이었다. "뭐라고!" 언제나 열정적인 맥도걸 맥더못은 록맨이 유토피아 공동체에 받아들여졌다는 사실을 알자마자 소리친다. "그 자는 인간의 탈을 쓴 짐승이야! 당신들은 기준도 없나?" 아내가 조를 배척하면 '형제애에 헌신하는 공동체의 추한 출발점'이 될 거라고 지적하자 맥더못은 곧바로 노선을 바꾸어(늘 그렇듯이) 아내의 말이 절대적으로 옳으며 조를 반드시 일원으로 받아들여야 한다고 선언한다. 그러나 언쟁은 불편함을 일으켰다. "사실 이 사건은 이들을 약간 두렵게 했다. 그들은 거울에 비친 자신들의 모습을 흘낏 보았다. 한낮의 빛과 자유를 보길 기대했던 전환기의 거울이었다. 각자는 개인적으로 완벽한 모습이라 절대 생각하지 않았지만 다들 다른 이들의 미덕이 자신을 구원할 거라고 기대했다."

그러나 여전히 칸트식 수수께끼가 남았다. "그렇다면 '누구라도'—도둑, 협박꾼, 살인자—유토피아에 받아들여져야 하는가? 안 될 게 뭐 있나? 순수주의자들은 선언했다. 말도 안 돼. 현실주의자들은 말했다." 다행히 요점은 여전히 입증되지 않았다. "살인자나 도둑은 절대 안 되고, 오직 B 플러스 도덕성을 지닌 평범한 사람들, 다시 말해 범죄를 저질렀더라도 친한 사람들 범위에 국한되는 사람들, 친한 친구, 친척, 부인, 남편, 자기 자신을 제외한 타인에게 절대 상해를 끼친 적이 없는 사람들만 받아들인다."

여기서 우리는 《오아시스》의 매우 탁월하고 독창적인 주제, 즉 이념적 좌파는—지식인과 대중이 똑같이—사실상 오직 B 플러스 도덕성만을 지녔을 뿐인데도 자신을 일급 도덕주의자로 상상한다는 사실을 만난다. 이 주제가 에드먼드 윌슨의 손에 들어갔다면 비극적 감각을 자아냈을지도 모른다. 필립 라브의 손에 들어갔다면 누그러들지 않는 냉소를 불러일으켰을 것이다. 같은 주제가 메리 매카시의 손에 들어와 관조적인 조롱의 도구가 되었는데, 어쩌면 이편이 가장 불친절한 경우일 것이다.

라브가 《오아시스》를 읽고 격노한 이유는 매카시가 우리에게 윌 토브의 "전반적인 지적 확신이 가치의 문제를 해결하기 위해 역사의 효능에 관한 고정된 신념에 의존했다"라고 말할 때, 라브 스스로 깊이 매달리고 있는 신조를 떠올렸기 때문이다. 실제로 그가 "(파시스트와 공산주의자를 제외하고) 누구나 원하는 만큼 무능하게 행동할 자유가 있다"라고 허락했다는 뜻이었다. "그러나 인간이 역사, 환경, 계급 구조, 정신적인 조건에 저항할 수 있다고 '생각'하는 권리야말로 자신의 억눌린 본성과 좌절된 희망의 흉포함을 부정하는 일이었다." 그리고 최후의 일격이 등장한다. 토브 자신은 올바른 생각을 지닌 사람들이 실제로 어떻게 자신의 이상에 맞게 살아갈 것인가의 문제에 관해서 어떤 구체적인 제안을 제시할 게 전혀 없었다.

유토피아 사람들이 장대하게 실패한 마지막 시험은 이방인 가족이 그들의 밭에서 딸기를 따기 시작했을 때 찾아온다. 침입자들을 점잖게 말렸지만 어떤 대답도 듣지 못하자 프레스턴과 또 다른 주민 한 명은 달리 뭘 해야 할지 알 수 없어서 공포탄을 채운 총을 공중에 난사하면서 그 가족을 몰아낸다. 그 많은 사람들 가운데 이 혐오스러운 해결책에 대해 "당신들은 끔찍한 짓을 저질렀어"라고 말한 유일한 사람이 바로 조 록맨이다. 그는 두 젊은이에게 다가가 각 어깨에 손을 하나씩 올리고 엄숙하게 말했다. "당신들은 총을 써서 한 남자와 그의 가족을 이곳에서 몰아냈어… 여기서 이런 일이 벌어질 거라곤 생각조차 못했는데 말이야."

매카시는 이 사건을 다음과 같이 요약한다. "공동체가 끝나버렸다고 모두가 사적으로 인정했던 첫 단계였다… 일부가 느낀 혐오감은 너무도 날카로워서 그들은 이런 일이 발생할 수 있는 공동체에 그대로 머무는 게 과연 타당한지 즉각 의문을 제기했다. 그들이 보기에 잘못은 어느 한 사람의 것이 아니었고, 오히려 공동체의 중간 계층이 저지른 짓이었다. 공동체는 스스로 위협을 느끼면 유기체가 그렇듯이 그들 가운데 가장 하위 계층을 쫓아내는 본능적인 방식으로 행동했다." 유토피아 사람 중 한 명이 "이렇게 착한 사람들은 기습을 당하지만 않는다면 언제나 괜찮다"라고 말했듯이 조롱은 자기 조롱으로 끝난다.

《오아시스》는 영국 잡지 《호라이즌》에 처음 발표되었다. 주요 인물들의 원형을 쉽게 파악할 수 있었던 영국 독자들은 이 미국의 지식인 사회를 향해, 다시 말해 미국의 수많은 평론가들을 향해 실행된 경이로운 풍자를 보고 (마치 양쪽 신발을 바꿔 신었을 때처럼) 포복절도하면서도 이 책이 뛰어나지만 매정하다고 평가했다. 그러나 그들은 틀렸다. 이 책은 매정하지 않다. 살기등등한 책이 아니다. 사실 아이러니란 어쩔 수 없이 기본적인 공감을 내포한다. 그러나 여기서 아이러니는 잔혹하지 않다. 기막히게 재치 있는 문장 구조는 우리 가운데 선한 이들이(즉, 진실한 사람들이) 만연하길 진심으로 바라는 듯한 어느 도덕주의자의 마음 깊은 실망감을 바탕으로 한다.

이제 저자를 포함해서 《오아시스》와 관계있는 모두가 이미 오래전에 죽었고, 이 책이 출현했던 시대조차 일찍이 지나가 버려서 이 중편소설의 실화 소설적인 면모는 그리 중요해 보이지 않는다. 아직도 중요하게 남은 것은 우리가 너무도 인간적인 단점들로 치장한 매카시의 유토피아 사람들을 마주칠 때 느껴지는 익숙함이 마음을 움직인다는 점, 그리고 자신으로부터 구원받을 수 있는 새로운 세계를 '여전히' 갈망한다는 점이다. 자, 함께 월가를 점령할 사람?

(2013)

목소리가 곧 이야기다

캐슬린 콜린스

모두가 인정하는 단편소설의 대가 그레이스 페일리는 플롯과 캐릭터로 이루어진 소설에 반대하며 언젠가 이렇게 말한 것으로 유명하다. "현실 속이든 허구 속이든 누구나 삶의 열린 운명을 누릴 자격이 있다." 페일리의 소설 속 화자는—도회적이고 민족적이며 삶의 경험에 뿌리를 둔—대부분 일단 추구된 열린 운명이 기어이 타격을 주는 결말에 대해 직접 말하곤 한다. 페일리의 한 소설에서 화자는 우연히 전남편을 만나 쾌활하게 "안녕, 내 인생." 인사하지만, 대화를 나누고 이내 "그는 27년을 함께 사는 동안 내내 배관을 뚫는 긴 와이어 도구처럼 내 귀를 뚫고 목을 통과해 거의 내 심장 근처까지 올 만큼 속 좁은 소리를 하는 버릇이 있었다. 그는 그 도구에 숨이 막혀 헐떡이는 나를 내버려두고 사라지곤 했다"라는 것을 떠올린다.

이러한 문장들이 이야기를 전달하는 목소리가 된다. 이 모든 억양이 페일리라는 작가의 지혜를 체화한 페르소나 페일리를 깊고 풍성하게 해준다. 다시 말해 이 여자들과 남자들은 삶의 대부분 동안 스스로 행동하는 일은 드물고 언제나 행동이 부여되는, 열망하는 수동적 인물로 남는다. 이 지혜가 가장 정제되면 시인의 통찰력 혹은 시각예술가의 통찰력을 성취한다. 나는 종종 페일리의 문장들을 로스코의 그림 속 색채와 동등하게 생각하는데, 로스코에게 색이 곧 그림이듯이 페일리에게는 목소리가 곧 이야기다.

46세에 세상을 떠나면서 트렁크 가득 미발표 원고를 남긴 — 단편소설, 희곡, 일기, 미완의 장편소설 — 미국 작가 캐슬린 콜린스Kathleen Collins는 이러한 종류의 글쓰기에 꼭 맞는 사람이었다. 사후 30년이 다 되어가는 지금 그 트렁크에서 발견된 열여섯 편의 이야기가 《인종 간 사랑에 무슨 일이 생긴 건가?Whatever Happened to Interracial Love?》(2017)라는 단편집으로 출간되었다. 이 모든 단편 안에서 우리는 어떤 목소리가 — 흑인의, 도회적인, 의심할 여지 없이 직접 경험에 바탕을 둔 — 복잡한 정체성 안에서 살아가는 게 어떤 기분인지 알려줄 뿐만 아니라, 그레이스 페일리가 인간 존재의 놀라움을 탐험하기 위해 뉴욕의 유대인성을 사용했던 것과 같은 방식으로 그 정체성을 대담하고 창의적으로 사용하고 있음을 보게 된다.

콜린스는 1942년 뉴저지 저지시티에서 인종만큼이나 자신의 계급을 의식하는 흑인 중산층 가정에서—아버지가 주의원이었다—태어났다. 스키드모어칼리지에서 철학과 종교학을 전공했다. 1961년 콩고의 한 마을에서 열린 청소년 센터 설립 여름 프로젝트에 참가했고, 이듬해에는 흑인 투표권 등록을 거들기 위해 SNCC(학생 비폭력 조정위원회)와 함께 남부로 갔다. 그러나 콜린스는 활동가가 아니었다. 1963년 파리 소르본대학교에서 프랑스 문학과 영화학 석사 학위를 받았고, 다시 뉴욕으로 돌아와 뉴욕시티칼리지 교수가 되어 영화사와 시나리오 쓰기를 가르쳤다.

그녀는 곧 시나리오와 소설 쓰기만이 아니라 영화를 직접 만들기 시작했다. 이때 쓴 수많은 대본이 상당한 찬사를 받았고 그중 가장 두드러지는 〈후퇴하기Losing Ground〉는 2016년 복원되어 새로운 관심을 받았다. 이 모든 일이 일어난 가운데 어느 시점에 결혼해 두 아이를 낳았고 1970년대 중반에 고통스러운 이혼을 겪었는데, 이 경험을 가장 암시적인 산문을 쓰게 한 원천으로 삼았다. 1987년 두 번째 결혼 일주일 만에 유방암을 진단받고 일 년이 안 되어 사망했다. 그녀의 단편 중 어떤 작품도 생전에 출간되지 못했다.

캐슬린 콜린스가 의식적으로 자신을 모델로 한 로렌 한스베리는 자신의 흑인 정체성을 이용해 여성과 남성 관객들이 모두 성별, 인종 혹은 계급을 잘못 타고났다는 절망감과 일상적인 절망이—가난, 외로움, 질병—하나가 되어 실존적 자유

낙하에 빠진 다양한 등장인물과 자신을 동일시하길 바라는 극작가다.

내 생각에 《인종 간 사랑에 무슨 일이 생긴 건가?》는 네 번째 이야기에 이르러서야 독자가 겨우 그 작가가 흑인이며 여성임을 알 수 있게 의도적으로 계획되었다. 이런 배치는—당연히 영리한 편집자의 솜씨다—책을 하나로 묶어줄 뿐만 아니라 어떻게 읽을지 알려주기도 하는, 점점 발전하는 관점을 반영한다. 화자의 목소리는 때로는 여성의 것이고 때로는 남성의 것이며 때로는 일인칭, 때로는 삼인칭이다. 그리고 꽤 자주 시적 반복이라는 관습을 도입한다. 어느 것이든 언제나 어조와 기질의(차분하고 신중하고, 무엇보다 놀라지 않는) 유사성, 그리고 무엇이 그렇고 무엇이 그렇지 않은가를 가능한 한 오래, 열심히 들여다보는 흔들림 없는 관심이 특징이다. 이 모든 것을 고려할 때 이 목소리는 인간 존재의 풍성함으로 두드러진 페르소나로 발전한다.

전반부 단편은 실패한 사랑의 정교한 고통에 대한 두 개의 독백으로, 첫 번째는 표면상 카메라맨(혹은 우먼)에게 제작 중인 결별에 관한 영화에 조명을 주는 법을 가르치는 이름 모를 영화감독의 독백이고, 두 번째는 한 남편과 아내가 각각 기나긴 불화에 대해 보고하는 독백이다. 다음은 발췌한 감독의 말이다.

좋아요, 엘리베이터 없는 6층 건물로 전면에 방 세 개가 있고 부엌에 욕조가 있으며 바퀴벌레가 기어 다닙니다… 좋아요, 밤 조명으로 갑시다. 방 대부분을 차지하는 저 커다란 더블 침대를 보여주고 싶네요… 예, 좋습니다. 이제 책상 앞에서 시를 쓰거나 책을 읽는 젊은 남자에게 부드러운 젤 조명을 비춰줍시다. 스토브 옆에 서서 바퀴벌레를 죽이는 젊은 여자에게도 부드러운 젤 조명을 주고요… 이제 젊은 여자가 에나멜 상판으로 욕조를 덮을 때 백라이트를 비춰주시고 여자의 옷을 벗길 때 남자에게도 약간 조명을, 그리고 문간에 나체로 서 있는 두 사람에게는 근사하게 부드러운 조명을 호를 그리듯 비춰주고요. 좋습니다… 이제 조명을 낮춥니다. 아니, 아래쪽으로 빼야죠. 그러면 여자가 너무 불안하고 슬퍼 보이잖아요. 계속 아래로요. 남자가 너무 초조하고 화가 나 보여요. 조금 더 밑으로요… 여자는 창가에서 기다리고 있습니다. 아니, 다시 생각해보니, 끕시다. 남자는 아침에나 들어올 테니까요… 이제 두 사람이 말없이 누워 있는 동안 근사한 로앵글을 찾아봅시다. 아니, 그만둡시다. 침묵과 고통이 너무 많군요. 남자가 저녁에 돌아오면 조명을 약간 뿌옇게 안개 처리하고 두 사람이 침대에 앉아 있는 동안 계속 어둡게 갑시다. 남자가 여자에게 이제 끝이라고 말할 때 근사한 푸른색 젤 조명을 주면 어때요? 좋아요. 이제 여자가 울지 않으려고 애쓰는 동안 안개 조명을 약간 줍시다. 예, 좋습니다. 남자가 여자를 냉담하게 볼 때는 남자에게 집중했다가 여자가 남자에게 가지 말라고 말할 때는 여자 쪽을 비춰요. 좋아요. 이제 두 사람이 진정하는 동안 조명을 약간 낮추고, 남자가 여자를 보는 동안, 그냥 보기만 하는 동안 계속 낮췄다가 점점 암전을 향해 희미해지는 사이 여자가 그늘 속에 남아 방 안을 밝혔던 감정들을 찾아보게 합시다.

다음은 남편과 아내의 독백이다.

남편: 내 삶은 기나긴 즉흥곡이었어… 한 번도 만족스러웠던 적이 없지… 늘 울적하고, 제길, 불안하고 초조하고… 삶은 너무도 단조로운 나날이야… 당신을 너무 조금 사랑했다고 사과할 수는 없겠지… 나는 모든 것을 너무 조금 사랑했으니까. 쳇바퀴 돌 듯했던 여행을 빼곤 말이지… 당신은 곧 나의 모든 변덕에 적응했지… 그것들이 영혼의 진지한 도피 행위라고 생각하면서 말이야… 그래도… 내가 당신을 너무 조금 사랑했다고 사과하지는 않을게… 살아 있는 여자 중 내 꿈의 일부를 차지한 여자는 없었으니까… 그리고 삶은 너무도 단조로운 나날이니까.

아내: 남편이 처음 나를 떠났을 때 나는 숲속의 작은 오두막에 들어갔지… 여름 내내 거기 머물 생각이었어. 사흘을 묵고… 집으로 돌아왔어… 너무 덥고 외로웠거든… 해가 질 무렵이면 브루클린 다리를 건너는 일에 몰두했어… 회고록을 열심히 읽었고… 어떤 인간의 삶도 고독의 시련에서 벗어날

수 없음을 발견한 섬세한 순간들이었지… 여름은 점점 덥고 외로워졌어… 안에서부터 말라 죽어간다는 것을 느끼기 시작했고… 약간 가벼운 섹스를 고려해보자고 나 자신을 부추겼어. 남자는 키가 크고 두꺼운 안경 뒤에 열정적인 진지함을 숨긴 사람이었고… 성기는 완두콩만 하더라고… 나는 이 일을 아직 가벼운 섹스를 계획할 때가 아니라는 징조로 받아들였어… 겨울이 왔고… 지하철을 타고 코니아일랜드로 갔어. 춥고 외로운 길쭉한 해변으로, 버려진 놀이공원으로…

이때가 남편이 처음으로 아내를 떠난 직후였다.
세 번째 이야기부터 '흑인negro'이라는 단어가 처음 등장하고 이어서 거의 일상적으로 나타난다.

내겐 울다 지쳐 잠들었던 삼촌이 하나 있다. 그렇다, 진짜 이야기고 좋지 않게 끝난 이야기다. 말하자면, 어느 밤 삼촌이 울다 지쳐 죽었으니까. 그는 마흔에 가까웠다… 꽤 잘생겼다. 흑인이고. 하지만 말런 브랜도를 꼭 닮았다… 이 이야기를 지탱하기 위해 필요한 인종이라는 사소한 장치와 이야기 자체를 구별하기는 어렵다. 나는 그가 흑인이라고 말했다… 한밤중에 삼촌은 울기 시작했다… 얼마나 대단하게 울던지! 자신의 울음에 굴복해 마치 인생은 거대한 눈물의 우물이고 사람은 그 한가운데서 울어야 마땅하다는 듯이 울음이 자신의 존재를 완전히 집어삼키도록 놔두었다… 확실히 괴팍한 일이었고 분명 삼촌의 피부색과 연관이 있었다… 삼촌은 자신의 슬픔을 철저히 존중했고, 깊고 경계 없는 울음으로 슬픔에 굴복해서 거기 서 있는 내겐 삼촌이 세상에서 가장 용감한 사람처럼 보였다.

남녀가 함께 있는 상황에 대해 콜린스는 종종 무척이나 짓궂어지고 다른 상황이었다면 고통스러울 성 경험을 향한 굶주림도 웃기게 그려 보인다. 어느 단편에서 한 대학생은 자신의 처녀성을 없애기에 적당한 상대로 점찍은 아름다운 흑인 활동가에 관해 재미난 이야기를 들려준다. 그러나 행동은 말처럼 쉽지 않았다. 찰리 존스는 피부색이 밝고 초록색 눈의 프리덤 라이더스* 운동가다. 우리의 화자는 그 남자가 자신의 첫 상대가 되기에 적당한 사람임을 그냥 '안다'. 그러나 놀랍게도 찰리는 그 일을 완수할 수 없는 것처럼 보인다. 화자는 남자에게 더 세게 밀어붙이라고 말한다. 그는 적당한 사람이니까 마땅히 그래야만 한다고. 밀어붙여, 찰리 존스, 밀어붙여. 예, 선생님. 찰리는 말한다. 그러나 마침내
"찰리 존스."
"예, 선생님…"

---

* Freedom Riders. 공공시설 이용과 관련된 미국 정부의 인종차별 정책에 반대하기 위해 1961년 백인 청년 학생 운동가들이 주축이 되어 결성한 모임. 이들은 흑인 차별이 심했던 미국 남부를 버스를 타고 다니며 흑인 차별 철폐 운동을 펼쳤다.

"안 될 것 같아…"

"예, 선생님…"

"당신의 초록색 눈동자로도 안 되네…"

"예, 선생님…"

"당신의 밝은 피부로도…"

"예, 선생님…"

"당신이 프리덤 라이더스 운동을 한다 해도…"

"예, 선생님…"

"아무래도 당신, 적당한 사람이 아닌가 봐…"

이 이야기들의 바탕이 되는 감수성이 발견되는 삶과 시대가 가장 분명히 드러나는 작품이 바로 표제작이다. 시대는 1963년, 장소는 두 명의 젊은 여성이 함께 사는 어퍼웨스트 사이드의 한 아파트다. 한 명은 콜린스의 표현으로 '흑인'이고 다른 한 명은 '백인'이다. 둘 다 대학을 갓 졸업했고 인권운동에 빠져 있으며 둘 다 상대편 인종의 젊은 남성과 단단히 사랑에 빠졌다. 백인 여성은 아파트를 절대 떠나려 들지 않는 흑인 시인과, 흑인 여성은 미시시피에서 계속 턱이 부러지는 프리덤 라이더스 백인 운동가와 사귄다.

삼인칭으로 전달되는 진술 시점은 흑인 룸메이트의 것으로 그는 그동안 매진해왔던 모든 것이 눈앞에서 붕괴되는 것을 지켜보는 흑인 부르주아 일원인 부모를 위험할 정도로 실망시키고 있다는 감정에 공감하면서도 자신이 어떤 삶을 헤쳐가고 있는가를 이해하려고 분투한다. "그들의 아들[과 딸들]은 자유를 위해서라면 감옥에도 갈 것이다.(그러나 부모 마음에는 무장강도, 헤로인 중독, 성매매 알선, 기타 인종적인 소동으로 분류되는 범죄 때문에 감옥에 가는 것과 다를 바가 없다.)" 그렇지만 이 젊은 여성은 아버지에게 다음과 같은 편지를 쓴다.

아빠, 아빠는 이 일도 피부색에 관한 이 모든 이야기도 이해하지 못하겠지만, 그래도 나는 내 삶을 이끌어가야 한다는 걸 알아야 해요. 나는 더 이상 예전의 내가 아니고 지금의 모습이어야 해요. 나는 온갖 부류의 사람들과 살아봤고… 이제 백인들과 '니그로'들과 살면서 내가 누구이고 그 사실을 어떻게 받아들일지 찾아보려고 해요…

그러나 '인종-종교-피부색을 보지 않는 해'에도 삶은 변함없어서 그가 이 편지를 쓰고 있을 때 초인종이 울리고 문간에 그와 간절히 결혼하고 싶어 하는 자유 투쟁가 연인이 울며 서 있다. "남자에겐 할 말이 있었다. 그는 이제 막 자기 부모 집에서 돌아왔다. 이제 남자는 여자와 결혼할 수 없음을 알고 있다. 다시는 남부로 돌아가지 않을 것을 알고 있다. 전부 끝났다." 남자는 여자를 위해 되고자 했던 '니그로'가 절대로 될 수 없음을 이해했다. "결코, 절대로. 그리고 그는 떠났다." 젊은 여성은 문을 닫으며 생각한다. 다른 아파트를 구해야겠다고, "인종 통합이 어떻게 유행했는지 분명히 보고 생각할 수 있는 곳, 그리고 잠시 사람들과 어울릴 수 있는 곳으로. 용광로 안으로. 용광로 안에서." 소설의 마지막 문장은 이렇다. "1963년이었다. 인종 간 사랑에 무슨 일이 생긴 건가?"

다시 말하지만, 이 책에는 이 단편 속 화자처럼 젊은 진술 시점이 매우 드물고, 순응적인 목소리는 아예 없다. 계산된 목소리는 스스로 점점 더 복잡해지며—그 안에 단단하고 강한 것이 있다—타고난 아웃사이더를 참을성의 한계까지 계속 밀어붙이는 경시와 모욕과 칼로 찌르기를 기록하기 시작한다.

마술 같은 짧은 이야기 〈단 한 번Only Once〉에서 한 여성은 저항할 수 없는 저돌적인 인간과의 연애를 회고한다. "그는 완벽한 점프를 시행해야만 했다." 여자는 우리에게 말한다. 남자는 계속해서 브루클린 다리 꼭대기에서 뛰어다니거나 집채만 한 바위에서 뛰어내리거나 제3 궤조를 건너뛸 준비를 하는데, 그럴 때마다 화자에게 큰 소리로 외친다. "내가 이걸 해낼 것 같아?" 그리고 씩 웃는다.

삶을 열고 닫을 수 있다는 듯이. 눈웃음을 치면서. 자세를 잡고. 그 황금 같은 몸으로. 자세를 잡고. (…)
여자는 보고 싶지 않았다. 이번에는 아니었다. 다른 때도 아니었다. (…) 단 한 번이라도 당신은 저런 남자를 만나본 적 있는가, 사람들은 말한다. 단 한 번이라도.

그러던 어느 날,

그는 철로를 깔끔하게 뛰어넘지 못했다. 어쩌면 뛰어넘었을지도 모른다. 아마도 나중에. 그는 높은 절벽에서 잘못 뛰어내렸을지도 모른다. 아니면 그러지 않았을지도. 어쩌면 그건 훨씬 더 나중의 일일지도. 그는 제 머리에 대고 총을 쏘았다. 총알이 없다고 생각했다. 아니 어쩌면 그게 아니라는 걸 알고 있었을지도.

단 한 번이라도 당신은 저런 남자를 만나본 적 있는가, 사람들은 말한다. 단 한 번이라도. 그러나 여자는 평생 그런 남자들을 만나게 될 것이다. 한 명이 지나가면 또 다른 한 명이 그런 남자임을 보여줄 것이다.

놀라운 일은 아니다. 어쩌면 충격적일지 몰라도 놀라운 일은 아니다.

이 이야기의 화자는 자신에게도 저돌적인 남자에게도 똑같이 익숙한 내적 현실의 관점을 우리에게 보여준다. 마치 둘 다 피부색이라는 우연에 갇힌 채 가택 연금 상태를 닮은 협소한 경험의 삶으로 성장한 것만 같다. 둘 다 제한된 영토를 속속들이 알고 있고 계속 고개를 숙이며 그 속박 안에서 살아가는 데 만족하고 절대로 그 너머 세상으로 뚫고 나가고자 하지 않는다. 그들은 어쩌면 타고난 부당한 대우 안에서 익명의 생존자로 그럭저럭 살아갈 수 있을 것이다. 여자는 생각대로 기꺼이 그렇게 하지만 남자는 그렇지 않다. 그는 상상 속 다른 사람들은 다 공유하는 것처럼 보이는 열린 운명의 약속을 잊어버리는 것보다 자기 파괴라는 위험을 무릅쓸 수밖에 없다. 그렇다면 여자는? 그녀는 무엇을 무릅써야 하는가? 가만히 서서 목격하기를.

콜린스의 단편 열여섯 편에서 우리가 만난 것은 그 어떤 진정성도 도전할 수 없는 태도에 복무하는 감성이다. 1970년대와 80년대 아프리카계 미국인의 글쓰기가 분노와 정의로 불타오르던 시기에 쓰인 콜린스의 글은 너무도 미묘해 그 의미를 알아채기 어려울 수도 있을 것이다. 그러나 우리가 재능 넘치는 저항의 글쓰기를 새로운 단계로 끌어올린 급격한 인종차별의 시기를 다시금 통과하고 있는 지금, 콜린스의 글은 한편으로 이상하게 독창적이면서 다른 한편으로는 고통스러울 만큼 익숙한 인상을 준다. 어느 쪽이든 우리의 마음을 잡아끈다.

(2017)

이민자 경험이 완성되다

로어 시걸

세계 어느 문학에도 우리만큼 다양하고 독창적이며 꾸준한 이민자 소설immigrant novel은 없었다. 여기에는 명백한 이유가 있다. '아메리카'라는 단어는 적어도 150년 동안 세계 곳곳의 수백만 명이 전설적인 땅을 가리키는 완곡 표현으로 경험해왔다. 이곳은 반쯤 익사 상태로 물살에 휩쓸려 대단한 환영의 해안에 오르면서도 꿈에도 생각지 못한 종류의 구원을 확신하는 곳이다. 그리하여 유대인, 이탈리아인, 아일랜드인, 라틴아메리카인, 아시아인, 아프리카인의 파도가 차례로 밀려와 이곳에 도달했고, 머지않아 수많은 이들이 환상과 현실 사이 괴리를 자세히 묘사한 기록 문서를—주로 소설 작품을—생산했다. 그 환상은 너무도 강력해 '이제' 아메리카라는 단어를 인용으로 언급하기만 해도 은유에 성공하는 것처럼 보인다.

이와 같은 소설들 가운데 출간 당시 받았던 생명력을 뛰어넘을 정도로 살아남은 작품은 아주 드물다. 아주 잘 쓴 소설도 아메리카 자체가 추상화되어버린 채 그저 하나의 생존 이야기로 포섭되는 경우가 많아 실제 주인공이—증언하는 주인공이 아니라—개입해야 할 삶으로 재빨리 들어가는 일이 거의 없다. 완벽한 예시가 에이브러햄 커핸Abraham Cahan의 1917년 작 《데이비드 러빈스키의 성공The Rise of David Levinsky》* 으로 심리적인 성향이 강한 자수성가 이야기다. 그러나 커핸의 인물들이 정적인 게토 환경에 갇혀 있기 때문에 이야기가 깊어지지 못한다. 러빈스키가 사는 뉴욕은 커핸에게 차례차례 자리를 물려주는 로어이스트사이드의 유대인으로 가득하고, 마침내 그는 성공을 거두지만, 도시 자체는 인물들이 잘 구별되지 않는 게토의 거리를 벗어나 다양한 일이 벌어지는 광대한 곳으로 그려지지 않는다. 결국 소설의 유일한 전개는 러빈스키가 발전의 부재를 인식할 때 일어난다.

그러나 이 장르는 회복탄력성이 있다. 사회적 리얼리즘과 감상을 품은, 일테면 1910년대의 이민자 소설을 읽는 일은 50년 후 모더니즘과 홀로코스트의 여파로 쓰인 소설과 대조적으

---

* 미국으로 이주하여 부자가 된 러시아계 유대인 데이비드 러빈스키에 대한 허구적 자서전 형식의 소설로, 이민 소설의 초기 대표작이자 가장 주목할 만한 작품 중 하나로 평가된다.

로 소설이 얼마나 고집스럽게 살아남았는지, 그리고 가끔 당시 관습의 경계를 허물고 아주 드물게 내가 방금 말한 모든 일을 해내며 우리 가운데 진정한 작가가 있음을 선언하는 작품을 내놓는지를 목격하는 일과 같다.

로어 시걸Lore Segal은 1928년 빈에서 꽤 유복하고 교육받은 유대인의 딸로 태어났다. 히틀러가 오스트리아를 점령한 지 9개월 후에 시걸은 열 살 어린 나이에 영국으로 보내졌다. 이른바 '킨더트랜스포트'*로 알려진 유대인 어린이 구출 작전의 일환이었다. 영리한 어린 소녀는 영국 난민위원회에 감동적인 편지를 보냈고, 일 년도 안 되어 그의 부모는 부유한 영국인의 후원을 받아 요리사와 집사로 취업해 영국에 오게 된다. 이후 7년 동안 그의 부모는 상류층 가정을 전전하며 가사 노동자로 일했고, 로어는 영국의 가정을 오가며 따로 살았다. 전쟁이 끝날 무렵 로어의 아버지가 세상을 떠나자 로어와 어머니는 삼촌이 미국 이민 승인을 기다리고 있던 도미니카공화국으로 갔다. 1951년 전 가족이 비자를 받게 되자 난민이었던 로어의 삶은 이민자의 삶으로 바뀌었다.

나오기까지 20년이 걸린 로어의 이야기는 모두 두 권의 책에 담겼다. 첫 번째는 1964년 허구적 회고록《타인의 집Other

---

* Kindertransport. 2차 세계대전 당시 나치 치하 동유럽 국가의 유대인 어린이들을 영국으로 입양 보낸 정책. 당시 1만 명가량이 구출되었다.

People's Houses》*이고, 두 번째는 1985년 소설《그녀의 첫 미국인Her First American》**이다. 두 권 모두 독특한 힘으로 2차 세계대전이 불러온 유럽 문학의 감수성 변화를 반영하는데, 이 중 전자는 미국의 1960년대에 영향을 받아 활기를 띤다.

《타인의 집》은 1937년 가을 빈에서 시작해 나치 점령이 이루어지고 유대인들이 하루하루 살기 위해 달아나거나 목숨을 잃는 모습을 빠른 속도로 스케치한다. 이 모든 아수라장 속에서 소설적인 지능과 진취적인 기질을 지닌 어린 소녀가 나타나—광적으로 그리고 꿈속에서처럼—공포와 흥분 속으로 떠밀리는 자신의 모습을 관찰한다. 영국으로의 첫 번째 실험적인 어린이 수송 작전에 로어의 자리가 확보되었을 때 그녀는 "나의 내면이 갑자기 숟가락으로 퍼올려지는 것처럼" 느끼면서도 이렇게 생각한다. "와, 나는 이제 영국으로 떠난다!"

---

* 1938년 열 살에 부모와 떨어져 영국에 도착한 유대인 소녀가 '타인의 집'인 일련의 위탁 가정을 경험하면서 난민으로서 자신의 계급과 정체성, 타자성을 자각하는 이야기다. 소녀는 정통 유대인인 부유한 러바인 가정, 노동계층인 후퍼 가정, 그리고 형식적인 빅토리아풍 가정을 거치며 영국의 낯선 문화를 관찰하고 체험한다.
** 1950년대 초반 이제 막 미국에 도착한 젊은 유대인 여성 일카는 뉴욕의 이민자 사회에서 벗어나 '진짜 미국'을 발견하고자 서부행 기차를 탄다. 일카는 술집에서 자신보다 연상에 경험이 풍부한 흑인 지식인 카터를 만나 미국 문화와 가치관을 배우는 본보기로 삼는다. 일카는 자신의 '첫 미국인'인 카터의 삶에 뛰어들어 우울증과 알코올중독에 시달리는 카터를 보살피고, 그가 들려주는 과거 이야기에 매료된다. 그러나 카터를 괴롭히는 것들(인종차별, 무기력한 문화 등)은 여전히 현재진행형이고, 일카는 카터를 지키고 싶은 마음과 자신의 미래를 위해 그의 곁을 떠나야 한다는 절박함 사이에서 갈등한다.

이렇게 복잡한 내면의 상황은—무겁게 가라앉는 심장과 주체할 수 없는 호기심이 섞인—어린 로어에게 훗날 스스로 '대가를 치른 생존 기술a survival trick with a price tag'이라고 부른 것을 발달시킨다. 1938년 영국에서 이 '기술'은 부모와의 이별과 이따금 난민의 지위가 주는 훨씬 더 커다란 고통을 반복적으로 흡수해야 했던 이중의 고립을 성공적으로 견딜 수 있게 해주었다. 초기에 실수로 소변을 지린 로어는 첫 수양어머니가—리버풀의 자기 만족적인 러바인 부인—자기 딸에게 "저 나라 사람들은 우리 영국에서처럼 아이들을 기르지 않는다고 내가 했잖니"라는 말을 우연히 엿듣는다. 어린 소녀는 자신이 '타인'으로 취급받는다는 사실을 깨닫고 충격을 받는다.

상류층의 경계심은 로어에게 제2의 본성이 된다. 1939년 3월 만만찮은 러바인 부인이 학교로 찾아와 부모가 영국에 도착했다는 소식을 전해주었을 때 로어는 어느새 습관이 되어버려 러바인 부인을 짜증 나게 했던 진지한 태도로 그 말을 듣는다. "어머! 얘! 넌 기쁘지 않은 거니? 이 어이없는 꼬마야!" 로어는 부인에게 말한다. 기뻐요, 정말로 기뻐요. '하지만', 로어는 이어서 독자에게 말한다.

나는 가슴이 비어가고, 머리가 맑아지고, 거기 얹혀 있는 줄도 몰랐던 거대한 무게가 이제야 굴러 내려가는 게 느껴지면서 비로소 어깨의 짐이 내려지고 있는 것을 알아차리느라 정신없었다. 메스꺼움이 지나가고 경련이 풀어지면서 감각적으로 편안해지고 숨을 들이마시고 내뱉게 되면서 비로소 몸이 새로운 자각을 시작하는 것과 같았다.

이것은 아동기의 진정한 끝이다. 아랑곳하지 않았던 천연스러움이 이제 중립적인 관찰을 통한 자기 보호로 넘어간다. 다른 난민 아이들과 함께 학교 교정에 서서 그녀는 아는 아이의 부모가 죽어 그 아이가 이제 고아가 되었다는 말을 듣는다. 로어는 대놓고 그 아이가 서 있는 쪽을 바라본다. '고아'라는 말에 흥미가 생긴다. "나는 호기심 어린 눈빛으로 고아가 된 헬렌을 바라보았다. 그 애는 교정 한가운데 홀로 서서 눈앞을 보고 있었다. 아직도 그 작고 두꺼운 코트를 입고 턱 밑에서 매듭을 묶는 토끼털 모자를 쓰고 있었다. 그 아이의 모습만 봐서는 누구도 부모가 죽고 없다는 사실을 알아채지 못했을 것이다."

《타인의 집》을 두드러지게 하는 것은 화자의 어조다. 다른 환경이었다면 막다른 골목에 다다른 인간 앞에서 해설 없이 관찰만을 선호하는 로어 시걸의 태도가 살짝 미친 것처럼 보일 수도 있을 것이다. 그러나 이것은 다른 상황이 아니다. 이 상황은 작가에게 정확한 현실과의 거리를 요구한다. 초연함이라는 재능이 역설적인 지능과 만나 골똘한 경계심이라고 부를 만한 것을 강력하게 자극하는 시간과 장소에서 발언하는데, 이것이 바로 전후 미니멀리즘을 탄생시킨 심리적 갈등 조정의 행위다.

그동안 1950년대 유럽 소설을 읽으면서 등장인물은 평범해 보이는데 현실과의 거리는 방향성을 잃어버린 바람에 초현실적으로 보이는 산문의 물결에 휩쓸려 다니며 어리둥절했던 적이 얼마나 많았던가? 여기가 어디인가? 누가 말하고 있는가? 진술 내용을 가지고 우리는 무엇을 할 것인가? 뭔가 경악스럽고 꿈같으며 영원히 마비된 것이 진술 속에 담겨 있다. 그러다 우리는 문득 깨닫는다. 이 책 곳곳에 출몰하는 것은 바로 전쟁이야. 전쟁이 글쓰기 한가운데에 위치한 배수구이고 틈이고 끔찍한 권태다.

1950년대 말 뉴욕에서 쓰인 《타인의 집》은 유럽 소설의 구조가 아니라 분위기를 강하게 닮은 뛰어난 회고록이다. 책에는 생생한 초상과 경이로운 클로즈업이 가득하지만—영국은 확실히 추상에서 벗어나 있다—이 책을 지배하는 것은 그 어조, 즉 역사로 인해 경악하고 내내 냉담해질 수밖에 없어진 사람의 목소리다.

3년 동안 도미니카공화국에 갇혀 지내며 로어는 영원한 무국적 상태의 온전한 의미를 깨닫기 시작한다. 그녀는 누구인가? 어디에 속했는가? 미래에 무엇이 기다리는가? 발작 같은 젊은 반항심 속에서(이제 스물한 살이다) 그녀는 영국을 그리워하기 시작한다. 영국인만이 그녀가 될 모습이다! 머릿속에 영국의 나무 아래 풀밭에 있던 거위들의 상징적인 기억을 담고 다닌다. 그러나 영국영사관에서 일하는 어떤 여성이 그녀에게 실제로 비자를 주었을 때 로어는 얼어붙고 만다.

와락 겁이 났다. 보석처럼 푸른 풀밭, 거대한 플라타너스 아래 있던 하얀 거위들의 기억 뒤로 마치 이중 노출 사진처럼 안경을 낀 또 다른 내가 비옷과 옥스퍼드화를 신은 모습으로 나타나 비가 떨어지는 쌀쌀한 영국의 6월 어느 날, 하나의 사건처럼 떠올릴 수 있을 만큼 고통스러운 외로움을 느끼며 베이커가를 향해 다리를 건너고 있었다. 고통의 원인을 진단해보려고 잠시 멈춰 서서 젖은 발을 느끼다가 문득 깨달았던 것이 기억난다. 내겐 가스 요금을 낼 6펜스 동전 하나도 남지 않았던 것이다.

무국적의 쓸쓸함을 자연스럽게 받아들이는 아메리카, 그곳이어야 했다. 바로 이 순간 여기에서부터 놀라울 만큼 냉담한 《타인의 집》의 로어는 20년 후 《그녀의 첫 미국인》의 비길 데 없는 진동을 시작할 해빙을 시작한다.

히틀러 치하 유럽에서 도망쳐 뉴욕의 '워싱슈타인 하이츠'에 사는 난민이자 스물두 살의 일카 바이스닉스는 서부로 기차 여행을 떠나 네바다주 카우타운에 내렸다가("나는 내가 유타주에 있다고 믿었었다.") 철로 옆 술집에서 카터 베이유를(그는 동부로 여행 중이다) 만난다. 그는 몸집이 큰 중년에 술고래인 흑인이다. 일카는 카터에게 진정한 미국을 찾고 있는데 뉴욕은 진짜 미국이 아니며 그저 다른 난민들을 만나는 곳이라고 말한다. 그녀는 의기양양하게 선언한다. "그런데 당신은 내가 만난 첫 번째 진짜 미국인이에요." 카터는 그녀를 바라보며 건조하게 대꾸한다. "이등 계급이죠." 이등 계급이 뭐죠? 일카는 알고 싶다. 책의 나머지는 일카가 카터와 2년간 사귀는 과정에서 이등 계급이 무슨 의미인지 배우면서 스스로 미국인이 되어가는 모습을 그린다.

카터 베이유는 미국 문학의 위대한 창조물 가운데 하나다. 1950년대 흑인 지식인으로—저널리스트, 교사, 작가, 인종 관계에 관한 전직 유엔 자문위원—그는 '만인everyone'이 최종적으로 혼자임을 안다. 그의 영혼은 황야에서 울부짖으며 죽음에 이를 정도로 집요하게 술을 마셔대지만, 한편으로는 누구든 동정심 있는 여성이 다가와 스스로를 파괴하는 그와 함께 놀아주기를 간절히 바란다. 열정적이고 시적이며 죽음 직전에 단독으로 생존한 일카는 공허 밖으로 자신을 끌어내고자 마지막으로 애쓰는 카터의 보호자로 지목받는다. 대신 카터는 일카와 함께 이리저리 나뒹굴며 삶을 가르쳐주고 뉴욕과 세계와 일카 자신을 경험하게 해준다.

기차역 옆 술집에서 카터는 일카에게 술과 담배를 가르쳐주겠다고 말하고, 일카는 그가 선생처럼 보이지 않는다고 대답한다. 내가 정확히 어떻게 보이는데요? 카터가 묻는다. 일카는 영어로 정확한 말을 찾을 수 없어 고개를 흔든다.

일카의 말은 그의 머리카락을 인정하지 않는다는 뜻이었고,

그의 입 크기와 웃음이 손목을 굽히고 발목을 포개는 도시적인 방식과 어울리지 않는다는 뜻이었으며, 사치스러운 트위드 재킷이 콧마루의 거친 피부에 작은 옹이가 솟은 납작한 코와 대조적이라는 뜻이었는데, 이는 일카에게 그가 젊은 시절 겪은 재앙 같은 기회들과 감동적인 사건들을 넌지시 일러주었다.

나중에 두 사람은 카우타운의 현란한 거리를 지나간다. 해리스 해시와 스테이크 앤드 스월을 지나가며 일카는 카터에게 안에서 술을 마시는 저 사람들은 어떤 부류의 남자들이냐고 묻는다. "아주 좋은 친구들이죠." 그가 말한다. "집에 가서 제 아이들을 돌보고, 어느 정도 아내들을 만족시키고, 기대받은 만큼 일을 해내고, 세금을 내고, 대부분은 교회에 가고, 또 나를 보자마자 내 목을 매달 친구들처럼요." '목을 매단다'는 게 무슨 뜻일지 일카는 생각하지만, 그냥 이렇게 말한다. "전부 '당신'이 지어낸 이야기죠?"

"지어냈죠." 거구의 미국인은 여자를 보고 말했다. 이윽고 그는 거리 건너편을 골똘히 보다가 다시 일카를 보고 말했다. "당신과 나는 여기 나란히 서 있지만, 도대체 당신이 뭘 보고 있는지 모르겠군요."
"바로 그거예요. 그게 내가 하고 싶었던 말이에요." 일카는 환희를 느끼며 말했다. 나중에 그는 바로 이 순간을 사랑에 빠진 때로 확정한다. 그것은 차량의 흐름이 멈추면서 그 남자가 처음으로 일카의 팔꿈치 아래를 아주 살짝 건드렸을 때와 정확히 일치했다.

뉴욕으로 돌아와 카터는 블룸스버리 암스(첼시 호텔로 추정)에 정착하고, 그와 일카는 망쳐버린 저녁 데이트와 재앙 같은 파티, 엉망이 된 나들이, 그들의 관계가 된 응급구조 요청을 연달아 시작한다. 카터는 벨보이를 불러 버번을 주문하고, 일카는 그의 음주를 막으려고 애쓰며, 두 사람의 대화는 독자에게는 순수한 기쁨이 되는 지적인 유쾌함으로 상승한다.

로어 시걸은 상황을 한층 더 풍성하게 하려고 두 가지 뛰어난 요소를 집어넣는다. 하나는 추방자였던 일카의 어머니를 재등장시켜 카터가 완벽함으로 이해하게 된 열광적인 행동을 하게 한 점, 또 하나는 한때 백인과 흑인 공산주의자였던 카터의 옛 친구들을 등장시켜 일카에게 형편없는 조명 아래서 스스로를 바라보는 기쁨을 제공한 점이다. 이 사람들 사이에 모든 면에서 맞지 않는 것처럼 보이는 커플이 하나 있다.

"도리스 메이는 어쩌자고 그런…" 일카는 카터에게 물으려다가 입을 다문다.
"자기 나이의 두 배나 되는 흑인하고 결혼했냐고요?"
"내가 그런 말을 하려고 했다고 생각해요?" 일카가 소리쳤다.
"그럼 무슨 말을 하려고 했는데요?"

"그거요!" 일카는 폭로로 전율하며 말했다. "내가 인종차별주의자라고요!"

"걱정할 일은 아니에요." 카터가 말했다. "내 절친 중에도 인종차별주의자가 있으니까요."

이 대화는 업타운이 워싱슈타인 하이츠로 옮겨오면 일카도 이사를 나갈 것이고 다들 그럴 거라고 카터가 말한 또 다른 대화를 연상시킨다. 일카는 이 문제를 생각해보고 그러지 않을 거라고 주장한다.

"당신은 떠나겠죠." 카터가 말했다.
"나는 떠나지 않아요." 일카가 말했다.
"당신은 마지막까지 남을 거예요." 카터가 말했다. "하지만 결국 떠날 거예요."

같은 이유로 그는 조만간 일카가 자신을 떠날 것이고 그럴 수밖에 없다고 예측한다. 일카는 그렇지 않다고 주장한다. 그럴 거예요. 그는 슬퍼한다. 다들 그러니까요. 당신은 마지막까지 남겠지만 결국 떠날 거예요.

그리고 정말로 일 년도 안 되어 일카는 카터가 본 대로 보고 느낀 대로 느낀다.

카터의 방문이 조금 열려 있었다. 그는 벽 쪽으로 얼굴을 돌리고 잤다. 일카는 청소를 해보려고 했지만 더러운 옷가지와 병들, 종이, 철사로 어질러진 그곳에는 뭔가 포악한 면이 있었다. 일카는 문득—처음은 아니었다—이곳에서 벗어나야 한다고 생각했고, 그러한 전망은 익숙한 암흑의 고통을 낳았다. 마치 어떤 손이 배 속을 찌르고 들어와 내장을 모조리 꺼낸 것만 같았다.

열 살의 로어가 살아남기 위해 부모의 곁을 떠나야 한다는 말을 들었을 때 느꼈던 그 감정을 카터는 내내 느끼고 있었던 것이다.

카터 베이유라는 인물을 거울상으로 삼아 일카 바이스닉스가 자신의 외부자성을 미국화할 수 있게 한 점이 바로 로어 시절의 천재성이었다. 카터의 경험 지식은 너무도 우아하고 독창적이며 무한해서 그 지식을 오래 접한 일카는 깨닫고 만다. "아, 이제야 일이 어떻게 된 건지 알겠어."

카터 스스로 깊어진다기보다는(그는 그저 축적할 뿐이다) 그가 처한 상황이 깊어지는 것이며, 그럴수록 일카의 상황도 분명해진다. 미국의 카터는 히틀러 치하 유럽의 유대인과 매우 비슷해서 일카는 카터에게서 자신을 볼 수 있게 된다. 이 필수적인 반전 때문에 책은 빛을 뿜어낸다. 일카의 깨달음이 늘어갈수록 카터의 대화에 반응하는 일카의 영어도 정확히 옳고 현실적이며 설득력 있게 늘어간다. 일카가 카터 베이유의 경험을 받아들이고 그의 지식을 통해 자신을 재형성하게 되면서 이제 미국의 언어가 일카 안에서 어떻게 살아가는가가 핵심 요소가 된다. 이민자 경험이 완성되었다.

(2004)

그는 실제로 무슨 이야기를 하고 있는가

제임스 설터

새 소설《올 댓 이즈All That Is》(2013)의 도입부 제사에서 제임스 설터는 모든 것은 꿈일 뿐 글로 남은 것만이 유일한 현실임을 깨달았다고 선언한다. 이 말이 사실이라면 설터는—개인이 아니더라도 작가로서—대답할 게 많다. 나는 지난 몇 주 동안 그의 많은 책을 읽으며 보냈는데 내가 보기에 꿈이라는 게 있다면, 그것은 지난 40년이 넘도록 한결같이 스타일을 칭찬받았지만 내용은 거의 언급되지 않은 소설들을 생산해온 인기 작가의 작품 뒤에 숨은 추진력 같다. 이제 설터는 87세인데 글쓰기를 향한 사랑이 줄어들지 않는다는 점에서도 찬사를 받아 마땅하다. 그러나 그의 경력 가운데 이 시점에서 다음 질문을 피하기는 어려울 것이다. 이 남성은 어떤 사람이고, 실제로 무슨 이야기를 하고 있는가?

제임스 설터James Salter는 1925년 계층 상승 중인 유대인 가정에서 제임스 호로비츠로 태어났다. 어머니는 미인이었고 아버지는 웨스트포인트 사관학교 졸업생으로 중위 계급을 획득하고 뉴욕의 부동산 개발을 통해 큰돈을 벌고자 군대를 떠났다. 제임스는 돈과 화려함의 세계에서 자랐고 그 세계가 결코 끝나지 않을 거라는 기대와 함께 성년이 되었다. 그러나 끝이 있었다. 2차 세계대전 동안 설터의 아버지는 소령으로 전시 복무하라는 소환을 받았다. 그는 전시 군대에서도 무적의 성공을 거머쥐었는데, 알고 보니 그게 화근이었다. 유명한 회고록《불타는 나날들Burning the Days》(1997)에서 설터는 말한다. "전쟁이 끝났을 때 아버지는 다시는 적응하지 못했다." 평화로운 시기의 사람들은 이제 지루해 보였다. "아버지를 매혹한 것은 웅대함이었다. 오페라풍 인간이었다. 칭찬과 자극을 먹고 살았고 자신을 향해 완연한 빛이 쏟아질 때만 최선을 다해 수행했다." 너무도 일찍 돈은 사라져버렸고 그와 함께 잊을 수 없는 영광도 가버렸다.

열일곱 살 제임스는 아버지의 뒤를 이어 웨스트포인트 사관학교에 입학했고 졸업하자마자 미 공군에 입대해 기나긴 생애 동안 다른 어떤 것과도—섹스, 돈, 명예와도—견줄 수 없는 비행을 향한 사랑을 키웠다. 그가 진정 사랑한 것은 비행이 주는 짜릿함 자체가 아니라('비행의 불멸성, 그 찬란함') 군대에서의 비행, 특히 전시 비행이 주는 짜릿함('전우애, 이상주의,

청춘')이었다. 그는 한국전쟁에서 전투기 조종사로 복무한 일을 기뻐했다.

그러나 1957년 서른두 살의 비행사는 이름을 설터로 바꾸고 글 쓰는 삶을 시작한다. 1950년대 후반부터 설터는 아홉 권의 소설과 네 권의 논픽션을 출간한다. 거의 모든 작품이 손에 잡히지 않는 '호시절'을 향한—하나같이 취향과 돈과 신화적인 섹스와 관련된—이상적인 향수에 푹 빠져 있는데, 처음부터 설터의 풍성하고도 도발적인 글쓰기를 매혹적으로 여겼던 독자들의 대대적인 환영을 받았다.

"1958년 가을이었다. 아이들은 일곱 살, 다섯 살이었다. 석판 색깔 강물 위로 햇빛이 쏟아졌다." 1975년 소설 《가벼운 나날》의 제2장은 이렇게 시작하면서 마법 같은 부부의—남자는 재능 있고 여자는 아름답다—이야기를 들려준다. 부부는 "삶이 일어나는, 아침 햇살 속의 방들에, 바다에는 온기를 모으려고 햇빛을 들이켜는… 살구색과 붉은색, 황갈색의 낡은 동양풍 카펫이 깔려 있고, 책과 말린 꽃과 마티스풍 색깔 쿠션들이, 증거처럼 반짝이는 물건들이… 투명 크리스털 주사위와 수사슴 뿔의 조각들과 호박 구슬과 상자와 조각들이" 흩어진 강가 집에 살고 있다. 그러나 부부의 내면은 "신비롭다… 멀리서 보면 하나의 개체로 보이지만… 가까이서 보면 분리되어 빛과 그림자로 깨지기 시작한다… 그 안에는 어떤 형태도 없으며 오직 모든 곳에 닿는 놀라운 세부, 즉 낯선 소리, 흘러넘치는 햇빛, 관엽, 쓰러진 나무들, 나뭇가지 부러지는 소리에 놀라 달아나는 작은 짐승들, 곤충들, 침묵 그리고 꽃들이 있다."

1975년에 이런 글을 읽으면서 누군가는 《가벼운 나날》이 《밤은 부드러워》*나 《레볼루셔너리 로드》**처럼 독자의 마음을 아프게 하리라 생각했을지도 모르겠다. 그러나 2013년에는 다르게 느껴질 것이다.

문학계 지도에 솔터라는 이름을 새긴 소설은 1967년에 출간된 《스포츠와 여가》다. 화자는 프랑스의 작은 마을에 사는 삼십대 미국인으로 어느 날 대학을 중퇴한 열 살 연하의 남성이 찾아온다. 이 소년-남성은 마을에서 한 여성을 만나고 함께 성적 집착의 특별한 정사에 빠져든다. 이 책은 에로틱 리얼리즘의 역작이고—독자라면 누구나 멈추지 않는 관능의 포위력에 약해졌다가 이윽고 잠식당한다고 느낄 수밖에 없다. 다시 또다시, 그리고 또다시!—우리는 다가오는 생식능력의 상실을 안타까워하는 화자의 놀랍도록 관음적인 한탄을 통해 소설의 존재 이유인 몽환적 섹스와 똑같은 그림 같은 묘사를 만난다. 소년의 음경은 온갖 방법으로 소녀에게 들어간다. 미끄러져 들어가고, 찌르듯 들어가고, 끼어 들어가고, 밀어 넣고, "물속에 들어가는 철 막대처럼 가라앉는다". 그는 사정하고,

---

* 1934년 출간된 F. 스콧 피츠제럴드의 소설.
** 1961년 출간된 리처드 예이츠의 소설.

사정하고 또 사정한다. 이것은 분명히 남자의 이야기다. 여자는 꿈틀거리고, 문지르고, 신음하지만, 명백히 도구적이다. 우리는 여자가 오르가슴에 도달하는 장면을 단 한 번도 보지 못한다. 그 얼굴이 계속 베개에 파묻혀 있기 때문이다. 여자는 오직 그리고 언제나 뒤에서 받아들인다.(이 점에 대해서는 뒤에서 더 말할 것이다.)

화자는 이따금 기차를 타고 파리에 가 사교한다. 어느 파티의 묘사는 모든 것을 말해준다. "위대한 사람을 가까이서 관찰해야만 성취할 수 있는 침착한 무례로 무장한" 어느 프랑스 저널리스트가 주최한 파티에 외교관, 작가, 유명 인사, 예를 들면 "어제들로 이루어진" 나이 든 여배우와 부인이 휘트니 집안 사람인 남자가 참석한다. 화자는 알 만한 부러움을 섞어 "여기서 특정 부류의 사람들을 만난다… 돈과 취향이 있는 사람들을"이라고 말한다. 영웅적 섹스의 완벽한 보완물이다.

《스포츠와 여가》는 비평적으로 큰 성공을 거두면서 아직도 강력해지고 있는 컬트 추종자들을, 다시 말해 여전히 매혹적인 상황과 초월적인 관능성, 은유를 성취하는 열망의 정수로 가득한 산문에 열광하는 독자군을 끌어모았다. 매우 좋다. 그다지 좋지 않은 점은 세월과 함께 책이 쌓여가는 사이 섹스와 돈과 취향을 향한 설터 작품 속의 흔들림 없는 경의가 똑같이 풍성한 스타일로 전해지지만, 눈에 띄는 발전은 전혀 없다는 사실이다. 우리를 《올 댓 이즈》로 이끄는 것은 앞서 나온 책들의 탁월한 응축이다.

《올 댓 이즈》의 주인공 필립 보먼은 2차 세계대전 참전 군인이다. 전투와 전우애, 공동의 위험이 인생의 감정적 하이라이트로 남아 있다. 전쟁이 끝나고 하버드에 가 약간의 사회적 관계를 맺고 잠시 방황하다가 마침내 작고 세련된 뉴욕의 한 출판사에 정착해 30년간 편집자로 일한다. 그사이 연애를 차례차례 해나간다. 버지니아주 말의 고장의 부유한 집안 출신 비비언과 결혼했지만, 이혼 후에도 에니드와 크리스틴과 애넷과 앤이 있다. 모든 일의 핵심에 여자들이 있다. 동료 인간으로서 여자들이 아니라 그것만으로 보먼을 살 만하게 해주는 황홀한 정력의 원천으로서의 여자들이다. 연애 주위로 전쟁 시의 영광, 돈, 계급 차이, 섹스, 섹스, 섹스라는 솔터 특유의 심취 대상이 모여든다. 이 책에는 셀 수 없을 만큼 아름다운 집들과 우아한 의복, 화려한 수집품이 등장하고, 또 셀 수 없을 만큼 많이 "그가 그녀의 다리를 벌리고 그 사이에 무릎을 꿇고서… 오래도록 그녀를 애무하고… 그녀의 몸을 뒤집어 어깨에 손을 올린 채 그녀의 몸이 거위 목인 것처럼 천천히 그 몸을 타고 아래로 내려갔다… 그는 이 시간이 오래가길 바랐다… 아, 아, 아. 벽이 무너지고 있었다. 도시가 별처럼 붕괴하는 중이었다."

책 속에서 보먼은 모든 여자의 몸을 뒤집고 뒤에서 들어간다. 게다가 마지막 한 사람을 제외하고(돌아가는 것은 그 여자의 일이 아니다) 모든 여자가 그의 곁을 떠난다. 우리가 이러한 인물들을—보먼과 '그리고' 여자들—오직 표면의 축적을 통해서만 경험할 뿐 실제로는 전혀 알지 못하는 이유가 무엇일까? 그들 중 누구의 내면으로도 들어갈 수 없기 때문이다. 성찰이나 해석에 필요한 자각이 없다. 관능적인 자아를 뛰어넘어 일이나 사상이나 세계와의 관계 맺기가—몰랐던 것을 알게 해주는 요소들이—부재한다.

끝에 이르러서 여전히 아는 게 없지만 다소 피로한 보먼이 오십대가 되어 회사 크리스마스 파티장에서 창밖을 보며 명상한다. "그는 홀린 듯 다른 크리스마스들을 떠올렸다. 집에서 멀리 떨어진 바다, 배 위에서 맞았던 전쟁 도중의 겨울을 기억했다. 국군 라디오에서 '고요한 밤' 캐럴을 틀어주었고 다들 뭔가를 회상하고 있었다. 깊은 향수와 가없는 그리움을 품은 그의 인생에서 가장 낭만적인 크리스마스였다."

이 순간 마지막 사랑이—출판사의 또 다른 편집자—등장한다. 보먼은 너무 늦은 게 아닐까 걱정한다. 반바지를 입은 그의 다리가 늙은이의 다리로 보였다. 그러나 그는 트리플러&Co.의 정장을(가느다란 핀스트라이프 무늬의 미드나잇블루색) 입고 안도한다. 연애를 시작하고 몇 달이 흐르자 여자가 베네치아에 가고 싶다고 말한다. 보먼은 망설이지만—그는 베네치아에 너무 많이 가봤다!—점점 누그러진다. 피로가 가버리자 그는 계획을 세우기 시작한다. 가을에 가는 게 가장 좋아, 그는 여자에게 말한다. "그래." 책의 마지막 문장에서 그는 말한다. "11월에 가자. 굉장히 재미있을 거야."

대다수 작가가 단 하나의 이야기를 품고 있다는 말은 확실히 사실이다. 플래너리 오코너의 말처럼 오직 하나만을 생생하게 만들 수 있다. 그렇지만 그 이야기를 처음 말했을 때보다 세 번째, 네 번째 말했을 때 더 많은 이야기를 할 수 있어야 하는 게 작가의 책무인 것도 사실이다. 그 점에서 설터의 작품은 내 눈에는 실패다. 팔십대에 이른 그는 사십대에 했던 것과 거의 똑같은 이야기를 하고 있다.

문제는 그가 1925년보다 10년 혹은 15년 일찍 태어났어야 했다는 것이다. 그랬다면 자기 신화에 빠진 전후 문학의 낭만적 리얼리즘 덕분에—1차 세계대전 후 헤밍웨이와 함께 상승했고 2차 세계대전 후 어윈 쇼와 함께 몰락한—설터는 "[그녀의] 풍성한 미소 속에 있으면 사람은 절대 외롭거나 잊히지 않을 것이다"와 같은 문장을 기나긴 작가 인생에 불리할 것 없이 계속 쓸 수 있었을 것이다. 그러나 이와 같은 문장을—우리의 실제 삶과 너무도 동떨어진—표현력 있는 언어를 향한 사랑으로 반세기 전과 똑같이 찬사를 받는 예술가의 작품에서 읽는다는 것은 슬프고도 혼란스러운 일이다.

(2013)

무엇이 인간의 조건을 힘들게 하는가

2

Culture

왜곡된 나르시시즘

1978년 크리스토퍼 래시Christopher Lasch의 《나르시시즘의 문화Culture of Narcissism》가 출간되었을 때, 오랫동안 급진주의 페미니스트로 살아왔던 내가 이 책에서 저널리스트 톰 울프가 '자기중심주의 시대Me Decade'*라고 이름 붙인 시기의 주요한 나르시시스트로 분류된다는 사실을 발견하고 크게 놀랐던 일이 어제처럼 선명하게 기억난다. '우리만을 위한 일이 아니다'가 슬로건이었던 우리가? 남성과 여성 사이 미래 관계가 평평한 운동장에서 이루어지길 희망했던 우리가? 우리가 권력을 얻는다고 해도 절대로 타인을 지배하지는 않겠다고 생각했던 우리가? 그런 우리가 나르시시스트라고?

---

* 개인적인 행복과 만족 추구에 몰두했던 1970년대를 말한다.

역사학자 엘리자베스 룬벡Elizabeth Lunbeck의 《나르시시즘의 미국화The Americanization of Narcissism》(2014)는 1970년대 나르시시즘이라는 개념을 논쟁적으로 사용하기로 선택한 사회비평가들의 손에서 이 개념이 얼마나 짧고 지나치게 단순화되었는지뿐만 아니라 정신분석학자들 사이에서는 얼마나 길고 복잡한 생애를 거쳤는지 설명하는 깊이 있는 연구서다. 그러므로 이 책은 과거의 잘못에 대한 교정이라고 할 수 있다. 저자 룬벡은 그 시대의 시끄러운 불만을 공감 어린 관심으로 해결하지 않고 오직 혹평만 함으로써 분석적으로 사용되는 나르시시즘의 실질적 개념에 돌이킬 수 없는 해를 끼친 비평가들의 왜곡으로부터 나르시시즘을 구출하고자 한다.

"처음부터 정신분석가들은 우리 안의 최선과 최악을 설명하기 위해, 완벽을 향한 우리의 열망과 파괴의 기쁨, 분노와 잔혹성을 향한 우리의 역량만이 아니라 창조성과 이상주의를 위한 역량을 설명하기 위해서도 나르시시즘이라는 개념을 사용했다"라고 룬벡은 말한다. 완전한 의미의 나르시시즘은 우선 유아나 아동이 자신의 두 발로 서고자 할 때 내보이는 건강한 이기심에 대한 설명까지 포함하는 인간 발달에 관한 복잡한 이론이다. 인간이 성숙할수록 이 유아적인 이기심이 줄어들고 타인의 요구뿐만 아니라 자신의 요구도 적절히 존중하는 독립적인 사람이 된다. 이 과정이 경로를 벗어나 성숙에 실패하면 초기의 자기 몰두적 면모가 성인기 내내 남아 있다. 이렇게 한 개인이 유아적인 자아도취에 빠져 있을 때 우리는 이를 자기애성 성격장애라고 부른다.

　1970년대 미국에서는 두 명의 탁월한 정신분석학자가 나르시시즘의 양극단적인 특성을 주장하면서 유명해졌다. 한 사람은 이를 정상으로 보았고, 또 한 사람은 병리적으로 보았다. 병리적이라고 주장한 분석학자가 이겼다. 하인즈 코헛Heinz Kohut은 나르시시즘의 정상적인 면에 집중하면서 자기애가 '쓸데없는 생각'이 아니라 건강한 자존감을 획득하기 위한 수단이라고 설명했다. 룬벡에 의하면 코헛은 "정상적인 나르시시즘은 인간의 야망과 창조성, 가치와 이상, 공감과 동질감의 원천이고… 긍정적인 기운이 있고 가능성으로 가득하며 삶을 지속하기 위해 반드시 필요하다"라고 말했다. 이와 달리 오토 컨버그Otto Kernberg는 나르시시즘을 인간의 공감력을 마비시키는 악성 장애로 설명했다. "컨버그는 임상적 글쓰기를 통해 인간 관계성의 기형을 연대순으로 정리함으로써 우리 인류가 서로를—그리고 우리 자신을—학대하고 착취하고 파괴하기 위해 고안해온 놀랄 만큼 다양한 방식을 독자에게 보여준다"라고 룬벡은 설명한다.

　'내면의 공허함'을 끊임없이 불평했던 사람들을 나르시시즘이라는 장애의 희생자로 재빨리 특징지었던 정신분석학자들이 나르시시즘의 병리학에 관심을 보였다. 그들은 그 시대의 사회적 혼란을 반영하는 환자들에게 당혹감을 느끼면서도 이를 어떻게 해결해야 할지는 알지 못했던 것이다. 그리고 같은 시대의 사회비평가들 역시 뒤따라 곧바로 컨버그의 관점을 수용하고 코헛의 관점을 배제했다. 세계를 갈라놓은 힘을 지나치게 단순화하고 싶은 열망에 빠진 나라에게 정당한 불만은 숨기고 나르시시즘 자체의 복잡성을 왜곡된 개념으로 떠먹인 게 바로 이 비평가들이었다.

"오직 나르시시즘의 체계적인 개념들을 이해해야만이, 그리고 이러한 논쟁들이 사회비평가들의 관심사와 얼마나 공명했는가를 이해해야만이 우리는 프로이트가 자신의 정신분석 과학에 그다지 호의적이지 않다고 생각했던 나라에서 나르시시즘이 얼마나 열렬히 그리고 기꺼이 받아들여졌는지를 설명할 수 있다"라고 룬벡은 말한다. 분석학자들은 크리스토퍼 래시가 그 시대의 '근본적인 특징 구조'라고 불렀던 것을 설명하기 위한 절박한 시도로 그러한 주장을 펼쳤다고 생각하면서도, 정상적 나르시시즘이든 병리적 나르시시즘이든 사회가 만들어낼 수 있다는 생각을 부인했다. 그러나 사회비평가들은 부인하지는 않았다.

룬벡이 보기에 이러한 비평가들 가운데 최악은 래시였다. 그는 나르시시즘의 개념을 가장 심각하게 오용했다. 1970년대에 "나르시시즘이 세속적인 풍요와 부와 관련된 병리학으로 주조되어 30년 동안 개인의 고유한 유아기 박탈감에서만 근원을 찾을 수 있는 신경증과의 연관성이 가려진 채 남아 있었던 것은" 바로 래시 때문이었다고 룬벡은 말한다. 이 신경증은 래시와 다른 비평가들의 손에서 한결같이 그 기원을 가족에서 찾았고 성인으로 경험한 사회적 영향의 산물이 되었다.

여기서 룬벡은 나르시시즘의 지적 역사에 주된 관심을 두었고, 그러한 연유로 그의 책은 프로이트가 1914년에 처음 이 주제를 꺼낸 이후 수십 년 동안 정신분석학자들 사이에서 새롭게 탄생하고 변화해온 나르시시즘의 다양한 개념들을 분류하는 데 집중한다. 그러나 독자가 보기에 이 책에서 가장 풍성한 부분은 1970년대 그 용어가 어떻게 사용되고 오용되었는지를 보여주는 대목이다. 룬벡의 글은 그 시대를 거침없이 상기시킬 뿐만 아니라 인간 발달 과정에 필요한 한 가지 단계로 보아야 할 귀중한 개념이 그저 하나의 성격장애로 영원히 정체화된 바람에 50년이 넘도록 서구에서 마땅히 나르시시즘을 포괄하며 발달했어야 했던 자아에 관한 광범위하고 관대한 생각이 어떻게 통째로 집어삼켜지고 말았는지 그 과정까지 아름답게 추적한다.

20세기에 들어서면서 서구 사회는 수십 년간 유럽의 혁명적 봉기가 탄생시킨 형용할 수 없는 불안 때문에 인간이 권리보다는 의무를 지닌, 이성적이고 도덕적 자기통제가 가능한 존재라는 오래된 확신에서 급격히 멀어지기 시작했다. 이와 같은 낡은 신념 대신 서구는 인간을 역사가 체계적으로 무시 혹은 부인했던 감정과 본능을 지닌 존재로 생각하기 시작했다. 보통 사람들이 자신의 삶이 어떻게 발달해나가는가를 바라보는 관점에 거대한 변화가—곧 모더니즘으로 알려질—일어나고 있었다. 이러한 변화를 이끈 주요 영향력 중 하나가 당시 빈의 공개 강연을 통해 전 유럽을 열광시켰던 지그문트 프로이트의 작업이었다.

　교회, 가족, 관습 등 온갖 종류의 권위가 의문의 대상이 되면서 사회적 신념의 기본 조항들이 장악했던 지배력이 느슨해지기 시작했다. 이러한 발전 덕분에 지금껏 생각지도 못했던 생각과 감정을 즐길 수 있게 되었다. 이전까지 구속과 억압이 차지했던 문화를 갑자기 내면의 충족을 향한 절박한 요구가 장악한 것처럼 보였고, 법과 질서를 향한 낡은 요구와 권리와 권리와 권리를 향한 새로운 요구 사이에 장대한 투쟁이 시작되었다. 노동자들은 조합을 설립할 권리를, 여성은 투표할 권리를 원했고, 모두가 비혼 섹스의 권리를 원했다.

　인간의 자기 정의에 획기적인 변화가 일어나고 있었지만 현 상태를 유지하기만을 바라는 이들은 그 의미를 이해하지 못했다. 이들은 무슨 일이 일어나고 있는지, 왜 일어나고 있는지 이해하려 들지 않고 그저 사회적 혼란을 범죄로 바라보고 책임을 전가할 악당을 찾는 일에 골몰했다. 아, 이제 그들에게 악당이 하나 생겼다. 그것은 혁명 놀음이나 하면서 성장을 거부하고 주어진 책임을 거부하는 무모하고 유치한 세대의 믿을 수도 없고 들어본 적도 본 적도 없는 이기심, 다시 말해 자기애였다. 여기 범인이 있었다!

　반세기 후에도 모더니즘의 임무는 거의 완성되지 않았지만 이 장면은 고스란히 재연되었는데, 현 상태를 유지하기 원하는 이들이 이번 범인에게는 보다 이국적인 이름을 붙여주었다. 1960년대 미국 사회는 중간에서 갈라져 내폭을 예고하는 불안정에 다가가고 있었다. 세계에서 가장 자유롭고 가장 부유하며 가장 교육받은 이곳의 중산층은 내면의 공허함에 침몰당했다고 쓰라리게 불평하고 있었다. 동시에 베트남의 교착전에서 미국인들이 의미 없이 죽어가고 있었고, 교착 상태의 국내 인권운동에서도 미국인들이 부끄럽게 죽어가고 있었다. 이러한 위기 속에서 의식운동과 대항문화라는 쌍둥이가 생겨났다. 의식운동은 오늘날까지 남아 있는 치료사들과 자기계발서 작가 군단을 토해냈다. 그리고 대항문화에서 초기 모더니즘의 슬로건과 일치하지만 예전보다 권리 요구는 크게 줄인 해방운동이 탄생했다.

프로이트와 마르크스의 50년을 거치면서 담대해진 대항문화는 자아실현이라는 미국의 오랜 이상을 주장했다. 뜻밖에도 목소리를 높이고, 정치적으로 말해 이상을 구현하게 된 계층은 다름 아닌 여성과 동성애자였다. 이토록 강력한 국가적 불만의 영향 아래 여성과 동성애자들은 자신의 삶이 이등 시민임을 의식하게 되었고, 이제 목소리를 내면서 법과 사회적 관습 앞에서 환원 불가한 인간임을 인정받고자 요구하는 용기를 찾아가고 있었다. 본질적으로 그들은 공화국이 완전한 평등주의의 약속을 깨뜨렸다고 주장했다. 하룻밤 사이에 신이 난 급진주의자들과 겁먹은 보수주의자들이 우르르 거리에 쏟아져 나온 것처럼 보였다. 붕괴 중인 사회를 수호하고자 하는 이들이 이번 붕괴의 원인에 붙여준 이름은 단순한 이기심보다 훨씬 화려했는데, 바로 나르시시즘이었다!

우리 주변의 삶은 온갖 모순으로 가득했지만, 나르시시즘의 개념을 부정적으로 사용하는 일만은 획일적이었다. 왜 이토록 많은 비평가들이 모든 소란 속에 심어져온 사회적 변화의 중요한 씨앗들을 무시하고 의식운동과 해방운동 양쪽의 (정말로 많은) 남용만을 기록하기로 했는지 그 이유를 알기는 어렵다.

미국이 한편으로는 중산층 소비자들의 사회가 되었고, 다른 한편으로는 급진적인 항의자들의 사회가 되었다고 누구보다 영향력을 발휘해 목소리를 높인 사람은 바로 래시였다. 양쪽 모두 만인이 나르시시스트의 모습이라고 알고 있는 악질적이고 환상에 사로잡힌 어린아이가 되어 유일하게 중요한 것, 즉 사회안정을 파괴하는 사람들이었다.

그렇다면 래시가 생각하는 사회안정의 본질적 형태는 무엇이었을까? 바로 가족이었다. 래시가 자신과 같은 남성들에게 '무정한 세상의 안식처'라고 주장했던 가족은 누구나 주장할 수 있는 개인주의보다 더 중요했다. 래시가 보기에 개인주의가 곧 나르시시즘이었다. "선조나 후대가 아닌 자신을 위해 사는 것, 순간을 위해 살고자 하는 열정이 유행이다"라고 래시는 썼다. 그래서 특히 여성운동이 우리가 아는 가족제도에 이루 말할 수 없는 피해를 주고 있다고. 오늘날 우리의 모습을 만들어낸 가부장제 아래의 여성 예속이 정말로 끔찍했다는 사실에는 의심의 여지가 없다고 래시는 인정했다. 그러나 그는 여성의 무기력함과 남성의 보호라는 어제의 허구가 여전히 유용하다고 결론지었다. 적어도 그쪽이 조금이나마 문명화된 행동을 보장한다는 것이다. 래시는 어제의 모든 것이 끔찍했을지라도 오늘보다는 낫다고 말하는 것 같은데, 그 문장이 말하지 않은 절반은 아빠가 존경받고 엄마가 제자리가 어디인지 알고 아이들이 말대꾸하지 않았던 시절이었을 것이다.

왜 비평가들이 '좋은' 나르시시즘의 모범 사례로 해방운동을 들지 않았는지 궁금해졌다. 그들은 왜 당시에는 거리에 나온 여성과 동성애자 수천 명의 이기심으로 보였던 것이 성인이 정치적으로 독립하기 위해 반드시 필요하며 기나긴 문화적 유아기에서 생겨난 이기심임을 보지 못했을까? 같은 이유로 왜 그들은 진지한 삶을 영위하기 위해 분투하는 수많은 청년의 마음을 움직였던 크고 작은 통찰, 역사적으로 다시는 예전으로 되돌릴 수 없는 통찰을 포함하는 의식운동의 장점이 아닌 단점만을(물론 정말로 어리석고 설익은 점이 있었다) 보았을까?

래시 책의 부제는 '기대치 상실의 시대'이다. 안타깝게도 이는 모든 사회적 소요를 자극이 아닌 억압으로 여기고, 자기 발밑의 토대가 무너지기 시작함을 느끼자 한 번도 완성된 적 없는 과거의 견고함을 이상화하는 위태로운 일에 골몰하는, 공감 능력 없는 백인 중산층 남성의 시각이었다.

좋든 나쁘든, 정치적 풍요든 사회적 빈곤이든, 지난 세기의 자유는 자기 발견이라는 생각과 긴밀히 연결되어 있었다. 우리 다수에게 1960년대 문명은 자아도취적 특권을 획득하려는 목적이 아니라 오히려 반대로 자유로운 성인이 나약한 상태보다는 강인한 상태에서 서로 손을 내밀 수 있도록 우리 각자의 내면에서 축소된 형태로 재형성되는 것처럼 보였다. 당시의 내게도 지금의 내게도 우리 안에 생겨난 이와 같은 새 삶의 감각은—강인하고 생동감 넘치며 제멋대로인—콘크리트를 뚫고 올라오는 잡초 같아 보였다. 요점은 그 잡초에 주목하는 것이다. 그러나 비평가들은 부서지는 콘크리트에 주목했다.

(2014)

실천과 이론 사이의 틈

어렸을 때는 "다른 사람이 너에게 해주었으면 하는 방식으로 다른 사람을 대하라"라는 힐렐*의 말이—황금률—세상을 더 살기 좋은 곳으로 만들기 위한 정치 이론이라고 생각했다. 이 황금률이 요구하는 것은 그저 내가 나에게서 발견한 것과 똑같은 최소한도의 인간성을 동료들에게서도 존중하라는 것이었다. 내가 무시당하거나 얕잡아 보이거나 비방당하지 않기를, 구속당하거나 사기당하거나 모욕당하거나 혹은 강도를 당하거나 강간당하거나 살해당하지 않기를 소망한다면—아니 '반드시 그래야만' 한다면—다른 사람들도 똑같이 그래야 한다는 말로 이해했다. 이런 실천만으로도 우리가 서로에게서

---

* Hillel the Elder. 기원 전후의 유대교 율법학자.

자신을 볼 수 있게 하는 평등이 이루어질 것이라고.

평등. 이 단어 자체에 나는 감동했고 심금이 울렸다. 본능적으로 평등이 인간의 동료 의식에 필요한 핵심이라고 생각했다. 우리가 평등을 경험하기만 한다면 환경이 얼마나 열악하고 위협적인가는 별로 중요하지 않다고 생각했다. 역사를 여러 번 훑어봐도 평등하게 나눌 수만 있다면 영혼을 가장 심하게 파괴하는 조건들마저―전쟁, 전염병, 공황―견딜 수 있을 것만 같았다. (미국에서《평등이 답이다: 왜 평등한 사회는 늘 바람직한가 The Spirit Level: Why Greater Equality Makes Societies Stronger》라는 책으로 출간된 최근의 한 연구를 보면 실제로 기대수명, 영아 사망률, 비만 수준, 범죄율, 문해력 점수, 심지어 쓰레기 수거에 이르기까지 모든 것이 덜 평등한 사회보다 더 평등한 사회에서 개선된다고 한다.) 해악은 바로 불평등, 내적 자존감을 파괴하는 불평등에 있음을 나는 확신했다.

평등은 모든 정치철학자가 집중하자고 동의한 단어(즉 개념)는 아니다. 예를 들어 하버드의 마이클 샌델 교수는 좋은 사회를 이루는 법이라는 질문에 몰두하면서―우리 자신을 위해서나 사회를 위해서나―'무엇이 올바른 일인가'를 결정할 때 발생하는 윤리적 딜레마를 해결하려면 정의가 더 나은 단어라고 믿는다.

《정의란 무엇인가》는 아리스토텔레스부터 존 롤스에 이르기까지 정치철학의 도덕적 기반에 관한 샌델 교수의 강의를 한 권 분량으로 요약해놓은 책으로, 이 탁월하고 노련한 교수는 30년이 넘도록 학부생도 명쾌하게 이해할 수 있는 수준으로 강의를 해왔으므로 합리적 이성의 나이에 이른 사람이라면 누구나 이 책을 읽을 수 있다. 특히 샌델이 일상적인 상황을 계속 예로 들어 독자가 감정을 이입해볼 수 있게 하면서 한편으로는 독자 스스로 추론을 통해 정의의 문제에 대한 이런저런 접근법을 이해하도록 요구한다는 점이 이 책의 영리한 면이다. 스탠퍼드 로스쿨 교수이자 샌델의 전 동료였던 캐슬린 설리번은 "샌델은 오직 생각해야만 고통에서 벗어날 수 있는 매우 심각한 도덕적 딜레마를 제시했다"라고 술회한다.

정의를 향한 세 가지 접근법은—공동체 전반의 복지, 개인의 권리, 훌륭한 시민으로서 가치—샌델이 몰두하는 문제의 핵심이다. 이러한 관점 각각에 찬성하거나 반대하는 여러 주장들의 덤불을—전부 권리와 의무 사이 관계와 관련이 있다—헤치고 추론하기가 바로 이 책의 주제다. 이를 위해 샌델은 인간이 정당하게 대우받고 있다고 느끼려면 무엇이 필요한지를 이해하려고 수백 년간 고민해온 정치철학자들의 이론을 세웠다가 무너뜨렸다가 또 부활시킨다. 샌델은 '올바른 행동'에 관한 한 가지 의견을 상정하고 그 의견을 고찰한 후 그 의견이 바탕으로 삼는 원칙에 이름을 붙이는 작업을 해나간다.

거칠게 말하자면 정의에 관한 고대의 이론들은 도덕적으로 책임감 있는 시민을 만드는 일과 관계가 있었고, 현대의 이론들은 개인의 자유와 관계가 있다. 어떤 이론도 서로를 깔끔하게 분리할 수는 없지만—"우리가 자유에 몰두하더라도… 정의는 선택만큼이나 가치와 관련이 있다는 확신이 깊다."—샌델은 실천으로서 정치철학은 "우리 주장에 형태를 부여하고 민주 시민으로서 마주하는 대안들에 도덕적 명징함을 부여할 수 있다"라고 말한다.

이어지는 논의는 시민권의 미덕을 향한 아리스토텔레스의 헌신, 실용주의를 향한 제러미 벤덤의 헌신(최대 다수의 최대 행복), 로버트 노직의 자유지상주의(나라는 개인과 나의 재화는 내 것이고, 내 것은 오직 내가 만족할 때만 상관이 있다), 현대사회에서 개인의 권리와 의무에 관해 가장 열심히 씨름한 철학자 이마누엘 칸트에게 크게 신세를 지고 있는 존 롤스의 평등의 '공정함'이다.

샌델은 칸트에 대해 "도덕성은… 자신 안에서 끝나는 개개인의 존중에 관한 일이다"라고 말한다. 어떤 사회적 목표나 그 성취가 타인을 도구로 이용하는 일에 의존한다면 그러한 사용 자체가 타인을 비하하는 일이고, 비하당한다고 느끼는 것은 곧 부당함을 아는 일이므로 그런 목표는—어떤 성취나 이득을 보든—정당화할 수 없다. 사람은 반드시 '자기 자신이든 다른 사람이든' 인간을 단순한 수단이 아닌 그 자체 목적으로 대해야 비하를 피할 수 있다고 칸트는 주장했다. 이게 바로 칸트의 '정언명령'의 한 가지 공식이다.

개개인과 만인을—자신을 포함해—목적으로, 그리고 무조건 귀하게 대해야 한다는 도덕적 가치의 개념을 주장한 칸트는 사람들에게 정의를 '요구'하지 말고 '분배'하는 법을 스스로 깨쳐야 한다고 주장한다. 왜일까? 그게 자유로 가는 길이기 때문이라고 그는 말했다. 칸트에게 자유란 취향과 습득의 문제가 아니라 행위력agency의 문제였다. 스스로 행동에 책임을 지는 것이 바로 행위력을 습득하는 일이었다.

칸트 이후 200년이 지나서 미국의 정치철학자 존 롤스는 정의와 사회와 개인의 관계를 다시 다루었다. 롤스에게 정의란 공정함이고, 그것을 성취할 수 있는 사회를 만들기 위한 주장을 설계하는 일에서 지적 투쟁을 벌였다. 롤스의 추론은 다음과 같다. 누구도 다른 사람보다 사회에서 더 유리한 출발점을 차지할 자격이나 가치가 없다. 부, 아름다움, 재능 등의 축복을 받아서—추동력이나 지능, 자신감을 부여받아서—보상을 받는다면, 이는 단지 그 사람이 어쩌다 그러한 자질을 가치있게 여기는 사회에서 살고 있을 만큼 운이 좋기 때문이다. 그 사람이 태어난 이 특정 게임의 규칙이 그에게 유리한 사회적 합의를 결정했다. 하지만 그만큼 유리하지 않은 사람은 어떤가? 어떤 이들이 과하게 보상받는 동안 또 다른 이들은 극도의 벌을 받아야 하는가? 정의로운 사회는 칸트가 비하라고 불렀을 이러한 거대한 격차를 제거하고자 목표하는 사회일 것이다. 그런 사회를 만들려면 우리는 어떻게 해야 할까?

롤스의 대답은 간단하다고 샌델은 말한다. 만인을 위한 기본적인 자유(언론의 자유, 이동의 자유, 신앙의 자유처럼), 사회적 계급과 상관없는 공정한 기회, 그리고 사회 및 경제적 불평등이 너무 조작되어 가장 행복한 사람이 아닌 가장 불행한 사람 고려하기가 될 것이다. 이는 자유시장이 사회를 지배할 권리를 부인한다는 뜻이다. 운이 좋게 태어난 사람들을 저지하지는 않지만 고도의 특권을 지닌 삶이 고도로 박탈당한 삶과 나란히 살아가게 허락하지는 않을 것이다. 재능 있는 사람은 자유롭게 그 재능을 개발하고 실행하겠지만—빠른 사람은 당연히 달리기 경주에 나갈 것이다—합의의 지점을 넘어서 '이러한 재능이 시장에서 거둬들이는 보상은 대체로 공동체의 것'이라는 사회적 이해가 이루어질 것이다. 결국 롤스의 이론은 존중과 자기 존중 사이에 칸트적인 연결고리를 품고 있다. 개인이 충분히 자신을 존중할 수 있는 수단을 허용받으면 타인을 향해 힘을 행사할 필요도 사라질 것이고, 그와 함께 도덕적(다시 말해 사회적) 책임은 우리가 얻을 수 있을 만큼 실제에 가까워질 것이라고 예상된다.

"롤스의 정의론이 결국 성공하든 아니든 미국 정치철학이 지금껏 생산해온 것 중 보다 평등한 사회를 향한 가장 매혹적인 사례를 제시한다"라고 샌델은 너그럽게 말한다. 내가 너그럽다고 말한 것은 개별자라는 '개인에 관한 정치적 개념'이 정의로운 사회의 실현 가능한 생각에 중심이라는 롤스의 핵심적 입장에 샌델이 강력히 반대하기 때문이다. 샌델은 순수한 개인적 이익을 거부하는 '충성과 애착'의 요구가—가족, 종교, 애국주의—사회의 의미 그 자체라고 생각한다.

여기서 교수보다는 철학자로서 샌델은 아리스토텔레스의 말처럼 "오직 폴리스에 살아야만… 우리는 인간으로서 우리의 본성을 완전하게 깨닫는다"라고 주장하는 공동체주의적 견해를 내비친다. 공동체주의의 선보다 권리에 더 높은 가치를 두는 평등주의나 자유주의 정의론은 다음과 같다고 샌델은 말한다.

이 정의론들은 강력한 호소력을 지녔다… 그러나 그 호소력에도 불구하고 자유에 대한 이러한 시각에는 결함이 있다… 우리가 자신을 스스로 선택하지 않은 도덕적 속박에 묶이지 않은 자유롭고 독립적인 자아로 이해한다면, 우리는 공통으로 인정하고, 심지어 귀하게 여기는 도덕적 정치적 의무의 범위를… 연대와 충성의 의무와 역사적 기억 그리고 종교적 신념의 의무를 이해할 수 없다.

샌델의 강의는 유쾌하다. 아니, 유쾌함 이상이다. '지금' 호소 중인 이 원칙이—이 챕터, 이 페이지에서—버젓한 삶을 이루기 위한 충분히 포괄적인 지침을 전달하는 원칙이라고 거듭 학생/독자를 설득하는 능력이 뛰어나다. 그렇다. 나도 철학자들이 차례차례 지나가며 전해주는 우아한 사고를 읽으며 이 말이 좋아 보이네, 잠시 후 또, 저 말도 좋아 보이네, 아니 이 말은 '정말로' 좋아 보이네, 하고 생각했다.

그러나 이 모든 만족감이 나의 이성을 자극하는 동안 한편으론 꾸준히 나와 전반적인 기획 사이로 불편함이 찾아왔고, 얼마 지나지 않아—아리스토텔레스부터 롤스까지—이 모든 게 보드게임처럼 보이기 시작했다. 이런 게임은 여러 가지 도덕적 고려로 조합된 주사위를 반복해서 던지면 깔끔하게 이상화된 가능성들을 표시한 눈금 어딘가에 떨어지겠지만, 그 어떤 동작도 현실의 삶에 대한 도덕적 판단을 둘러싼 그리 아름답지만은 않은 투쟁을 적절하게 반영하지 못한다. 결국 나는 샌델이 학생들과 논쟁을 즐기는 것으로 유명하다는 사실을 떠올렸고, 여느 학부생처럼 정치철학에 아마추어인 사람으로서 추상이 아닌 육체로 이론과 맞붙어 싸우자는 초대를 받아들인다.

황금률로 돌아가보자. 나이가 들어가면서 나는 이 규율이 이론적으로는 탁월하지만 실천적으로는 실행성이 없음을—결코 극복할 수 없는 충격과 함께—깨달았다. 놀랍게도 여전히 위반이 존재했다. 사람들은 자신이 대접받길 원하는 만큼 상대방을 대접하는 '정의'를 서로에게 허용할 수 없었다. 고쳐 말해야겠다. 사람들은 잊어라. 어쩔 수 없이 위반하는 사람은 바로 '나'였다. 세상에 존재하는 그 모든 선의에도 불구하고 나는 공포와 환상과 방어심으로 똘똘 뭉쳐서 황금률의 정의로 주변 사람들을 대하기 위해 필요한 고결함을 상실하고 말았다. 내 기질을 제어할 수 없었다. 관계를 맺을 때마다 가중된 불안함 때문에 정확히 황금률이 그러면 안 된다고 말한 대로 행동했다. 냉소하고 모욕했으며, 맞서고 대적하고, 무시하고 경멸했다. 나쁘게 행동할 때마다 괴로웠지만 그런 나를 통제할 수가 없었다. 위반의 원천은 상처받은 무의식 깊은 곳에 있었다. 그것이 내게 명령했다. 나는 추상적으로는 많은 이를 사랑했지만—그들을 동정하고 공감하고 낭만화했다—그들에게 유일하게 중요한 것을 주지는 않았다. 바로 칸트가 '존중'이라고 말한 것, 비하라는 치명적인 감각을 피하기 위해 필요한 기본적인 인식이었다. 간단히 말해 내면의 혼돈 때문에 이론적으로나마 내가 자신을 대하듯이 진실로 타인을 대하는 '행동'을 하지 못했다. 여기서 우리는 이 문제의 핵심에 도달한다.

실천과 이론 사이 가장 중요한 차이를 만드는 정확한 원인임에도 불구하고 《정의란 무엇인가》에서 거의 다루지 않는 것이 바로 이것—내면의 혼돈—이다. 그 차이 안에 우리가 실제로 경험하는 삶이 존재하는데, 중재를 위한 이성이 영원히 감정적 갈등에 사로잡혀 있는 바람에 우리가 자신을 대하듯 진실로 타인을 대하기 위해 필요한 존중을 서로에게 허용하는 능력이 꾸준히 훼손되고 있다.

이 모든 것을 생각해보면 1970년대 초반 미국에서 여성운동의 제2 물결이 열기를 모으기 시작했을 때가 떠오른다. 당시 내 감정 지능 한복판에 자리한 핵심 단어는 '평등'도 '정의'도 아닌 언제나 '실제real'였다. '실제'란 내가 다른 사람들도 전부 사회적 정치적 현실에서 당연하게 여기는 만큼의 실존적 불행을 타고나길 바랐다는 뜻이었다. 정치 역사가 태고부터 지금까지 여성을 포함한 전 계급 사람들이 그러한 '현실'을 인식할 수 없게 억눌러왔다는 사실을 갑작스레 깨닫고 나는 경악했다. 아니, 모욕을 느꼈다! 마치 스스로 투옥되고 나서야 비로소 투옥의 공포를 이해하게 된 체호프의 소설《제6 병동》의 그 의사처럼 '이제야' 그 모욕이 어떤 의미인가 이해할 수 있었다. 그것은 우리 영혼이 타인의 입장에 자신을 놓지 '않고' 포함과 배제를 일삼는 위계질서를 만들며, 이 집단은 온전한 인간이고 저 집단은 그렇지 않다고 선언하기 위한 실존적 요구였다. 마치 한 사람의 현실감각이 다른 사람의 부족한 현실에 '의존'한다는 듯 말이다. 그리고 정말 그렇다. 버지니아 울프가 질문했듯이 만약 남성들이 집 안에서 사랑하는 아내의 눈을 통해 자신의 모습을 실물보다 두 배로 크게 보지 못한다면 어떻게 정장을 차려입고, 열변을 토하고, 밖에 나가 원주민을 개화할 수 있겠는가?

내가 보기에는《정의란 무엇인가》에서 만난 모든 철학자 가운데 존 롤스가 우리가 공유하는 정신적 무능의 본성을 이해하고 고려하는 일에 가장 가까이 다가갔고, 실천과 이론 사이의 틈을 좁힐 수 있는 정확한 수단과 함께 그 무능을 계산에 넣으려고 노력한 것 같다. 그러나 롤스조차 고대부터 지금까지 정치적 역사가 줄곧 우리의 공포를 서로의 공포가 아닌, 상대에게 투사된 우리 자신의 공포로 비춰준다는 사실을 적절히 지적하지 못한다.

이론이 아무리 정교해진들 우리 자신으로 살면서 끊임없이 침해하는 모든 인간의 생득권, 즉 필수적인 자존감을 안전하게 지키는 방법이 무엇인가에 관한 수수께끼가 여전히 남아 있다는 사실을 깨달을 때면, 어쩔 수 없이 당혹스러운 감정이 파도처럼 우리를 덮쳐온다. 내가 《정의란 무엇인가》에 감사하는 이유는 한때는 결코 생각을 멈추지 않을 거라 자신했던 점들을 다시 생각하게 해주었기 때문이다.

(2010)

자기 삶의 타자성

시몬 드 보부아르

올해로 《제2의 성》(1949)이 50주년을 맞았다. 이제 중년에 깊숙이 진입한 상태에서 우리 사이에 30년간 꾸준히 영향력을 발휘했던 사상과 느낌을 다시 따라 읽으며, 나는 내 마음에 떠오른 질문이 '어떻게 읽히는가?'가 아니라 '어떻게 쓰였는가?'임을 깨닫는다.

1989년 빈티지 출판사에서 나온 《제2의 성》에서 보부아르의 전기작가 디어드리 베어Deirdre Bair는 우리에게 1946년 가을의 일을 들려준다.

사르트르는 파리에서 지속적인 언어 공격에 시달렸고… [보부아르는] 자신을 개인적으로는 여성, 철학적으로는 실존주의자로 정의하는 에세이를 써서 [사르트르의] 입장을 옹호할 수 있다고 믿었다. 보부아르의 의도는 그 두 가지를 그동안 의심 없이 자신의 것으로 받아들였던 사르트르의 체계와 연결 짓는 것이었다… 스스로 사르트르의 보편적 원리라고 믿었던 바를 옹호하기 위해 보부아르는 구체적이고도 개인적인 일부터 시작해야 했는데, 이것이 이 경우 사르트르의 체계 안에서 보부아르가 맡은 역할이었다… 그러다 한 가지 생각이 '조금 고집스럽게 나타나기' 시작했다. '사르트르는 남성이고 나는 단지 여성이기 때문에' 자신은 사르트르와 다르다는 '매우 심오하고 놀라운 깨달음'이 찾아왔다.

베어는 1982년의 대화에서 "보부아르가 '단지'라는 말을 어떤 의미로 썼는지 설명했다"라고 말을 이어간다.

나는 아직 타자로서 여성이라는 생각을 정하지 못한 상태였고 그 생각은 조금 나중에 찾아올 예정이었다. 나는 아직 이번 생에서 여성의 몫이 남성의 몫보다 열등하다고 결론짓지 못한 상태였다. 그러나 어쨌든 우리 사회에서 여성에게 평등이 주어지지 않았다는 가설을 세우기 시작했는데, 그 발견이 내게는 극도로 괴로운 일이었다는 것만은 꼭 말해야겠다. 그런 연유로 여성에 대해 글을 써야겠다는 생각을 진지하게 하기 시작했고, 마침내 우리의 삶이 남성의 삶에 비해 너무도 다르다는 사실을 깨달았다. 그러나 [1947년에는] 그 어떤 생각도 명확하지 않았다.

1947년의 보부아르에게는 이 모든 생각이 전혀 명확하지 않았다. 그는 당시 서른아홉 살이었다. 20년 동안 세상은 그를 사르트르의 지적 동반자로 알았다. 모두를 알았고 어디든 갔으며, 자유롭게 말하고 생각하고 움직이는 개인으로 자신을 경험했다. 그러나 사르트르 철학의 진실을 입증하기 위해 자신의 삶을 간단히 분석하는 글을 쓰려다가 걸림돌을 만나고 말았다. 이 걸림돌은 처음에는 쉽게 빠져나가기 어려워 보였고, 나중에는 아예 빠져나갈 길이 없어 보였다. 걸림돌을 만났을 때 그는 자신이 우선 무엇보다 여성임을 깨달았고, 그 현실이 그녀가 입증하고자 했던 모든 것을 약화시켰다. 여성이라는 조건은 그녀가 이전에 이해하고자 했던 혹은 이해할 수 있었던 그 어떤 것보다 큰 무게를 지고 있음을 강력하게 깨달았다. 인종의 역사를 통틀어 여성이라는 사람들이 체계적으로 더 적은 권력, 더 적은 지위, 더 적은 정의를 지녀왔음을 이제야 이해했다. 사실 여성들이야말로 실존주의가 '타자'라고 불렀던 존재였다. 보부아르가 타고난 출생 조건이 조직적인 종속에 내몰린 삶을 형성한 가장 독보적으로 강력한 결정 요인이었다. 여성이 자기 삶의 '타자성'을 보지 못한다면 영원한 환상 속에 사는 것과 같았다.

보부아르는 제임스 볼드윈이—같은 해, 같은 도시에서—흑인임에 대항했던 것과 상당히 비슷한 방식으로 여성임에 대항했다. 볼드윈은 전후 유럽 지식계의 고통을 경멸했지만—

결국 그들이 자초한 일이 아니었던가? ─1948년 파리에 살면서 실존주의를 둘러싼 끊임없는 논의를 흡수하지 않기란 불가능했다. 볼드윈 역시 자신을 '타자'로 보기 시작했고, 곧 '타자'라는 생각을 스스로 이용할 수 있음을 깨닫고부터는 흑인으로 사는 일이 어떤 의미를 갖는가에 더욱 정확히 몰두할 수 있도록 이 개념을 이리저리 살펴보게 되었다. 보부아르는 이와 반대로 실존주의를 주장하기 위해서만 자신을 이용하는 것으로 시작했지만, 결국 자신의 '타자성'에 집중하는 급진적 인식의 변화를 맞게 되었다. 볼드윈의 경우, '타자'라는 개념을 적용하면서 미국 문학사에서 가장 특별한 에세이를 탄생시켰다. 보부아르의 경우, 20년 후 서구 페미니즘 제2 물결을 일으키는 데 일조할 기념비적 재발견의 업적을 이루었다.

《제2의 성》이 어떻게 집필되었는가에 관한 이야기는 그 자체로 현대의 페미니즘이 지난 200년이 넘도록 대략 50년마다 하나의 '눈부시게 예외적인' 대화의 경험을 어떻게 또 다른 경험으로 이어서 이용해왔는가에 관한─영국의 메리 울스턴크래프트에서 시작해 미국의 엘리자베스 케이디 스탠턴으로, 다시 프랑스의 보부아르에게로─원형적인 이야기다. 이 여성들은 각각 커다란 전쟁(계몽주의 운동, 노예제 반대 운동, 실존주의)과 관련된 강력한 사회운동의 열혈 파르티잔으로 사상적인 삶을 시작했고, 각자 지성인의 삶을 촉발한 이상적인 정치 안에서 고양된 삶을 살아가다가 자신이 '단지 여성'임을 깨달았다. 적절하게도 그들은 각자 헌신했던 운동의 핵심 통찰을 적용하는 것으로 페미니즘의 이해에 기여했다. 울스턴크래프트는 여성이 이성적인 존재가 되어야 한다고 열정적으로 호소했고, 스탠턴은 모든 여성이 침해받지 않은 자아를 장악해야 한다고 호소했으며, 보부아르는 여성이 더 이상 '타자'에 머물러 있으면 안 된다고 주장했다.

보부아르가 이를 '이해하게' 되자 그녀는 뛰어나게, 그리고 포괄적으로 이 문제에 몰두했다. 더 많이 읽고 더 많이 생각했으며, 더 많이 생각할수록 더 많이 읽었다. 그녀의 연구는 가공할 정도였고 집중력은 비할 데가 없었다. 그림이 확대되어 성경 시대까지 거슬러 올라갔고 자신이 살아가는 세기의 끝을 향해 나아갔다. '여성이 어떻게 여성이 되었는가'는 '운명'과 '역사'와 '신화 만들기'라는 커다란 개념들을 포함하기 시작했고, 우리 시대 여성들을 태어나면서부터 '욕망'과 '보호'의 대상이 될 준비를 갖추었지만 '독립적으로 행동하는' 존재는 절대로 될 수 없는 집단으로 광범위하게 분석했다. 보부아르가 보기에 인간의 역사 가운데 남성을 삶이라는 무대의 주역으로 올리고 여성은 조역으로 올리지 않은 시대는 단 한 번도 없었다.

왜일까? 그녀는 몇 번이고 되풀이해 자문해보았지만 적절한 대답이 떠오르지 않았다. 어떤 것도—생물학도 유물론도 정신분석학도—여성이 왜 남성의 영구적인 종속물이 되었는지 만족스럽게 설명하지 못했다. 마침내 그는 인간 의식의 '제국주의적' 본성에 그 답이 있다고 결론 내렸다. 그 본성이 종속을 갈망했다. 그 본성은 가능하면 언제 어디서나 억압할 '타자'를 창조해왔다. 이는 결코 '설명되지' 못했던 것에 대한 훌륭한 설명이자 우리가 오늘날까지 지칠 줄 모르고 반응하는 보부아르의 풍성한 관찰로 이끌어주는 설명이다. 그 반응이 감사든 분노든 말이다.

영어판 《제2의 성》은 700쪽이 넘고 프랑스어판은 더 길다.(영어판은 축약된 것으로 유명하다.) 이 책은 장대한 규모로 천착한 뛰어난 작품이다. 온갖 원한을 반복적으로 철저히 파헤친다. ("이토록 동심원을 그리며 이어지는 책을 본 적이 없다. 모든 게 서너 차례 반복되는데 그때마다 다른 대목에서 반복된다"라고 앨프리드 크노프는 말한 바 있다.) 동시에 이 책은 눈에 띄게 자신과 거리를 둔 어조로 쓰였다. 《제2의 성》의 저자는 자기 자신과 주제 사이에 거리를 두려고 애쓴다. 그녀는 친근하게 말하는 방법을 알지만, 독자여, 오해하지 마라, 그녀는 그런 방법을 쓰지 않는다. 뛰어난 지성과 동시에 커다란 분노를 품은 한 여성이 쓴 이 책에서 여성들은 '우리'가 아니라 분명히 '그들'이다.

보부아르의 눈에 여성의 운명을 가로막는 장애물은 이른바 '부역'이었다. 흑인은 복종했지만, 여성은 순응했다. 보부아르는 이를 참아줄 수 없는 공모관계로 보았다. 역사를 통틀어 여성들은 고양이처럼 긴장을 풀고 종속 상태로 들어갔고, 긴장 풀기를 넘어서 합의를 지지하고 공모를 공유하면서 어리석게도 행복한 노예로 머물렀다. 보부아르는 그럴 수가 없었다. 이 모든 일이 그녀를 아프게 했다. 도리스 레싱이 《금색 공책》에서―그 세기 전반부에 탄생한 여성에 관한 또 하나의 중요한 작품―쓰는 사람과 쓰고 있는 대상을 분리해 성난 냉소의 목소리로 전달했던 일련의 불만과 자기혐오가 작가 자신을 아프게 했던 것과 같다. (이에 관해서라면 1796년에 글을 쓴 메리 울스턴크래프트도 스스로 정당성을 입증하고자 애써왔던 권리를 오랫동안 박탈당해온 이들을 향해 분노한다.) 어떻게 그러지 않을 수 있겠는가? 레싱과 보부아르 같은 여성들에게 여성의 권리는 지적 게토였다. 이들이 자신이 속한 성별의 조건에 대해 백과사전과도 같은 설명을 전달했다는 사실이 매우 놀랍다. 그들이 한 여성의 삶이라는 소재를 지성과 감성이 충만한 진지한 작품의 한가운데에 배치했다는 사실 자체가 깜짝 놀랄 만한 일이었다.

그러나 이 유럽인들과 지적 위상을 나란히 한 유일한 미국의 선구적 사상가 엘리자베스 케이디 스탠턴이 펜을 든 첫 순간부터 '그들'이 아닌 '우리'라고 썼다는 사실에 주목할 필요가 있다. '그들'이 '우리'가 되고서야 우리는 운동을 시작하게 되었고, 그게 바로 페미니즘이 미국의 것이 된 이유다. 울스턴크래프트에서 보부아르에 이르기까지 유럽 지식인들은 자신의 이등 시민 지위에 분노했지만 남성 세계에 받아들여지길 바라는 압도적인 갈망을 포기할 수는 없었다.(그만큼 유럽 문화가 내면화한 힘은 엄청났다.) 이 갈망은—강제하는 힘이 에로틱한—그들의 마음과 영혼을 분열로 무력해진 의지와 하나로 묶어버렸다. 한편 미국의 선구자들은 낭만적으로 끌어당기는 세속성의 힘을 향해 마음의 등을 돌리고 페미니즘을 에로틱하게 만들었다.(민주주의가 기약하는 격노의 힘이 엄청났다.) 여성의 권리는 일편단심 열정이 되었다. 그들은 비할 데가 없을 정도로 단결해 평등을 추구했고, 비할 데가 없을 정도로 혁명적이었다. 그리하여 페미니즘은 지적인 뿌리를 유럽에 두고 있지만, 오직 이곳 미국에서만 자리를 잡고 운동이 되었다.

1947년 보부아르는 넬슨 알그렌과의 유명한 연애를 시작했다. 이 연애는 그녀에게 일종의 깨달음으로 다가왔다. 알그렌과 함께할 때 그녀는 마음과 영혼과 육체가 하나가 되었다고 말했다. 한 번도 경험해본 적 없는 수준으로 모든 감각이 살아났다. 대다수 사람들이 기꺼이 '모든 것을 내주는' 그런 유의 감정이었다. 그러나 보부아르는 대다수 사람들이 아니었다.

사귀기 시작한 지 몇 달 후에 알그렌은 보부아르에게 결혼해서 함께 시카고로 가자고 청했다. 보부아르는 마지못해 거절하고 이렇게 설명했다.

내가 시카고에 머물지 않는 이유는 일할 때마다 내 안에서 느껴지며 내 삶에 의미를 주는 이 욕구 때문이야. 당신도 같은 욕구를 가졌고 바로 그것 때문에 우리가 서로를 이토록 잘 이해하는 거겠지. 당신은 책을 쓰고 싶어 하잖아, 좋은 책을 말이지… 나도 마찬가지야. 나는 사람들에게 스스로 진실이라고 믿는 나만의 사고방식을 전달하고 싶어. 그러려면 여행도 온갖 종류의 즐거움도 포기해야 하지. 당신과 영원히 함께하려면 나는 파리의 달콤함도 친구들도 포기해야 해. 하지만 나는 그저 행복과 사랑만을 위해 살 수가 없어. 내 글쓰기와 작업이 의미를 갖는 유일한 장소에서 글을 쓰고 일하는 생활을 포기할 수 없어.

그녀는 몇 년간 이러저러한 방식으로 같은 말을 여러 차례 반복했고 그럴 때마다 마치 이렇게 말하는 것만 같았다. "나더러 파리를 포기하라고? 프랑스어를 포기하라고? 사르트르를 포기하라고?" 보부아르의 혹독한 비평가들은 이를 두고 마치 그 세기 가장 명망 높은 페미니스트가 결국 위대한 남자에게 사로잡힌 또 다른 여성에 불과하다는 증거인 양 떠들어댄다. 나는 이러한 해석이 질색할 정도로 싫다. 진실은 그 문장들을 따로 분해하기가 어렵다는 것이다. 보부아르에게 그것들은 사실 하나였다. 그것들은 하나로 뭉쳐 보부아르가 일이라고 부른 신앙의 교리를 정의했다.

보부아르도 사르트르도 착한 사람은 아니었다. 무자비하게 자아도취적이고 성적으로 포식자였으며, 언제나 궤도 안에 있는 사람들에게 힘을 행사하려고 했다. 그러나 그들은 이성적인 삶에 관해서라면 열정적이었고, 두 사람 모두에게 글쓰기는 종교와 같았다. 사르트르가 보부아르에게 혹은 보부아르를 위해 무슨 일을 했든 간에 그와의 관계는 일에 관한 생각과 뗄 수 없을 정도로 결부되어 있었다. 실제로 보부아르의 삶에서 사르트르라는 존재는 상징적이었고, 사르트르 자체를 숭배하는 것처럼 보이기도 했다. 그러나 나는 그랬다고 믿지 않는다. 거칠게 말하면 1908년 프랑스에서 태어난 한 여성이 독립하고자 할 때 한 남자에 대한 헌신은 육체의 기쁨을 약속했고, 또 다른 남자에 대한 헌신은 이성의 기쁨을 약속했다. 그게 보부아르가 할 수 있는 최선이었다. 그녀는 자신에게 필요한—그만의 독특한—선택을 했다.

그리고 내가 보기엔 사랑보다 일을 우선했던 것이 그녀에겐 한결 나은 선택이었다. 덕분에 그녀는 더 나은 인간이 되었다.(신경과민에 쉽게 모욕감을 느끼고 잔혹하고 무모한 분노에 굶주렸던 알그렌도 마찬가지였다고는 말할 수 없다.) 알그렌에게 보낸 편지에서 보부아르는 둘 사이에 어떤 일이 일어나고 있어도 절대 칭얼거리거나 탄원하거나 협박하거나 모욕하지 않는다. 그 편지들은 사랑으로 시작해 따뜻함으로 끝맺는다. 그 편지들만 봐도 우리는 한 가지 논쟁을 그 세기의 가장 위대한 책 중 하나로 변신시킬 만큼 자신이 속한 성별의 조건을 열정적으로 꾸준히 탐구하고 집필하는 일에 자신을 바친 여성을 직감할 수 있다.

(1999)

외로움을 위한 치료

에리히 프롬

2차 세계대전이 끝나자마자 냉전이 시작되었고, 미국은 총이 불을 뿜어대는 동안 만연했던 불안의 한가운데로 다시 한번 뛰어든 것처럼 보였다. 사악한 공산주의라는 조작된 공포가 핵전쟁을 향한 훨씬 더 커다란 공포와 결합해 1950년대는 평범한 여성과 남성조차 자유롭게 발언하거나 독립적으로 행동하길 두려워하는 10년이 되었다. 이토록 유해한 분위기 속에서 빠른 속도로 통합되어가는 미국에 순응하라는 억압적인 요구가 주입되었다. 개인을 지키고자 역사상 가장 피비린내 나는 전쟁을 막 마친 세계에서 수백만 명이 개념상 내적 삶의 박탈을 의미하는 일종의 정확히 발맞추어 걷기 상태로 내몰렸다.

이러한 사회 변화상을 설명하는 사회학자, 소설가, 심리학자들의 책이 순식간에 탑처럼 쌓여갔다. 데이비드 리스먼의 《고독한 군중》(1950), 해리 스택 설리번의 《대인관계 정신분석학Interpersonal Theory of Psychiatry》(1953), 슬론 윌슨의 《회색 플란넬 양복을 입은 남자The Man in the Gray Flannel Suit》(1953) 와 1961년에 출간되었지만 1955년에 쓰기 시작해 어쩌면 상황을 가장 잘 꿰뚫어본 소설이라고 할 만한 리처드 예이츠의 《레볼루셔너리 로드》(1961) 등이 있다. 예이츠의 말대로 "어떤 희생을 치르더라도 맹목적이고 필사적으로 안전과 안정에 집착하기"를 체화한 시대였다.

그러나 어떤 희생을 치르더라도 거의 병적으로 안정을 희구했던 1950년대를 가장 완전하게 설명한 책은 이미 10년 전에 망명자이자 정신분석학자인 에리히 프롬이 썼다. 카를 마르크스와 지그문트 프로이트의 영향을 크게 받아온 유럽 지식 사상에 뿌리를 둔 《자유로부터의 도피》(1941)는 다가올 시대에 열렬히 번창하게 될 미국에 사회심리학을 들여왔다. 이 책 덕분에 저자는 그 어떤 대중 지식인보다 뛰어난 경력상 성취를 거머쥐었다.

에리히 프롬은 1900년 독일 프랑크푸르트의 명목상 정통인 중하류층 유대인 가정에서 태어났다. 프롬은 절대 종교적인 사람이 되지 못했지만 일찍부터 유대교의 위대한 지혜서에 빠져들었고 오랫동안 탈무드의 학생이 되기만을 소망했다. 이와 동시에 십대에 접어들기 직전 아버지의 종업원에게서 마르크스의 작품을 소개받았다. 이윽고 훗날 프롬이 '내 삶의 가장 중대한 경험'이라고 표현한 1차 세계대전이 발발했다. 프롬의 최근 전기작가이자 역사학자인 로런스 J. 프리드먼은 《에리히 프롬 평전: 사랑의 예언자 프롬의 생애》(2013)에서 전쟁 직후 열여덟 살이 된 프롬이 "인간의 대중적 행동이 지닌 불합리성을 이해하고자 하는 소망에… 사로잡혀 있었다"라고 말한다. 프롬 자신의 설명에 따르면, 탈무드의 윤리, 마르크스 사회주의, 불합리의 심리적인 힘, 이렇게 세 가지가 지적 생활에 영향을 미쳤다.

그는 1919년 하이델베르크대학교에 입학해 막스 베버의 형제이자 같은 사회학자였던 알프레드 베버 밑에서 배웠다. 알프레드 베버는 프로이트가 발견한 섹슈얼리티에 뿌리를 둔 본능적 충동의 힘을 부인할 수는 없지만, 보다 중요한 것은 개인의 삶이 뿌리내린 사회 현실이라고 확신했다. 베버는 젊은 프롬에게 무엇이 인간의 조건을 가장 힘들게 하는가에 대한 핵심 대답이 정신에 작용하는 사회적 힘들이라고 설득했다.

그러나 프롬은 정신의 작용을 이해하는 것 역시 중요하다는 사실을 간과하지 않았다. 스물두 살에 그는 프리다 라이히만의—훗날 그의 첫 번째 부인이 되는 열 살 연상의 정신분석학자—환자가 되었고, 머지않아 스스로 정신분석 이론을 공부하기 시작했다. 조숙했던 그는 1923년 베를린에서 직접 정신분석의로 일하기 시작했고, 1929년에는 프랑크푸르트대학교 정신분석학연구소 창립 회원이자 강사가 되었다. 프랑크푸르트 시절 그는 곧 어린 시절 그의 지적 상상력에 불을 붙였던 마르크스를 이을 사람은 프로이트뿐임을 깨달았고, 얼마 지나지 않아 프랑크푸르트대학교 연구소를 그만두고 다른 연구소로 옮겨갔다. 훗날 프랑크푸르트 비판이론 학파로 세계적인 명성을 얻게 되는 사회연구소다.

프랑크푸르트학파는 조직화된 노동계급에 집중하는 연구집단을 원했던 어느 부유한 마르크스주의자에 의해 1922년 설립되었다. 그러나 1920년대가 끝나갈 무렵 좌파 지식인들 사이에서 신마르크스주의가 발달하면서 연구소는 자본주의가 낳은 경제적 결과보다 문화적 결과의 탐구에 더 치중하게 되었다. 막스 호르크하이머, 테오도어 아도르노, 발터 베냐민, 허버트 마르쿠제, 레오 뢰벤탈 같은 학자, 비평가들이 이끈 이 운동은 연구소의 독창성을 확립했다. 1929년 프롬과 빌헬름 라이히를 포함한 일군의 정신분석학자들이 합류했을 때(주로 호르크하이머에 의해) 연구소는 어느새 대표적인 특성이 되어버린 문화적 마르크스주의와 신프로이트주의적 사상을 기초로 하고 있었다.

프랑크푸르트학파에서 지낸 초기 몇 년 동안 프롬은 본능적 충동과 욕구를 현대 자본주의가 불러온 결정적인 소외감과 관련해 분석하면서 정신분석의 기본 원리부터 역사 유물론의 원리를 다룬 수많은 소논문을 집필했다. 이 소논문들이 인간 조건의 '그' 실존적 드라마, 다시 말해 사회적 권위의 구속에서 벗어나고자 하면서 동시에 굴복하려는 의지를 밝혀낸 작

외로움을 위한 치료

품인 《자유로부터의 도피》의 기원이 되었다. 프롬이 인간성이란 대체로 거의 언제나 모든 결정을 외부의 권위에 맡기는 유아적 안락에 끌리는 법이라는 것을 확신하고 경악한 것은 나치주의의 상승 때문이었다. 독일에서 처음 권력을 장악한 히틀러는 이윽고 오스트리아에서도 놀라울 정도로 쉽게 권력을 잡았던 것이다.

하룻밤 새 수백만 명이 민주주의의 상실에 무관심한 채로 독재자의 통치에 행복하게 항복했고, 어떤 인간적 희생이 따르더라도 무슨 일을 할 수 있고 무슨 일은 할 수 없는지 명령을 듣는 일에 질서를 회복했다는 안도감을 느끼는 것처럼 보였다. 프롬의 눈에 이는 '현대사회의 가장 위대한 성취인 개인의 개별성과 독자성'을 위협하는 위기로 보였다.

어쩌다가 이렇게 되었을까? 프롬이 종족주의의 귀환에 불과하다고 생각하는 것을 환영하는 인간의 심리는 무엇인가? 그 문제를 곱씹어볼수록 프롬은 모든 인간이 자유로워지고 싶은 욕구와 자유의 책임을 피하고 싶은 욕구 사이에서 줄다리기를 해왔음을 뚜렷이 볼 수 있었다. 프리드먼은 후자를 '순응적 현실도피'라고 부른다.

나치로부터 이 연구소를 구한 사람이 바로 프롬이었다. 1933년 미국 여행 도중 그는 컬럼비아대학교를 설득해 연구소의 피난처를 마련했고, 일 년 후 대규모 구성원이—호르크하이머, 아도르노, 마르쿠제를 포함해—체포되기 직전 뉴욕시에 당도했다. 연구소 구성원 대다수가 유대인이었을 뿐만 아니라 그들의 사상도 나치의 국가사회주의가 보기엔 이단이었다. 이때부터 에리히 프롬의 삶은 중대한 전환기를 맞이한다. 연구소 구성원 대다수가 선별적인 독자를 위해 계속해서 독일어로 글을 쓰는 동안 프롬은 곧바로 미국이라는 나라와 영어라는 언어, 그리고 광범위한 독자 대중에게 가닿을 사회 비평가가 되고 싶다는 점점 커지는 욕망과 사랑에 빠졌다.

이후 40년이 넘도록 그는 스물다섯 권가량의 책을 썼고, 수천 건의 강연을 했으며, 인류학자 마거릿 미드와 루스 베네딕트가 시작한 '문화와 성격' 운동*에 가담했고—신프로이트주의자인 설리번과 클래라 톰슨 부부와 함께—뉴욕의 윌리엄 앨런슨 화이트 정신의학연구소의 창립 회원이 되었으며, 멕시코의 중요 대학교 한 곳에 정신분석학부를 설립했고, 이 모든 일을 하는 내내 뉴욕에서 자신의 진료소를 운영했고, 해마다 꾸준히 권위와 개별적 자아에 관한 책과 논문을 출간해 어마어마한 부와 명예를 거머쥐었다. 1980년 프롬이 여든 살 생일을 불과 며칠 앞두고 세상을 떠났을 때 그는 서구 사회에서 가장 영향력 있는 대중 인사 중 하나였다.

《자유로부터의 도피》에 담긴 프롬의 주제는 단순했고, 그

---

* 20세기 전반 인류학의 핵심이 된 운동으로, 이에 참여한 학자들은 인간 경험에 작용하는 심리적 힘과 문화적 힘 사이의 상호 작용을 연구했다. 이 운동은 1930년대와 40년대에 절정에 이르렀고, 1950년대에 지지를 잃기 시작했다.

이전에 프로이트가 그랬듯이 교육받은 비전문가에게 주제를 생생히 전달하기 위해 신화적 스토리텔링이라는 관습을 과감히 사용했다. 프로이트의 이야기는 고전에서 나왔지만, 프롬의 이야기는 창세기에서 출발했다.(그가 탈무드를 공부했다는 사실을 기억하자.) 그는 인간이 선악과를 따 먹기 전까지는 자연과 같은 상태였지만 이후 의식적으로 사고하고 느낄 수 있는 동물로 진화했다고 주장했다. 그때부터 줄곧 인간은 말 못하는 다른 짐승들과 같은 조건 아래 살았던 세계에서 동떨어진 존재가 되었다. 인간 종족에게 사고와 감정이라는 재능은 독립의 영광과 고립의 벌을 동시에 불러왔는데, 이 두 가지는 인간을 자랑스럽게 만드는 한편 외롭게 만들었다. 이 외로움이 우리의 파멸 원인이 되었다. 외로움은 우리의 본능을 왜곡시켜 스스로 이방인이 되게 했고—이것이 바로 소외의 진정한 의미다—그리하여 타인과의 동질감도 느낄 수 없게 되었다.

　바로 이 지점에서 프롬과 프로이트가 사회심리학과 낡은 정신분석 사이의 중대한 차이를 설명하는 방식이 갈라진다. 프로이트가 보기에 인류의 중대한 외로움은 타고난 것이었지만 프롬에겐 사회적 소산이었다. 프로이트는 본능적 충동의 갈등이란 인간이 오직 정신분석을 통해서만 개선할 수 있는 상실과 포기의 감각을 타고난다는 뜻이라고 말했지만, 프롬은 인간이 사회적 풍토에 의해 파괴되는 연결감을 타고난다는 것을 이해하는 것만으로 충분하다고 말했다.

　그러나 모순되게도 이 사상가들 각자에게 그것만으로 인간을 분리라는 감옥에서 풀어줄 수 있는 것은 우리의 몰락을 가져왔던 바로 그 힘의 행사였다. 남성들과 여성들이 자신의 의식적 자아를 온전하고도 자유롭게 장악하는 법을 배운다면 더 이상 혼자가 아님을 깨달을 것이다. 즉 자신과 함께하게 될 것이고 일단 자신과 함께하게 되면 타인을 향해 다정함을 느낄 수 있을 것이다.

이야말로 현대사회와 관련한 개인의 소외 문제를 해결할 수 있는 유일한 방법이라고 프롬은 말했다. 인류를 스스로 영혼을 파괴하는 외로움으로부터 구할 유일한 방법은 '진정한' 자아라고 알려진 상태로 존재하는 개인의 능력이다. 진정성을 획득한 사람은 타인이 자신에게 해주길 바라는 대로 타인에게 기꺼이 해줄 수 있는 자유로운 행위자가 되기 위해 필요한 내면의 평화를 부여받게 된다.

"경제적, 사회적, 정치적 조건이… 개별성의 실현을 위한 기본 토대를 제공하지 않는" 세계에 사는 우리는 향유에 빠진 파리와 같다고 마르크스주의자 프롬은 생각했다. 이는 진정성을 획득하고자 하는 투쟁이 계속 약화해 '견딜 수 없는 짐'이 되어버렸다는 뜻이었다. 견딜 수 없는 짐을 진 사람은 거기서 벗어나는 일이 영혼을 질식시키는 사회적 관습에 굴복할 것을 요구할지라도 짐을 벗기 위해 어떤 일도 마다하지 않을 것이다. 그러나 이는 불안을 만들어내는 파우스트의 거래와 같다. 이제 불안을 잠재울 것이 필요해졌다. 그것은 바로 자본주의가 가진 소비주의라고 프롬을 비롯한 수많은 프랑크푸르트학파 지식인들이 말했다. 세속적인 재화의 추구가—회피주의자의 순응—진정한 자아를 향한 실현되지 않은 갈망을 마비시킬 것이다.

프롬은 전문가의 삶을 바쳐—점점 대중적인 형식으로—이 주제에 몰두했다. 많은 면에서 이 대중성이 그를 망쳐놓았다. 프랑크푸르트학파 지식인들은 자신들이 관념적인 노작에 빠져 있을 때 프롬은 구체적인 하락에 빠져 있다고 그를 비웃기 시작했다. 이어서 그는 정신분석학자들에게도 프로이트 분석의 수많은 기초를 왜곡하거나 무시했다는 비난을 받았고, 나아가 사회비평가들에게는 적나라한 이기심을 추구하도록 무모하게 독자들을 충동질했다고 비난받았다. 그러나 그의 통찰은 그 유명한 미국의 '공허함'(특히 1950년대의)으로 고통받는 수백만 명이 점점 예언처럼 들리는 그의 책들이 꾸준히 약속하는 감정적 충족을 위한 실존적 여행을 행복하게 떠날 수 있도록 해주는 데는 유효했다.

《사랑의 기술》(1956)에서 프롬은 '사랑에 빠진다'라는 표현은 위험한 오칭이라고 주장했다. 우리는 그 어떤 것에도 빠지지 않는다. 우리가 한 일은 매혹이 관계 형성으로 이어지면서 상대방에게서 자신을 알아보는 일이고, 이윽고 애정과 존중, 책임을 통해서 그 알아봄을 지켜내는 방법을 스스로 깨우치기 위해 열심히 노력하는 일이다. 전기작가 프리드먼은 《사랑의 기술》의 한 구절을 빌려 이렇게 고쳐 말한다. "자신의 말에 귀 기울이고, 자신을 이해하고, 자신을 진정 사랑하는 방법을 발견하게 된다면 다른 사람을 사랑할 수 있게 되고… 자신의 핵심에 귀를 기울였을 때만큼 사랑하는 사람의 내면의 핵심을 헤아릴 수 있을 것이다." 간단히 말해 이러한 역학이 감정적인 관대함을 가져와 우리 모두 상대방을 존중하면서 동시에 자기 자신이 될 수 있을 것이다. 이러한 이상적인 상태를 성취하게 되면 그 사랑을 전 인류에게 확장할 수 있을 것이라고 프롬은 그의 모든 저서에서 주장했다.

오늘날 프롬의 주장은 치유 문화와 깊이 결합해 있어서 마치 자기계발서의 한 구절처럼 읽힌다. 현대의 독자들에게는 어리석은 계획으로 들릴 수도 있다. 그러나 1960년대에 그의 수작 《자유로부터의 도피》는 정신분석과 활동가 세대를 정치화하는 데 기여했다. 많은 이들이 프롬의 책에 도움을 받아 역사의 부정의와 심리적 불안, 그리고 수많은 반체제 인사들이 개별성 희생의 명분 아래 모여들 때조차 낡은 관습의 권위에 도전하길 주저하는 부르주아 사이의 관계를 새롭게 이해하게 되었다. 무엇보다 프롬의 통찰은 여성, 흑인, 동성애자의 평등을 향한 오래 묵은 공포를 밝혀냈고, 방책 위에 올라선 사람들이 자유주의자들이 '자기중심주의 세대의 이기심'을 초래했다고 낙인찍는 겁먹은 보수주의자들의 혹평에 저항할 수 있게 도와주었다.

《에리히 프롬 평전: 사랑의 예언자 프롬의 생애》는 엄밀히 말해 전기가 아니다. 그보다는 대중 지식인으로서 프롬의 삶에 일어난 우여곡절을 길게 요약해놓은 것에 가깝다. 그러나 300쪽 남짓한 책을 다 읽었다고 해서 우리는 대통령들과 만찬을 하고 수천 명 앞에서 강연하고 수백만 부의 책을 팔았던 그 남자를 더 잘 알게 되지는 않는다. 그와 사귄 적이 있는 정신분석학자 캐런 호니의 의견을 통해 우리는 프롬이 '독단적인 메시아 혹은 예언자적 성격' 때문에 '감정의 공유' 능력을 제한받았다는 이야기를 듣게 된다. 또 그가 중독적인 바람둥이였고 《사랑의 기술》이 행복했던 두 번째 결혼생활에서 나왔음에도 불륜이 끊이지 않았다는 이야기를 전해 듣는다. 정신분석 진료 중에도 분석가보다는 구루에 더 가까워서 환자들에게 그들이 '선택한' 상태로 '깨어나라'고 했으며, 그 선택이야말로 '더욱 자발적이고 즐겁고 원기 왕성하고 생산적이 될 수 있게' 해줄 거라고 주장했다는 말을 듣게 된다. 우리는 이 모든 이야기를 전해 듣지만, 중심에 있는 그 사람이 책 속에 살아 돌아왔더라도 그러하듯이 그 말들을 믿어야 한다는 강박도, 믿으면 안 된다는 강박도 더 이상 없다.

그러나 프리드먼의 평전은 프롬이 살았던 사회적 정치적 배경의 역사를 철저하고도 매우 흥미롭게 다룬다. 우리는 1920년대 유럽의 지적 동요와 1930년대 나치주의의 흥분되는 위기(눈앞에서 악이 옳음으로 전개되는 것을 볼 때의 흥분에 불과한), 그리고 1950년대 미국의 냉소적인 순수함을 느낄 수 있다. 또한 특별한 한 남자와 특별한 한 세계가 잘 만나 서로 기억할 만한 인상을 남길 때의 의미를 느끼게 된다.

《자유로부터의 도피》가 출간된 지도 이제 70년이 넘었고, 우리는 지금 여성과 남성이 안전하거나 안정되지 못하고, 또한 감히 말하자면 진정성조차 느끼지 못하는 세계에 살고 있다. 그러나 우리는, 우리 모두는 안전, 안정, 진정성 같은 말들을 떠올릴 때 그러한 상태가 단 한 번도 주어진 적이 없으며 그 상태는 반드시 안에서 밖으로 획득해야만 한다는 사실을 1941년보다 천 배는 더 의식하고 있다. 사회적으로 공유하는 감수성에 획기적인 변화를 가져온 수많은 영향력에 우리는 감사해야 하는데, 그 가운데 에리히 프롬의 업적도 있음이 분명하다.

(2013)

인간으로 남는다는 것

프리모 레비

    1987년 프리모 레비가 자살했을 때 많은 이들이 전시 아우슈비츠 수용소 투옥 경험이 삶을 지속할 수 없게 만들어서 스스로 목숨을 끊었다고 생각했다. 또 다른 많은 이들은(그 사이에 필자도 있다) 아우슈비츠에 없었다면 더 일찍 자살했을 것이며, 수용소 경험이 그에게 글쓰기를 주었고, 그가 젊은 시절 아주 일찍부터 투쟁해왔던 위협적인 불안을 통제할 수 있었던 것도 오직 글쓰기 덕분이었기 때문에 전쟁이 오히려 그의 삶을 연장했다고 믿었다. 나치 독일이 일으킨 역사적 대재앙의 목격자가 되면서 레비는 내면의 동요를 저만치 밀어내고, 꽤 오래전부터 그의 것이었지만 전쟁을 겪기까지는 충분히 만족스러운 형식을 찾지 못했던 철학적 관찰 능력을 실행에 옮기도록 허락(아니 명령)받았다. 레비가 그토록 분명하게 예술가가 될 수 있도록 자유롭게 풀어준 것이 바로 아우슈비츠였고, 그곳의 경험을 글로 쓰면서 족히 40년간 타고난 절망감을 억제할 수 있었는데, 그때만은 절망감이 승리를 거두지 못했다.

프리모 레비는 1919년 이탈리아 북부 도시 토리노에서 대대로 피드먼트 고원에 살았던 세속적인 중산층 유대인 가정에서 태어났다. 그는 도시의 유대인 동네에서 숙모들, 삼촌들, 조부모들, 친구들, 이웃들에 둘러싸여 자랐는데, 대부분 2차 세계대전까지 그 자리에 모여 살았고 대부분 전쟁에서 살아남은 후로 훨씬 더 오래 그 자리를 지켰다. 레비 역시 마찬가지였다. 밀라노에서 1년, 아우슈비츠에서 1년, 거기서 토리노로 돌아오기까지 걸린 시간 1년을 제외하고 그는 태어난 아파트에서 살다 죽었다. 1947년 결혼한 여성도 같은 동네 사람이었고, 그 여성은 기꺼이 그 건물로 들어가 레비의 누이와 홀로 된 어머니와 함께 가족의 아파트에서 살았다. 레비가 죽었을 때―3층에서 그 건물의 개방된 계단통으로 뛰어내렸다―성인이 된 그의 아들은 현관 건너편에 살고 있었고, 딸은 몇 블록 떨어진 곳에 살았으며, 어린 시절 친구들도 전부 근처 거리에 살고 있었다. 레비 스스로 말했듯이 아우슈비츠는 그에게 유일한 모험이었다.

그는 신체적으로 작고 지적으로 재능이 넘치며 정서적으로 불안한 상태로 자랐고, 시간이 흘러도 좀처럼 누그러지지 않는 떨리는 불안정에 사로잡혔다. 레비의 어린 시절을 아는 사람들은 여러 전기작가에게 레비가 소심한 성격 탓에 괴로워했다고 증언했다. 그는 세계를 원했지만 감히 집을 떠나지 못했고, 사변적인 물리학자의 꿈을 꾸었지만 산업 화학에 정착했다. 반복적으로 황홀한 사랑에 빠졌지만 오직 허리 위쪽으로만 사랑했고 섹스를 두려워했다. 이 마지막 속성은 확실히 그의 존재를 꾸준히 파멸시켰다.

이십대에 레비는 종종 여성에게 반했지만 다가가지 못해 절망했다. 훗날 그는 《주기율표》의 '아연' 챕터에서 이렇게 말했다. "나는 여인의 미소를 영원히 단념하고 영구적으로 남자의 고독 속에서 살아야 하는 저주를 받았다고 생각했다. 하지만 내게 여인의 미소는 공기처럼 반드시 필요한 것이었다." 이어서 '인' 챕터에서는 자신의 미래를 내다보며 이 병적인 수줍음이 "죽을 때까지 나를 따라다니며 추상적이고 무익하며 목적 없는 욕망과 질투에 중독된 인생에 빠뜨릴, 항소할 수 없는 유죄판결"과도 같다고 썼다. 1975년이 되어서도 그는 이 문제적 조건이 전혀 나아지지 않은 것처럼 쓰고 있다.

언젠가 역시 이십대에 레비는 또 다른 화학자와 등산을 간 적이 있다. 그 화학자는 현실적이고 상상력이 없었으며, 등산 도중 위험에 빠지는 일에서 중독적인 기쁨을 느끼는 그런 사람이었다. 레비에게 그 남자와 함께 산에 오르는 일은 삶의 낯선 음식을 먹는 것과 같았다. 당시 일에 관해 중년의 레비는 이렇게 썼다. "수많은 세월이 지난 지금 나는 그것을 더 많이 먹어보지 못한 것을 후회한다. 먼 옛날 일이기는 해도 그 어떤 것도 그 고기 맛을 내지 못했다. 그 맛은 실수를 하더라도 자기 운명의 주인이 되기 위해 필요한 강인하고 자유로운 맛이었다."

이러한 영혼의 시험과 시련을 겪으며 레비는 자신의 정체성을 이루는 주요 요소들을 살펴보면서 어쩔 수 없이 자신은 이탈리아인이자 화학자, 작가 지망생, 그리고 등산가이자 사랑의 실패자라고 생각했다. 대부분의 이탈리아 유대인처럼 유대인이라는 사실은 정체성 목록의 맨 마지막에 위치했다. 1929년 무솔리니가 교황청과 맺은 협약에서 가톨릭을 국교로 세우고 다른 모든 종교를 '묵인된 이단'의 지위로 강등시키기로 했을 때도 레비 같은 유대인은 어깨를 으쓱했을 뿐이었다. 그러나 9년 후인 1938년 인종법*이 통과되면서 시민권과 재산, 공공기관 내 지위, 고등교육을 받을 권리를 잃었을 때는 모든 이탈리아 유대인들이 큰 충격에 휩싸였다. 레비는 1년 전 토리노대학교 입학 허가를 받았기 때문에 계속 화학과에서 공부할 수 있었고, 1941년에는 타협에 의한 학위를 받았다. "나는 유대인종 가운데 한 사람인 프리모 레비가 최우등 성적으로 summa cum laude 화학 학위를 받았다고 우아한 글씨체로 쓴 빛나는 졸업증서를 서랍에 넣어두었다… 절반의 영광, 절

---

* 이탈리아에서 인종차별을 시행하기 위해 1938년부터 1943년까지 파시스트 이탈리아가 공포한 일련의 법률로, 주로 이탈리아 유대인과 식민지의 원주민들을 상대로 한 것이었다.

반의 조롱, 절반의 면죄, 절반의 경멸로 이루어진 이중적인 문서였다." 이제 그는 정부의 눈에 자신이 한 사람의 유대인으로 낙인찍혔고, 직후 아무것도 아닌 그저 유대인이라는 꼬리표를 붙이게 되었음을 깨달았다. 이렇게 상황이 뒤바뀌면서 그가 평생 몰두했던 위대한 주제, 즉 한 사람이 인간들 사이에서 인간으로 대우받지 못하고 가치 없는 짐승의 지위로 전락하는 경험을 하게 될 거라곤 꿈에도 생각하지 못했다.

1942년 가을 레비는 토리노 출신의 남녀 일곱 명과 함께 밀라노에 살고 있었다. 무솔리니가 몰락하고 이제 독일군이 이탈리아를 점령했지만, 당시 전쟁은 여전히 이 젊은 반파시스트들과는 멀리 떨어져 있었기에 그들은 하루하루 정권을 냉소적으로 경멸해도 실질적인 다급함은 없는 상태로 살고 있었다. "우리는 극장에 가고 콘서트를 관람하고 무책임하게 영국의 야간 공습을 인정했다." 레비는 그 폭탄이 '그들'을 향한 것이 아니라 독일군을 향한 것이라고 생각했다. 그러나 1942년 11월 연합군이 북아프리카에 상륙했고, 12월 스탈린그라드에서 소련의 저항이 시작되었다. "겨우 몇 주 사이에 우리는 성숙해졌다. 파시즘이 파괴하지 못한 남자들이 그림자 밖으로 걸어나왔다… 그 사이에 우리 선생님들도 있었다."

곧 순결한 최우등 졸업생과 경험이 별로 없는 동지들이 산으로 올라가 파르티잔에 가입했다. 그들 중 군사에 관해 아는 사람은 한 명도 없었다. "[우리 스승들은] 조롱과 냉소로 울분을 터뜨리는 것으로는 충분하지 않다고 가르쳤다… 그러나 그들은 폭탄 제조법이나 소총 발사법도 가르쳐주지 않았다." 몇 달 후 레비의 야영지는 파시스트 경찰의 습격을 받았고 주둔자 전원이 독일군에게 넘겨졌다. 이 스무 명 남짓한 사람들은 1944년 2월 모두 아우슈비츠로 이송되었다.

영국의 평론가 존 그로스는 1988년 레비의 《가라앉은 자와 구조된 자》 서평에서 이렇게 썼다. "수용소 안 경비병들과 수감자들 사이에 공통점이 적어도 하나는 있었다. 양쪽 모두 바깥 세계의 기준으로 보면 안에서 벌어지고 있는 일들을 도저히 믿을 수 없다는 사실을 잘 알았다. 누군가 살아남아 이야기를 전하더라도 누가 그 말을 믿겠는가?"

훗날 레비는 1944년에 붙잡힌 것을 행운으로 생각한다고 말했다. 당시에도 매일 죽음으로 가는 선별 작업이 이루어지고 있었지만 독일군은 청산보다 노예노동에 집중하고 있었다. 그러나 독일군은 레비가 '무용한 폭력'이라고 부른 것의 실행에 관해서라면 관심을 조금도 줄이지 않았다. 아무런 이유도 없이 구타와 욕설을 가했고, 아무 이유 없이 식량과 음료를 제한했으며, 아무 이유 없이 수감자들에게 나체로 마당에 나와 서 있으라고("푸르딩딩하게 얼어붙은… 새벽에… 옷을 전부 손에 들고서") 명령했다. 처음에 레비는 이렇게 쓴다. "너무 새롭고 무감각해서 고통조차 느끼지 못했다… 오직 대단히 놀랐을 뿐이다. 사람이 어떻게 분노도 하지 않고 다른 사람을 때릴 수 있단 말인가?"

'왜?'는 스물네 살의 레비가—이성의 법칙에 헌신했던 계몽주의의 아들이—계속해서 자문했던 질문이었다. "독일인은 왜 이미 살해라는 최종 목적이 정해진 사람에게 매 순간 모욕과 고통을 보태려 드는가?" 그는 '우리에겐 이러한 공격성을, 인간의 파괴를 표현할 언어가 부족하다'는 것을 알았지만, 여성들 앞에서 떨기만 했던 프리모 레비는 정신을 바짝 차리고 나치 앞에 섰고, 남은 생애를 절대 적당한 단어를 찾아 표현할 수 없는 경험에 몰두하며 보내게 된다.

수용소 생활을 시작하고 얼마 되지 않아 레비는 착란을 일으키지 않고 사람을 계속 죽이려면 타인을 인간 이하로 강등해야 하는 현상을 목격하고 있음을 깨달았다. 그리고 비슷하게 수감자 입장에서는 죽임을 당하기를 기다리는 동안 착란과 싸우는(혹은 착란을 추구하는) 일임을 깨달았다. 여기에는 그보다 많은 것이, 훨씬 더 많은 것이 관계되어 있다는 것도 깨달았다. 전반적인 상황이 마치 어떻게 조립되는지 알아보려고 파리의 날개를 떼어내는 소년의 모습과 같았다. 나치는 소년이었고, 유대인은 파리였으며, 아우슈비츠는 해체의 '실험실'이었다. 왜 어떤 인간이 다른 인간을 그렇게까지 취급하게 되었는가는 레비가 설명할 수 있는 문제가 아니었지만, 그런 일이 어떻게 벌어지고 있는가는—극적인 사건과 흔한 사건 모두—빼어나게 묘사할 수 있었다.

회고록《이것이 인간인가》의 어느 유명한 사건에서 레비는 그를 아우슈비츠 고무 공장의 화학자 자리에 배치할지 결정하는 나치 친위대 장교 앞에 불려갔던 일을 술회한다. 레비가 집무실로 들어갔을 때 그 장교는 책상 앞에 앉아 뭔가를 쓰고 있었다.

그는 뭔가를 다 쓰고 나서 눈을 들어 나를 보았다.
그날 이후 나는 여러 번, 여러 측면으로 판비츠 박사를 생각했다… 다시 자유의 몸이 되었을 때 나는 그를 다시 한 번 만나고 싶었다. 보복심 때문이 아니라 그저 인간의 영혼에 대한 개인적인 호기심 때문이었다…
그 시선은 두 인간 사이에 오가는 시선이 아니었다. 전혀 다른 세계에 사는 두 존재 사이, 수족관 유리를 통해 보는 것 같은 그 시선의 성질을 설명할 수 있었다면, 나는 아마 제3 제국의 거대한 광기의 본질도 설명할 수 있었을 것이다.

판비츠 박사를 만난 후 레비는 카포* 알렉스에게 이끌려 막사로 돌아간다. 알렉스가 갑자기 균형을 잃고 비틀거리다가 넘어지지 않으려고 길을 따라 늘어선 밧줄을 붙잡는다. 손을 거두었을 때 그 손에는 검은 기름이 묻어 있었다. "어떤 증오의 말도 조소도 없이 알렉스는 내 어깨에 제 손바닥과 손등을 문질러 닦았다. 만약 누군가 그에게 내가 오늘날 그 행동을 기준으로 그와 판비츠 박사, 그리고 크거나 작거나 아우슈비츠

---

* Kapo. 나치 독일 수용소에서 수감자를 관리하는 수감자를 일컫는다.

도처에 있던 무수히 많은 사람들을 판단하고 있다고 말해준 다면, 그 가엾은 짐승은 아마 화들짝 놀랄 것이다"라고 레비는 쓴다.

유대인을 교활한 동물 상태로 강등시키려는 독일의 계획은 무서울 정도로 성공했다. 레비는 전쟁 도중에도 그 이후에도 동료 수감자들의 놀라운 행동에 몸서리를 친다. 한번은 가스실로 보내기 위한 최종 선별 작업이 벌어진 후 같은 막사에 있던 남자가 무릎을 꿇고 자신이 선발되지 않았음을 신에게 큰 소리로 감사한다. 그 남자 바로 위쪽 침대에는 선발된 남자가 누워 있었다. 이 사건에 대해 레비는 이렇게 썼다. "내가 신이라면 쿤의 기도를 향해 침을 뱉었을 것이다."

하지만 레비는 주변의 모든 쿤과 같은 사람들을 이해할 수 있었다. "수용소에서는… 생존을 위한 투쟁을 쉴 수가 없다. 모두가 절망적이고 잔인할 정도로 혼자이기 때문이다… [누가] 비틀거려도 아무도 손을 내밀지 않을 것이다. 오히려 그는 한쪽으로 밀쳐질 것이다. 약한 자, 서투른 자, 선별당할 운명인 자가 자리를 차지하고 있으면 누구도 그에게 관심을 주지 않기 때문이다."

레비가 절대로 이해할 수 없었던 것은 독일인 스스로 동료 인간들과의 사이를 벌리는 일이었다. 한 인간을—오랫동안 끝까지—개인으로 보지 않고 그저 사물로 볼 수 있는 그 능력은 레비에게 범죄 중의 범죄가 되었다. 그러나 이조차도 레비는 독일인이 아니라 인생 자체를 비난했다. 결국 수천수만의 사람들이 타인에게서 자신의 모습을 보지 못할 수 있다면 이러한 능력은 타고났다고 말할 수밖에 없지 않겠는가? 그는 인간이라는 유기체 안에 그토록 괴물 같은 분리를 가능하게 한 죄를 인생 자체에 물어야 한다고 선언했다. 이 선언은 굴하지 않고 반복적으로 제기되었으며—책과 에세이와 소설에서 여러 번 확장되었다—프리모 레비를 가장 위대한 홀로코스트 작가로 만들었다. 레비의 최근 전기작가 베럴 랭berel Lang이 《프리모 레비: 인생의 문제Primo Levi: The Matter of a Life》(2013)에서 말했듯이 "언제나 인간으로 남기 위해 투쟁하며 자기 자신으로 살았던 레비는 자신의 작품을 철학적 측면만이 아니라 역사와 회고록의 측면에서도 두드러지게 만든 수감 경험의 실존적 의미를 인정하면서 동시에 성찰할 수 있었다."

랭은 홀로코스트에 관해 광범위하게 글을 써온 뉴욕주립대학교 올버니 캠퍼스 철학과 명예교수다. 그의 지적인 전기는 아우슈비츠 경험을 중심으로 배치된 레비 인생의 기본 요소 몇 가지에 관해 개략적 사색이 돋보인다. 랭은 다음과 같은 질문을 숙고한다. 만약 아우슈비츠 경험이 없었어도 레비는 글을 썼을까? 아우슈비츠 경험이 없었어도 유대인이라는 의식을 가지게 되었을까? 아우슈비츠 경험이 없었어도 그는 자살했을까? 책은 사람들이 레비에 관한 대화를 나눌 때마다 거의 언제나 처음으로 제기하는 그의 자살에 관한 의문으로 시작한다. 랭은 다음과 같은 임의적인 예시로 글을 이어간다.

사인은 레비가 아파트 3층 층계참에서 추락한 것으로 판단되었다… 목격자는 없었다… 그러므로 자살 판결은 추정이었다…

곧 아우슈비츠에서 보낸 몇 개월에 자살의 원인을 돌리는 주장들이 나타났다.

엘리 위젤*이 썼듯이 "레비는 40년 후의 아우슈비츠에서 죽었다."

랭은 계속 말한다.

자살 판결에 완전히 이의를 제기하는 사람들은… 레비에게 자살은 그의 삶과 작품, 그가 통과했던 경험과 목적으로 삼았던 것들 가운데 그 밖의 다른 많은 것들을 축소하거나 부정하게 된다고 주장했다.(그리고 여전히 그 주장은 계속된다.)… 그는 자살하지 '말았어야' 했고, 더 강력히 말하자면 '그랬을 리가' 없다고…

개인적인 관계도 독립적인 분석도 이 문제를 완전히 해결할 수 없지만, 각 증거는 다른 판단에서 출발한 하나의 결론을 보완하거나 덜어낼 수 있을 것이다…

---

* Elie Wiesel(1928~2016). 루마니아 태생의 유대계 미국인 작가. 홀로코스 생존자이자 노벨 평화상 수상자이다.

일부 독자들은 레비의 자살 판결을 받아들인다면⋯ 생존자 이자 증언자로서 레비에게 부여된 지적이고 감정적인 강인함을 없었던 일로 되돌리게 될 것이라 주장했다.

이와 같은 주장들을 둘러싸고 랭은 자살에 관한 일반적인 생각과 특히 레비의 자살, 그리고 상상의 독자에 관한 생각들을 포함해 막대한 양의 성찰을 모은다. 이어지는 챕터마다 이전에 명명된 다른 면들과 레비와의 관계를—글쓰기, 사고, 유대인성—동일한 방식으로 다룬다.

랭의 책은 프리모 레비의 삶을 소개하지 않는다. 책 속에서 살과 피를 가진 한 남자로서 레비를 발견하길 기대한다면 그는 그곳에 존재하지 않는다. 이 책에 '존재하는' 것은 주로 아우슈비츠의 수감자로서 레비의 삶이 지닌 맥락상 본질에 관한 철학적 이성을 통한 탐구다. 책은 질문한다. 어떤 조건 아래서 자살은 '자유로운 죽음'을 나타내는가? 교육받은 과학자의 이성은 어떻게 수감자를 도와주는가? 수용소에서의 적나라한 경험은 그것을 지적으로 생각하는 행위와 어떻게 다른가?

레비는 아우슈비츠에서도 부인할 수 없는 그 자신이었지만, 또한 진정한 위기를 맞았을 때 이전에 검증받아본 적 없는 내면의 본질이 살아나 위엄 있는 인물이 되는 히스테릭한 사람들과 같기도 했다. 포로수용소에서 일상적으로 그를 괴롭혔던 공포보다 더 큰 힘이 나타났다. 그 힘은 '문명의 종말'이라는 시나리오에 갇혀 아름다움과 공포와 변덕이라는 인간의 조건이 끝나가는 공허 속을 들여다보다가 만약 여기서 살아남는다면 남은 생은 도저히 상상할 수도 없고 표현할 수도 없었던 일을 묘사하며 보낼 운명임을 깨닫고 심각하게 경악한 휴머니스트의 힘이었다.

너무나 모순되게도 그가 다시 '자유로운' 사람이 되자마자 전쟁 전의 모습이 그를 기다리고 있었던 것은 수용소 안에서도 바깥에 있었을 때처럼 인간으로 남아 있었기 때문이다. 오래된 공포와 불안과 우울이 무기력하게 그의 핵심으로 아주 천천히 돌아왔다. 그가 그것들의 귀환을 꽤 오래 막아주었던 덕분에 성경 다시 쓰기를 보증하는 이야기들을 들려주는 훌륭한 전달자가 되었다는 사실은 그저 탁월했다고밖에 표현할 수 없을 것이다.

(2013)

주어진 것에 대한 견해

한나 아렌트

한나 아렌트는 나치 독일이라는 재앙을 견뎌야 하는 유대인으로 태어나 자신의 출생국이 세계 지배를 결심하고 대륙 하나를 집어삼킬 때 전 문명에 드리운 절망을 직접 체험했다. 인간 조건의 어떤 면이 대규모로 확대되는 것을 가까이서 목격하면서 이후 삶을 지탱할 지적 재능을 구성했다. 그 경험이 아렌트를 정치사상가로 만들었다.

아렌트는 스스로 독일 유대인이 아니라 유대계 독일인으로 생각했다. 그러나 나치가 정권을 장악하면서 친구와 동료와 이웃이 앞다투어 그녀를 알고 지낸 적이 없었던 것처럼 굴자 자신의 정체성 변화에 경악했고, 어떻게 이런 일이 벌어질 수 있는가의 문제에 천착했다. 정치 깡패들이 독일을 납치했다는 게 진실이었지만, 유럽의 다른 국가들도 마치 적절한 기회를 노리고 있었다는 듯이 서둘러 공개적으로 반유대주의 정책을 도입했다. 왜일까? 그리고 지금은 왜일까? 유대인 스스로 가장 새로운 야만족이라는 규제의 희생자였을 뿐이라고 혐의를 제기하는 것은 만족스럽지 않았다. 적어도 아렌트가 보기에 눈앞에서 벌어지고 있는 일의 막대함을 설명하는 말은 아니었다.

아렌트가 알기로 유대인은 수백 년 동안 유럽의 일상적인 반유대주의를 주어진 것으로, 즉 생존이라는 관심사를 제외하고 세계의 모든 관심사를 자연스럽게 배제하는 것으로 받아들였다. 그러나 이제 유대인 혐오는 정치 정책으로 진화해 생존권마저도 허락하지 않았다. 아렌트는 이러한 요인이 서로 섞였다고 이해했다. 사실 한 가지 요인은 다른 요인 없이는 불가능하다고 믿게 되었다. 여기서부터 정치적 자유에는 오직 정치적 책임이 함께한다는ㅡ획득하거나 상실하거나ㅡ확신까지는 쉽게 도달할 수 있었다.

《유대인의 글쓰기The Jewish Writings》(2007)는 1932년부터 1966년까지 아렌트가 발표한 기사와 에세이를 모은 산문집이다. 이 글들은 하나의 깨달음으로 다가온다. 나는 아렌트가 찬사를 받은 발언부터(인간의 현실이 '인간'이라는 개념을 능가한다) 비난받은 발언까지(악은 평범했다, 즉 유대인도 책임을 져야 했다) 그동안 거쳐온 정신의 여정을 정확히 이해해본 적이 없었다. 그러나 이 책을 통독하면서 아렌트의 후속 작품 상당수를 형성한 독보적인 비평적 통찰이 어디서 기원했고 어떤 식으로 꾸준히 발전해왔는지 분명히 알게 되었다. 다시 말해 세계는 우리 스스로 만든 결과라는 통찰이다. 자유롭게 숨 쉴 필요는 주어진 것이지만 자유롭게 숨 쉴 권리는 그렇지 않다. 인간에게 권력을 향한 의지는 자리를 차지하기 위해 우리와 같지 않은 사람들의 권리에 지속적으로 도전해야 하는 체화된 힘이다. 어떤 조건에서도 자신과 다른 사람들은 그 도전을 자유롭게 무시할 수 없다. 더욱이 그 도전은 해당 조건 속에서 저항해야 한다. 아렌트의 말처럼 "유대인으로 공격받으면 독일인이나 프랑스인, 세계시민으로서가 아니라 '유대인으로' 반응해야 한다."

유대인이 단순히 생존에 몰두하게 되면서 독특한 종류의 비세계성worldlessness이(아렌트의 말이다) 생겨났다. 유대인으로서 유대인은 오랫동안 자신의 삶에서 모든 정치적 행동의 부재를 당연히 여겼고, 어떤 환경에도 솜씨 좋게 적응했으며, 마치 비유대인이 존재하지 않는 것처럼 살아가려는 단 하나의 의도를 공유하며 살았다. 그런 면이 종교성이나 돈 벌기 추구로 귀결되자 수많은 유대인이 하나님의 율법을 자기 최면적으로 숭배하며 슈테틀*에서 조용히 살아가는 한편, 소수의 유대인은 해당 정권에 영향을 끼치거나 관심을 주지 않고도 왕과 대신들을 후원할 수 있을 정도로 부를 쌓았다. 이렇게 세계에 개입하지 않는 태도는 종교적 유대인에게나 세속적 유대인

---

* shtetl. 과거 동유럽에 산재해 있던 소규모의 유대인 마을을 말한다.

에게나 똑같이 유대인은 역사 바깥에 존재한다는(아렌트가 말한 '비세계성') 순진한 확신에 몰두하게 했고, 그리하여—학대당하거나 규제당하거나 심지어 살해당하더라도—본질적으로 이와 같은 비세계성을 무시하고 넘어갔다. 나치가 독일에서 세력을 확장하는 과정에서 바이마르공화국이 불행해진 원인을 유대인 탓으로 돌렸을 때 그들은 벼락을 맞은 듯 놀랐지만, 이 비난 역시 익숙한 반유대주의 희생양 역사의 또 한 챕터로만 받아들였다.

이제 아렌트가 보기에 유대인은 스스로 역사에 부재할 수 없다는 사실을 이해하지 못했다. 자신의 세계를 만드는 일에 적극적으로 참여하지 않는다면 자신이 살아가는 세계에서 희생당할 수밖에 없다. 언제나 행동력이 필요하다. 행동력을 행사하지 않으면 정말로 행동력을 행사하는 사람들의 노예가 될 수밖에 없다. 사실상 전자의 조건이 후자를 자극한다.

아렌트는 유대인이 받아들일 수 없는 것을 받아들였기 때문에 핵심적으로 자신의 몰락을 몰고 왔다고 생각했다. 유대인은 수백년 동안 등 뒤를 지키고 얼굴을 막아야 한다는 방어 태세로 살아왔기에 여러 정부와 사람들 사이에서 원한을 키웠다. 이들은 유대인의 나약함 안에서 인간 자체까지는 아니더라도 그들 자신의 온갖 두려움과 증오를 발견했다. 유대인은 그들에게 필요했던 것은 종속적인 지위에 맞서는 무장투쟁이었고, 그러한 투쟁 없이는 사회적 부랑아로 남아 유럽의 경제생활에는 포함되지만 문화 안에서는 적극적으로 무시당할 운명임을 결코 깨닫지 못했다. 이것이 바로 괴롭힘과 억압, 파괴를 향한 인간의 내재적 충동이 위협당하면서 종속으로 변하는 극적인 예시다. 우리 시대에는 박해받는 흑인, 모욕당한 게이, 버림받은 여성들의 자유주의 운동이 이러한 역사적 교훈을 받아들였음을 보여주었다. 즉, 정치적으로 무시당하면 일어나 싸우든지 무릎을 꿇고 죽든지 해야 한다.

한나 아렌트의 《유대인의 글쓰기》에 수록된 많은 글은 원래 뉴욕을 기반으로 하는 독일어 신문 《아우프바우Aufbau》에 발표했던 것으로, 아렌트는 이 신문에 1941년부터 50년까지 기고했다. 이 글들은 우리 중 많은 이가 존재하는 줄도 몰랐던 절박하고 웅변적이며 적극적으로 의견을 개진하는 한나 아렌트를 보여준다. 예를 들어 이 책에서 가장 반복적으로 나오는 말은 2차 세계대전 내내 세계의 유대인은 손에 총을 들고 심장에 대의를 품고 자신의 군대를 일으켜 히틀러와 싸워야 한다는 주장이다. 진심으로 하는 말이었다. 물론 연합군 안에―미국, 영국, 러시아―싸우는 유대인이 있었지만, 이들은 핵심이 아니었다. 유대인은 자신의 깃발 아래서 히틀러와 싸워야 했다. "우리는 다른 유럽인과 마찬가지로 유럽의 영광과 불행에 똑같이 기여하는 유럽인으로 이 전쟁에 참여해야 한다"라고 아렌트는 말했다. 연합군이 유대인을 위해 히틀러를 이겼다고 해도 '유대인이라는 수치에서 벗어날 탈출구는 오직 하나, 유대인 전체의 영광을 위해 싸우는 것'이기 때문에 한 민족으로서 유대인에게는 전혀 이로움이 없을 것이다. 흥미롭게도 폴란드의 한 지하신문이 다음과 같은 말로 바르샤바 게토 봉기를 향해 경의를 표했다. "유대인의 수동적인 죽음은 어떠한 새로운 가치도 창출하지 않았다. 그것은 의미가 없었다. 그러나 손에 무기를 든 [이] 죽음은 유대 민족의 삶에 새로운 가치를 가져올 수 있다." 20세기 중반에도 사람은 동굴에 웅크리고 살 때와 상당히 비슷한 방식으로 생존할 권리를 획득했던 것이다.

이 책을 관통하는 가장 중요한 주제는 아마도 나치의 유대인 공격이 전체 서구 문명을 크게 역행시켰다는 주장일 것이다. 히틀러 전쟁은 국가의 권리보다 개별 인간의 권리를 중시하려는 150년에 걸친 근대의 노력을 정신적으로 부수어 파석으로 만들어버렸다. 아렌트는 피부에 새긴 이 통찰을 남은 생애 동안 계속 탐구해나갔다. 아렌트는 1942년 독일의 유럽 세계 파괴는 '다하우와 부헨발트*의 오명 속에 사라진' 독일 자체의 파괴와 함께 시작되었다고 썼다. 같은 일이 프랑스에서도 일어났다. "페탱**이 프랑스의 모든 난민을 나치에 양도하겠다는 내용의 악명 높은 프랑스-독일 휴전협정에 서명했을 때 [그는] 프랑스의 삼색기를 갈가리 찢고 프랑스라는 국가를

---

* 나치의 유대인 강제 수용소가 있었던 곳.
** Henri Philippe Pétain. 1차 세계대전 당시 프랑스의 전쟁 영웅이자 군 원수. 2차 세계대전 당시 나치 독일에 부역하며 비시 프랑스의 수장이 되었다.

전멸시킨 것이나 다름없었다." 각국에 남은 것은 오직 삶을 가치 있게 만들었던 거의 모든 것을 잃고 그저 동물적인 생존을 위해 싸우는 흩어진 국민뿐이었다. 오늘날 아렌트의 이런 말들을 읽으며 나와 수백만 명의 다른 미국인들이 이 나라에 대해 하는 일들을 생각해보면 사람이 얼마나 국가의 명예와 위엄을 믿고 싶어 하는지, 그 열망이 다루는 '정치적' 요구가 얼마나 대단한지를 깨닫고 고통스러워진다.

아렌트는 유대인의 박해를 근본부터 뒤집어 오직 유대인만을 위해서가 아니라 현대 세계 전체를 위해 유대인의 저항을 요구했다. 이러한 주장을 뒷받침하기 위해 그는 드레퓌스 시대의 프랑스에 살면서 자신만의 이익을 위해서가 아니라 모든 인류의 이익을 위해 '억압에 저항하는 것은 모든 인간의 의무'이기 때문에 유대인의 유랑에 반기를 들어야 한다고 촉구한 프랑스의 시오니스트 베르나르 라자르의 말을 소환한다. 아렌트는 또한 인도 독립투쟁이 최고조일 때 일기장에 "살아갈 바로 그 권리는 오직 우리가 세계시민의 의무를 다할 때만 주어진다"라고 쓴 간디의 말도 불러왔을 것이다.

책임 있는 세계시민이라는 개념이 아렌트의 핵심이 되었다. 이를 통해 아렌트는 20세기에 국가주의가 스스로 인류의 적임을 증명해 보였듯이 주권국가 역시 반드시 끝날 거라고 열정적으로 확신하기에 이르렀다. 국가는 다수와 소수가 더 이상 차별적 권리를 부여받지 않는 지역 정부들의—군과 구, 의회, 소비에트—체제로 구성된 연방 연합체로 넘어가야 한

주어진 것에 대한 견해

다고 생각했다. 그러한 체제는 직접민주주의의 풀뿌리 실천을 촉진할 것이고 그로 인해 "자유가 평등한 사람들 사이에 정치적 행동을 구성할 것이다." 당연히 유토피아적 전망이지만 무정부주의자와 같은 사회혁명가들이 인류가 인간임을 느끼기 위해 필요한 것이 무엇인가에 관해 골똘히 생각할 때 마음에 품고 반복적으로 사용해온 전망이다.

아렌트는 유대 국가에 대한 생각을 혐오했다. 팔레스타인을 유대인의 고향이라 여겼지만 그 땅에 살고 있는 아랍인을 희생시키고 유대인 영유권을 개척하는 일에 찬성한 적이 결코 없었다. 아렌트가 보기에 유대인에게 일등 시민권을, 아랍인에게 이등 시민권을 주는 것은 끔찍한 계획이었다. 유대인이 당한 일을 다른 이들에게 고스란히 행할 거라고는—아렌트가 꿈꾸었던 유랑에서 저항으로 가는 일이 정치가다운 현자가 아니라 국가주의자와 테러리스트라는 지옥에서 출현할 거라고는—믿을 수가 없었기에 첫날부터 이스라엘 건국에 반대했다. 이 반대는 한 번도 품어본 적 없는 생각으로 아렌트를 이끌었다.

유대인의 절망에 대해 오랫동안 글을 써온 한나 아렌트는 1950년에 이렇게 썼다. "유대인은 이 세계가 2천 년의 잘못을 바로잡을 빚을 졌다고, 보다 구체적으로 말하자면 유럽의 유대인 사회에 벌어진 재앙을 보상할 책임은 단지 나치 독일의 잘못이 아닌 문명 세계 전체의 잘못에 있다고 확신하고 있다.

반면 아랍인은 다른 사람들이 똑같이 잘못을 저질렀다고 잘못이 정당화되지는 않으며, 어떤 도덕적 규약으로도 한 민족의 박해를 해소하기 위한 시도로 다른 민족의 박해를 정당화할 수는 없다고 대답한다." 전쟁 내내 한 사람의 유대인으로 발언했던 아렌트는 지속적으로 '우리 유대인'이라고 말했다. 이제 중동에 대해 쓸 때 아렌트는 양쪽을 모두 '그들'로 언급하기 시작했다. 여전히 유대인에 관해 열정을 품고 있었지만—"내 민족이 저지른 잘못은 다른 민족이 저지른 잘못보다 나를 더 비통하게 한다."—이제 그 열정은 붉고 뜨겁게 이글거리는 대신 드라이아이스처럼 타올랐다. 아렌트가 1950년대와 60년대에 했던 말들의 상당수가 사실 전에도 했던 말이지만, 이제 유대인성을 벗어버린 것처럼 보이게 주장을 구성했다. 그리고 곧바로 수많은 유대인 지도자들이 보복성 답례를 보내왔다.

1963년 《예루살렘의 아이히만》이 출간되자 아렌트의 지위는 유대인의 자기혐오를 공개적으로 고발한 사람으로—서구의 모든 영역에서 그렇게 보였다—격하되었다. 이 책을 향한 주된 불만은 아렌트가 전쟁 당시 유럽의 유대인 위원회가 나치에 협력하면서 수용소로 보내질 사람들의 명단 작성을 도움으로써 시간을 벌고자 했던 잘못된 시도를 감상 없이 설명한다는 점이었다. 모순되게도 1937년 아렌트는 "내가 보기에 우리의 정치적 종교적 지도자들은 우리가 서 있는 더 큰 역사적 맥락을 보지 못하게 눈앞을 흐림으로써 우리가 하루하루 더 깊이 그 역사 속으로 빨려 들어가게 만드는, 돌이키기 어려운 잘못을 저질렀다"라고 썼다. 이는 자신의 사망보증서에 스스로 서명하는 것과 같았다고 아렌트는 덧붙였다. 당시 가부장적이었던 원로 유대인 사회는 이와 같은 충고를 여전히 충성을 바라는 지나치게 비판적인 딸의 비난으로 받아들였다. 1963년 아렌트의 목소리에 담긴 냉담함 때문에 유대인들은 유대인 사회의 주제를 훌쩍 뛰어넘는 우려를 일으켰고, 이제 아렌트의 머리를 원하게 되었다. 이 책에 강력하게 반대하는 사람들 가운데 이스라엘 학자 게르숌 숄렘은 아렌트에게 지금은 널리 알려진 편지를 한 통 썼는데, 책의 냉정함을 통렬히 불평하면서 "유대 민족을 향한 사랑이 없다"라고 비난했다.

아렌트는 그 말이 맞다고 대답했다. 그에겐 유대 민족을 향한 사랑이 없었다. 그는 "독일 민족이든 프랑스 민족이든 미국인이든, 노동계급이든, 그 어떤 집단도" 사랑한 적이 없다고 말했다. 그는 친구들을 사랑했고, 그가 아는 유일한 종류의 사랑은 개인을 향한 사랑이었다. 유대인이라는 점에 대해서 그에게 중요한 한 가지는—몹시 중요한—그의 인생에서 유대인임은 그저 주어진 것 중 하나라는 점이었다. 다른 무언가가 되길 바란 적도 없지만, 유대인이었던 덕분에 사람이 다른 가능성은 상상할 수 없을 정도로 어떤 존재임을 허락받는 일이 얼마나 중요한가를 이해하게 되었다. "모든 일에는 그 모습 그대로임을 기본적으로 감사하게 되는 게 있다. '만들어진' 것이 아니라 '주어진' 것이었다는 점을 향한 감사다."

개별 인간에게 주어진 것들에 관한 이러한 견해를 통해 아렌트는 이전 30년 동안 중요하게 생각했던 모든 것을 깊이 생각해보게 되었다. 그가 사랑했던 것은 유대 민족의 '경험'이었고, 이 경험이 일반적인 인간 조건을 고찰해보도록 가르쳐주었다.

아렌트가 이보다 얼마나 더 유대인다워야 한단 말인가?

(2008)

경이의 감각

레이철 카슨

1858년 빅토리아시대 시인이자 비평가 에드먼드 고스 Edmund Gosse는 아홉 살이었다. 그해 봄과 여름 고스는 아버지와 함께 콘월 해변에 형성된 파도 웅덩이에서 해양생물 표본을 수집하며 지냈다. 이 시간과 장소에 관해 고스는 훗날 이렇게 썼다.

조수와 조수 사이 바위는 굉장히 멋지고 긍정의 의미에서 현혹적인 미인의 바닷속 정원이었다. 바람 없는 웅덩이의 해초 커튼을 조심스레 들추면 얼핏 옆면과 바닥이 상아의 백색과 장미의 붉은색, 주황색과 자수정 색깔의 살아 있는 꽃들로 뒤덮인 것을 볼 수 있지만, 그 모든 갑옷이 녹아 사라지면 조약돌 하나가 마법 같은 꿈을 훼방 놓는 것처럼 그저 움푹 꺼진 바위 구멍으로 돌아가버리기 때문이었다…

이 모든 게 오래전에 끝났다. 해변 곳곳에 그려진 살아 있는 아름다움의 고리는 아주 얇고 깨지기 쉬웠다. 이들은 축복 같은 인간의 무지와 무관심 아래서는 홀로 수백 년을 살아갔다. 이 바위 수조는… 거의 위쪽 공기처럼 투명한 물이 차 있었고 아름답고 섬세한 형태의 생물이 가득했지만… 지금은 존재하지 않는다. '수집가' 무리가 휩쓸고 지나가며 곳곳을 유린했다. 요정의 낙원이 훼손되었고, 수백 년에 걸친 자연선택의 정교한 산물이 부서졌다… 누구도 다시는 내가 어렸을 때 보았던 그 영국 해변을 볼 수 없을 것이다.

이 글은 1907년에 쓰였다. 여기서 반세기가 흘렀을 때 미국의 해양생물학자이자 자연 작가 레이첼 카슨은 훨씬 더 심각해진 자연 훼손에 대해 상당히 비슷한 말을 했다. 카슨 역시 이러한 책임을 인류에게(다른 어떤 세기보다 20세기 인간에게) 지웠다. 이제 또 반세기가 흘렀고 우리는 자연의 인간종 고발을 위한 빼어난 영장과도 같은 카슨의 《침묵의 봄》 50주년 판본을 읽고 새롭게 정신을 차린다. 인류는 지상의 모든 종이 함께 살거나 혹은 함께 멸망하게 될 환경을 보존하기 위해 서로 의존하고 있다는 카슨의 호소를 인정하고, 어떤 일이 일어났고 어떤 일이 일어나지 않았는지 생각해보면, 내게는 여전히 멸망이라는 후자가 우리의 운명으로 보인다.

1950년대 후반 카슨은 살충제의 무분별한 사용이 이 행성을 위협하고 거듭되는 핵폭탄 실험으로 방사능 낙진이 위협을 보태면서 자연 세계는 말 그대로 포위 공격을 받는 중이고, 우리 역시 같은 공격을 받는 셈이라고 보았다. 카슨의 최근 전기 작가 윌리엄 사우더William Souder의 말처럼 카슨은 "살충제와 방사능은 살아 있는 세포 체계를 이끄는 유전자 물질에 손상을 줄 수 있다"라고 직감했다. 이는 "현대의 불가피하고도 잠재적으로 치명적인 전개이고, 각각의 전개는 카슨이 《침묵의 봄》에서 직설적으로 표현했듯이 '찬찬한 자연의 속도보다 충동적이고 부주의한 인간의 속도'가 만든 결과이다."

1962년 《침묵의 봄》이 출간되자마자 세계적으로 극적인 논쟁이 벌어졌고, 정부와 산업계의 수많은 이들이 멜로드라마처럼 불필요한 우려를 불러일으킨다고 카슨을 향해 집단적인 주먹을 흔들어댔으며, 언론과 일반 대중 사이 더 많은 이들이 카슨을 이타적인 내부고발자로 치켜세웠다. 그날부터 지금까지 카슨이라는 이름은 그녀의 말대로 하지 않으면 지구가 멸망할 거라고 주장하는 사람들뿐 아니라 살충제 사용을 엄중히 철회해야 한다는 그녀의 주장에 반대하는 사람들에게도 똑같이 분노와 좌절을 불러일으키고 있다. 어느 쪽이든 《침묵의 봄》이 20세기 가장 영향력 있는 책 중 하나이고, 앞으로도 그리 남으리라는 것을 부인할 수는 없을 것이다.

레이철 카슨은 1907년 5월 피츠버그에서 22킬로미터 정도 떨어진 작고 척박한 마을, 펜실베이니아 스프링데일의 점잖지만 영원한 역경에 빠진 가정에서 태어났다. 아버지가 있었지만 레이철의 진짜 '부모'는 사랑하는 어머니와(역시 자연을 열정적으로 사랑했다) 카슨 집안의 자작 농장 근처 숲과 들판이었다. 어머니는 딸에게 자연과 교감하는 법을 가르쳐주었다. 어린 레이철에게 어머니와 자연은 밀접하게 하나로 묶여 있었는데, 알고 보니 그 둘을 따로 떨어뜨릴 이유가 전혀 없었다. 카슨은 평생 자연과 교감했고 어머니와 함께 살았다.

근처 펜실베이니아여자대학에 들어갔을 때 카슨은 전기작가 사우더의 말처럼 "모든 생명체는 서로 연결되어 있고 진화의 관점으로 보면 세계의 하루하루는 이전에 찾아왔던 세계의 한 해 한 해를 입증하는 증거가 된다"라고 가르친 어느 역동적인 과학 교수의 매력에 푹 빠졌다. 젊은 카슨에게 이러한 통찰은 모든 새내기 과학자에게 그러하듯이 마법이나 다름이 없었기에 평생 낭만적인 시금석이 되어주었고 끝까지 다른 말로 대체되지 않았다.

대학을 졸업하자마자 그녀는 존스홉킨스대학교 대학원에 지원해 동물학을 전공하게 되었다. 그러나 대학원에 들어가기 전 여름 매사추세츠 우즈 홀 해양생물연구소에서 연구원으로 일했는데, 이때 자기 자신에 관해 중요한 사실을 깨달았다. 카슨은 실습 과학에는 소질이 없었다. 그녀가 잘하는 일은 도서관에서 연구하는 일이었고 발견한 내용을 상상력을 발휘해 글로 옮기는 일이었다. 그녀는 재빨리 이런 사실을 간파했고 남은 평생 행복하게 이 일을 해나갔다. 도서관과 타자기가 그녀가 어떤 사람인지 말해주었다. 그녀는 페이지 위에 살아 있는 과학을 불러오는 재능을 지닌 작가였다.

1935년 카슨은 연방정부 해양수산국에서 라디오 대본을 쓰는 일을 하게 되었다. 해양수산국에 들어가고 6개월도 안 되어 상사가 바다에 관해 '일반적인 종류'의 글을 써달라고 요청했다. 결과물로 너무도 매력적인 산문이 나왔는데, 영리한 상사는 소소한 정부 출간물에 그치기엔 너무나 훌륭한 글이므로 《애틀랜틱 먼슬리》에 투고해보라고 제안했다. 잡지사는 즉각 원고를 받아들였고 〈바다 밑Undersea〉이라는 제목으로 발표했다. 이에 대해 사우더는 설명한다.

이 산문은 카슨이 직접 알았거나 과학 문헌을 통해 알게 되었거나 물 가장자리 만조 표식과 대양 밑 깊은 협곡에 이르기까지 바다를 가득 채운 생명에 관해 거의 모든 것을 생생하게 그린 정수였다. 단지 불가사리, 장어, 게, 물고기의 삶을 묘사하는 것을 뛰어넘어 해양 자연사의 더 깊은 의미를 담고 있다. 이 글을 통해 조수의 물결과 파도 아래에 현재에도 전 시대를 통틀어서도 존재하는 모든 생명체를, 즉 진화 역사의 최첨단에 서서 무수히 휘돌며 상호연관된 존재들을 하나로 연결해주는 자연의 체계화된 생물학적 힘이 있음을 입증해 보였다.

이 산문이 씨앗이 되어 자라난 첫 세 권의 책이 1941년에서 1955년 사이에 출간된 《바닷바람을 맞으며》《우리를 둘러싼 바다》 그리고 《바다의 가장자리》이다. 이 책들은 많은 이들이 목격했지만 극화하지 못했던 것을 카슨이 작가로서 파악했음을 보여주었다. 다른 식으로 말하자면, 카슨은 언제나 관심사가 일치하는 사람들과 관계망을 형성했다. 전 세계에 동시에 같은 일을 하는 전문가 혹은 아마추어 해양생물학자들이 있었다. 그렇게 오랫동안 카슨은 수많은 전문가들에게 자문을 구할 수 있었다. 그러나 그 전문가들의 작업에서 빠진 요소는 사우더의 말에 의하면 "기본적인 환경 위에 서서 그 안에서 지질연대의 느린 맥박과 굽이치는 물 안쪽과 뒤쪽에 존재하는 진화의 거대한 힘을 느끼는 사람의 목소리, 다시 말해 레이철 카슨에게 더욱 자연스럽게 속했던 목소리"였다.

그러나 1936년 산문 원고를 썼을 때와 모든 생명체가 시작된 바다가 자신의 모든 것이 될 것이라는 의식적인 자각 사이에는 족히 10년의 간극이 존재한다. 1946년 봄 카슨은 연방 야생동물 보호소에 관해 설명하고 해양수산국이(현재 미국 어류 및 야생생물 보호국으로 이름이 바뀐) 그곳에서 하는 일을 알리는 소책자를 쓰라는 요청을 받는다. 이 프로젝트의 명칭은 '자연보호 행동Conservation in Action'이었는데, 여기서 지구의 모든 종은 모든 살아 있는 것을 연결하는 떼려야 뗄 수 없는 상호 관계망에 의존한다는 성숙한 인식이 나왔다. 이제 자연보호주의자 카슨은 생태학자 카슨으로 진화했다.

1946년 소책자의 첫 번째 대상이 매사추세츠 플럼 아일랜드였다. 이곳에서 카슨은 일반적인 바다와 특히 뉴잉글랜드 해안과 진지한 사랑에 빠지기 시작했다. "물 가장자리에 서 있으면 대서양의 외로움이 만져질 것처럼 생생했다"라고 사우더는 말한다. 카슨에게 그 외로움은 많은 것을 말해주었다.

1952년 카슨은 메인주 부스베이 하버 근처 사우스포트 아일랜드의 바위투성이 곶에 작은 땅을 사서 집을 짓고 여름마다 워싱턴 교외 지역인 메릴랜드주 실버 스프링의 집을 떠나 이곳에서 지냈다. 여기서 비교적 짧았던 생의 남은 시간을 관찰하고, 연구하고, 묵상하고, 기쁜 마음으로 창문 아래 바다를 굽어보고, 조수 웅덩이를 살펴보고, 그 안에 모여 사는 해양생물을 수집하고, 일찍 그리고 늦게 바위 주변을 산책하고, 그러면서 내내 바다가 보여주는 하루와 계절의 변화를 수없이 메모하고 기록했다.

카슨은 사우스포트 아일랜드에서 가장 가까운 이웃으로 도로시 프리먼Dorothy Freeman과 그녀의 남편 스탠리를 만났다. 프리먼 부부는 자연을 존중하고 붙임성도 좋은 사람들이라서 세 사람은 금세 좋은 친구가 되었다. 그리고 얼마 지나지 않아 두 여성은 사랑에 빠졌다. 도로시는 스탠리와 만족스러운 결혼생활을 유지했지만(도로시도 카슨도 다른 방식은 원치 않았다) 여름마다 사우스포트 아일랜드에서 수많은 시간을 함께 보냈다. 또 가능할 때마다 워싱턴이나 보스턴, 뉴욕에서 몰래 만나 꼭 끌어안고 교감을 나누었지만, 내 생각에 두 사람은 실제로 사랑을 나누지는 않았을 것이다.(누가 알겠는가마는.)

1995년 카슨과 프리먼이 주고받은 엄청난 양의 편지가 출간되자 동성애자들은 카슨이 그들의 일원이라고 주장했다. 그러나 나는 이른바 '처녀성'을 지킨 카슨을 적극적인 레즈비언으로 상상할 수 없다. 사실 그녀가 육체적 욕망 상태에 있었다는 상상조차 거의 불가능하다. 그냥 카슨의 일생에서 단 한 번 한 사람과 사랑에 빠졌는데 그 대상이 우연히 여성이었다고 말하고 싶다. 카슨은 정상적인 열정을—그녀의 경우에는 자연을 통해—절대적으로 승화시킨 기묘한 사람 중 하나였다. 그녀가 도로시 프리먼에게 쓴 편지들은 매우 낭만적이지만 전혀 성적이지 않다.

그렇지만 두 사람의 애착은 강력했고 두 여성 모두에게 무척 중요했으며, 1964년 카슨이 죽으면서 종결된 11년 동안 서로의 삶을 풍성하게 해주었다. 여기서 불행한 모순이 있다면 카슨이 죽어가는 지구에 관해 글을 쓰는 동안 자신 역시 죽어가고 있었다는 사실이다. 《침묵의 봄》이 출간될 무렵 카슨은 계속해서 전이를 일으키던 유방암을 진단받은 지 2년째였다. 진단 당시 카슨은 52세였고 이후 악몽처럼 고통스럽게 4년을 더 살았는데, 미국적인 금욕주의자였던 그녀는 단 하루도 자기연민에 빠져 흘려보내기를 거부했다. 1963년 2월 거의 죽음에 가까운 상태로 그녀는 프리먼에게 편지를 썼다. "내가 정말로 하고 싶은 말은, 자기야, 우리는 이 모든 일에 있어서 불행에 빠져 보내지는 않을 거라는 거야. 우린 행복할 거고, 계속해서 우리 삶에 의미를 주는 모든 사랑스러운 것들, 일출과

일몰, 바다에 비치는 달빛, 음악과 좋은 책들, 지빠귀들의 노래와 지나가는 기러기의 울음을 즐길 거야."

그리고 그녀는 계속 일했다. 정신이 번쩍 들게 하지만 아름답기도 한 책을 알리고자 광범위한 여행을 계속했고, 워싱턴에서 연설과 강연과 증언을 했으며, 책의 주장을 담은 텔레비전 다큐멘터리에 출연했다. 그 프로그램의 탁월한 진행자 에릭 세버레이드를 포함해 주변의 모든 이들이 카슨이 다큐멘터리가 방영되는 것을 보지 못하고 죽을까 걱정했다. 그러나 카슨은 보았다. 1963년 4월 3일 수백만 명의 미국인이 시청한 〈CBS 리포트: 레이철 카슨의 침묵의 봄CBS Reports: The Silent Spring of Rachel Carson〉은 지금껏 텔레비전 보도 역사의 시금석으로 남았다. 거의 정확히 일 년 후인 1964년 4월 14일 카슨은 세상을 떠났다.

카슨 사후 1년이 지나《경이의 감각The Sense of Wonder》이라는 책이 카슨의 이름으로 출간되었다. 1956년 〈당신의 아이가 경이를 느끼도록 도와주세요Help Your Child to Wonder〉라는 제목의 산문에서 출발한 책이다. 카슨은 죽어가던 해에 원고 교정과 제목 수정을 맡았고, 메인주 집 주변에서 찍고 싶어 했던 극적인 사진을 삽화로 넣게 했다. 그러나 시간이 모자랐고 산문집은 1965년에도 10년 전과 꽤 비슷한 상태로 출간되었다. 그로부터 30년 후 닉 켈시Nick Kelsh라는 이름의 한 사진작가가 오래된《경이의 감각》을 발견하고서 카슨이 책에 넣고 싶어 했을 거라고 생각한 사진들을 찍기 시작했다. 이 산문집은 1998년 다시 출간되었는데, 이제 켈시가 찍은 숲과 구름과 바다의 극적인 이미지들이 함께 들어가면서 평생의 작업으로 본질적인 주장을 똑똑히 전달하고 싶어 했던 카슨의 열망이 훌륭하게 충족되었다.

책은 목적의 진술에 가까운 글로 시작한다.

폭풍이 몰아치는 가을밤이었다. 조카 로저는 생후 20개월 무렵으로 나는 그 아이를 담요로 감싸고 비 내리는 어둠 속 바닷가에 앉혔다. 저 멀리 우리에겐 보이지 않을 저 끝자락에 거대한 파도가 천둥처럼 일렁였다. 어슴푸레하게 보이는 하얀 파도가 우르릉 쾅쾅 비명을 지르다가 무수한 포말이 되어 우리에게 달려들었다. 우리는 순수한 기쁨에 겨워 함께 웃었다. 로저는 태어나 처음으로 바다의 신이 일으킨 요란하고 떠들썩한 소동을 목격한 아기였고, 나는 삶의 절반을 바다와 사랑에 빠져 보낸 어른이었다. 그러나 그날 우리는 주변에서 으르렁대는 광활한 바다와 거친 밤을 향해 등이 오싹오싹해질 만큼의 짜릿함을 똑같이 느꼈다.

글은 이어진다.

그렇게 어린아이를 즐겁게 해주는 방법으론 별로 흔한 방법이 아니었지만, 이제 만 네 살이 지난 로저와 나는 그 아이가

경이의 감각

아기였을 때부터 시작한 자연 세계의 모험을 여전히 함께하고 있고 그 결과도 무척 만족스럽다. 고요한 날에도 폭풍이 몰아치는 날에도 밤에도 낮에도 우리는 기본적으로 함께 즐기고 공유한다.

우리는 흔히 아이가 불편해하니까, 수면 시간이 어긋나니까, 혹은 젖은 옷을 갈아입혀야 하니까, 카펫에 묻은 진흙을 털어내야 하니까 등등의 이유로 보통 시키지 않는 일들을 로저와 즐겁게 공유한다… 해가 갈수록 아이의 마음에 사진처럼 찍힌 풍경의 기억이 어른이 된 그 애에게는 잃어버린 수면 시간보다 더 큰 의미를 가져다줄 거라고 느꼈다.

이 산문의 끝자락에서 카슨은 자신이 로저를 위해 하는 일들을 다른 부모들도 함께해줄 것을 촉구한다. "만약 아이가 요정에게 선물받은 대단한 재능이 없어도 타고난 경이의 감각을 계속 살려두고자 한다면, 그 감각을 공유하고 함께 기쁨과 흥분과 세계의 신비를 재발견할 어른이 적어도 한 명은 함께해줘야 한다." 내 마음의 눈에 서로 공감할 때의 강렬한 기쁨을 느끼며 고개를 끄덕이는 에드먼드 고스가 보인다.

(2013)

정치와 문학과 혁명

해리엇 비처 스토

1852년 봄 《톰 아저씨의 오두막》이 출간된 지도 한 세기하고 반이 흘렀다. 출간 일 년도 안 되어 책은 미국에서 30만 5천 부가 팔렸고, 세계적으로는 250만 부가 팔렸다. 특히 영어 사용자들 사이에서 영향력이 대단했다. 파머스턴 경*은 이 책을 세 번 읽고 정치가 같다고 말했다. 에이브러햄 링컨도 작가 해리엇 비처 스토를 만났을 때 이렇게 말한 것으로 유명하다. "그래, 이분이 이 커다란 전쟁**을 일으킨 작은 숙녀분이로군요." 그러나 전쟁 후 책의 판매량은 급격히 줄었고, 1890년대

---

* Lord Palmerston. 제3대 파머스턴 자작 헨리 존 템플은 영국의 정치가로 19세기 중반에 걸쳐 영국 총리를 두 차례 역임했다.
** 미국 남북전쟁(1860~1865)을 말한다.

에 절판되었으며 그 상태로 50년이 흘렀다.

그러나 《톰 아저씨의 오두막》은 작가 스스로 놀란 입을 다물지 못하고 저절로 눈을 가리게 될 만큼 신화적 명성을 누릴 운명이었다. 등장인물들은 희극적 요소나 멜로드라마적 요소를 활용한 각종 무대에 올라가며 계속 살아남았고, 각 무대는 점차 원본과 멀어지더니 마침내 그 유명한 소설은 1920년대 할렘 르네상스* 시기의 작가들이 '토미즘Tom-ism'이라는 뜨거운 냉소와 함께 완전히 폭파할 수밖에 없었던 보드빌 극으로 변해버렸다. 에드먼드 윌슨이 뛰어난 남북전쟁기 문학 연구서 《애국 선혈Patriotic Gore》(1962)에서 주장했듯이 "성인기에 《톰 아저씨의 오두막》을 만나는 것은 깜짝 놀랄 만한 경험이 될 것이다." 정말 그렇다.

나는 이 책을 최근에야 처음 읽었는데 엘리자가 얼음장 위를 건너갈 때 뒤를 쫓아오며 짖는 개들이 없었다는 것, 사이먼 레그리가 노예 감독관이 아니라는 것, 톱시가 《주홍글씨》의 사악한 사생아와 몹시 닮았다는 것, 그리고 톰이 그리스도적 인물이라는 것을 새롭게 발견했고, 뿐만 아니라 정말로 충격적인 사실, 즉 스토의 지성이 예상 밖으로 깊고 넓다는 것까지 깨달았다. 이 미국 문학의 걸작은 대중문화와 인권운동의 수사학이 거의 평생 부여한 그 왜곡들의 총합이 되어 어린 시

---

* Harlem Renaissance. 1920년대 미국 뉴욕의 할렘에서 퍼진 민족적 각성과 흑인 예술 문화의 부흥을 가리킨다.

절 이후 줄곧 내 안에 살고 있었다. 정치와 문학이 도저히 나눌 수 없이 하나로 묶여 있는 책이 있다면《톰 아저씨의 오두막》이 바로 그런 책이다.

파머스턴 경이 이 책을 두고 정치가 같다고 말했을 때 그 의미는 해리엇 비처 스토가 미국의 노예와 노예주, 노예 상인, 현상금 사냥꾼, 기독교 선인(진짜 선인과 위선자 모두) 사이에서 노예제도가 실제로 어떻게 실행되었는지 그 모습을 천천히, 그리고 꾸준히 망라해 보여준다는 뜻이었다. 이 책은 풍경 속의 모든 인물이 현실적으로 느껴질 만큼 충분히 분석적이고 설명적인 힘으로 그린 그림이다.

책의 구조는 단순하다. 켄터키 어느 농장의 노예인 톰이 구매되었다가 두 번 팔리고, 같은 농장의 노예 엘리자는 탈주자가 된다. 이 한 쌍의 사건이 주요한 두 가닥의 이야기가 되어 진행된다. 엘리자의 운명은 언더그라운드 레일로드에서 퀘이커교도들을 만나 (아이와 회복된 남편과 함께) 캐나다로 이송되면서 성공적 해결을 맞는다. 톰의 여정은 이와는 완전히 다르다. 톰의 주인들은 각각 톰을 더 남쪽으로—더 지옥으로—데려가고, 노예 주인들의 세계를 상당 부분 설명하기 위해 설정된 천로역정을 가게 한다. 우선 나약하고 친절한 속물인 켄터키의 아서 셸비, 다음은 시적이면서 영적으로 기운이 없는 뉴올리언스의 오거스틴 세인트 클레어, 마지막으로 병적인 자기 혐오에 빠진 채 루이지애나 시골에 숨어 사는 사이먼 레그리가 있다. 각 드라마를 모두 종합해보면 이 소설은 톰 자신의 그리스도적인 죽음을 향한 꾸준한 여정이며, 여기서 죽음은 당연히 피할 수 없는 결론이다.

형이상학적 설계와 별개로 《톰 아저씨의 오두막》 등장인물들은 눈에 띄게 마음을 뺏는다. 첫 번째 가정에서 우리는 톰과 엘리자, 톰의 부인 클로이, 그리고 셸비 부부의 자유민 아들 조지를 만나고, 두 번째 집에서는 세인트 클레어와 그의 딸 리틀 에바, 개구쟁이 노예 톱시, 그리고 자의식 강한 북부 출신 기독교인인 세인트 클레어의 사촌 오필리어를 만나며, 무시무시한 사이먼 레그리의 집에서는 엘리자가 오래전 잃어버린 어머니, 대단한 캐시(호손이 썼을 수도 있었던 인물이다)가 관심을 끈다. 이 사람들은 전부 알레고리 안에 자기 자리를 차지하는데, 등장인물들이 페이지를 누빌 때 보여주는 경이로운 힘과 명징함이 본질적으로 담백한 산문에서 뿜어져 나온다.

해리엇 비처 스토에게는 임무가 있었다. 그 임무는 노예제도를 통해 19세기 미국이 자신의 본색을 볼 수 있게 하는 것이었고, 그의 탁월한 지성은 독자에게 교훈을 줄 뿐 아니라 감동까지 선사할 등장인물을 열심히 창조하라고 스스로에게 말했다. 덕분에 우리는 아서 셸비의 나약함이 지닌 허영을 보고, 사이먼 레그리의 잔혹성 뒤에 숨은 불안을 느끼며, 오필리어가 자동 반사처럼 기독교 정신을 보여줄 때의 끔찍한 한계와 더불어 톱시의 야생성이 지닌 미친 고결함에 충격을 받는다.

톰은 스토가 진정한 기독교인이라고 생각하는 면을 담당하는 인물이고─타인을 향해 마음을 닫거나 손을 들어 막지 못하는 사람, 심지어 자신의 목숨이 위험에 처했을 때조차—또한 타자에 관한 전형적으로 급진적인 환상을 모아놓은 저장고이기도 하다. 뉴올리언스 세인트 클레어의 아름다운 집에 도착하자마자

톰은 마차에서 내려 차분하고 고요한 즐거움을 안고 주위를 둘러보았다. 세상에서 가장 매혹적이고 우월한 나라에서도 흑인은 이방인임을 잊으면 안 되는데, 그의 마음 깊은 곳에는 화려하고 풍요롭고 환상적인 모든 것을 향한 열정이 있었다… 만약 아프리카가 세련되고 고상한 종족을 보여주게 된다면—언젠가는 아프리카도 반드시 인류 발전의 위대한 드라마에 참가할 차례가 올 것이다—삶은 그곳에서 우리 냉정한 서구의 종족들이 희미하게만 품고 있었던 매혹과 화려함을 일깨워줄 것이다. 그 머나먼 신비의 땅에서… 새로운 형태의 예술, 새로운 스타일의 화려함이 깨어날 것이고, 더 이상 무시당하고 짓밟히지 않는 흑인 종족은 아마도 인간의 삶에서 가장 최신식이자 가장 훌륭한 깨달음을 앞서 보여줄 것이다…

어린 소녀 에바는 톰의 성인다운 면모의 상대역이다. 다들 톱시의 자살적인 무질서에 경악할 때 에바 혼자 이 가엾은 흑인 소녀의 얼굴을 어루만지며 길들인다. 책의 핵심 장면에서 명백한 생각의 기폭제가 되는 사람도 에바일 때가 많다. 어느

결정적인 장면에서 세인트 클레어와 오필리어는 베란다에 앉아 에바가 톰의 무릎에 올라가는 모습을 지켜본다. 복잡한 성격의 선인 오필리어는 백인 아이가 흑인 남성을 끌어안는 장면을 보고 본능적으로 혐오감을 느끼는데, 세인트 클레어는 이에 대해 다음과 같이 말한다.

> 어린아이가 커다란 개를 쓰다듬으면 조금도 해롭지 않다고 생각하겠죠. 그 개가 검은색이라도요. 하지만 생각하고 추론하고 또 느끼는 불멸의 존재를 향해서는 어쩐지 후드득 몸을 떨게 되지요… 당신네 북부 사람들도 일부는 그렇게 느끼잖아요… 당신들은 그들을 뱀이나 두꺼비처럼 혐오하지만, 그들이 당하는 부당한 일에는 분개해요. 그들을 학대하지는 않지만, 스스로 그들과 뭐든 함께하고 싶지는 않을 거예요. 그들이 눈앞에 보이지 않고 냄새도 나지 않게 아프리카로 보내버리고… 나중에 그들을 개화시키겠다고 선교사를 보낼 겁니다…

에바와 톰을 응시하며 세인트 클레어는 중얼거린다. "가난하고 비천한 자들이 아이들이 없다면 뭘 어떻게 하겠어요? (…) 당신의 어린아이가 유일하게 진정한 민주주의자예요."

오필리어는 이러한 생각에 화들짝 놀라고 마음을 정화하면서 세인트 클레어가 노예제 폐지론자가 될 참이라고 생각한다. 그러나 곧바로 세인트 클레어 스스로 자기 풍선을 터뜨려버린다. "행동은 말처럼 쉽지 않지요." 그는 오필리어를 위로하고 때마침 적당한 말을 떠올린다. "셰익스피어 작품에서도 누군가 말했죠. '자신의 가르침을 따르는 스무 명 중 하나가 되는 것보다 스무 명에게 선행이 무엇인지 가르치는 쪽이 훨씬 쉽다'라고요."

소설의 잊을 수 없는 핵심 장면에 세인트 클레어가 서 있다. 스토는 그를 통해 상황을 가장 광범위하게 이해하게 해준다. 세인트 클레어는 소설 중반부에 노예제도의 존재론적 의미에 관해 조지 엘리엇에 버금가는* 15페이지의 논고를 펼친다. 이 연설은 심오하면서도 충격적이다. 그는 《톰 아저씨의 오두막》의 애슐리 윌크스**로, 발달한 감수성이 움직일 줄 모르는 의지 때문에 무용해지는 인물이다. 그의 말, 그의 운명, 그라는 존재 자체가 독자의 머릿속을 떠나지 않는다. 그라는 개인 안에서 문명의 희망이 부풀어 올랐다가 동시에 터진다. 그를 통해서 우리는 다급함에 움직이는 명징한 영혼의 쓸모

---

* 조지 엘리엇은 1856년 《웨스트민스터 리뷰》에 익명으로 발표한 에세이 〈숙녀 소설가들의 어리석은 소설들(Silly Novels by Lady-Novelists)〉을 통해 동시대 여성 작가들의 '인기' 소설 경향성을 분석하고, 문학의 미적 기능과 당대 문학의 발전을 위한 논고를 펼치며 리얼리즘을 주창한다. 특히 해리엇 비처 스토의 《톰 아저씨의 오두막》을 언급하며 스토가 흑인들의 종교적인 삶을 흥미롭게 그려냈듯이 '우리' 영국 작가들도 산업노동자 계급의 종교적인 삶을 그려낼 수 있어야 한다고 주장한다. 조지 엘리엇은 해리엇 비처 스토와 교류하며 평생 문학적 우정을 나누었다.
** 《바람과 함께 사라지다》에서 스칼렛이 사랑했지만 스칼렛의 유혹에 넘어가지 않고 그녀의 사촌인 멜라니와 결혼하는 인물이다.

와 반대되는, 교육받은 지성의 제한적인 쓸모를 통렬하게 느낀다.

세인트 클레어는 나치 치하의 선한 독일인, 혹은 농노를 가볍게 뿌리치는 냉정한 톨스토이 시대의 인물, 혹은 아파르트헤이트 정책 아래 사는 남아프리카공화국의 자유주의자 백인이다. 역사상 어느 때의 누구라도 될 수 있는 인물이다. 1858년 다양한 기사와 편지 그리고 노예 경매 공고문 등을 모아놓은 《톰 아저씨의 오두막 핵심정리A Key to Uncle Tom's Cabin》에 스토는 1773년 패트릭 헨리*가 쓴 편지 한 통을 게재했다. 편지에서 헨리는 노예제도에 관해 이렇게 말한다. "이 가증스러운 노예제도가… 인권이 정확히 정의되고 이해되는 시대에 그 어디보다 자유를 좋아하는 나라에 도입되었다는 사실은… 인간적으로 대단히 혐오스러우면서 앞뒤가 맞지 않습니다. 내가 노예를 직접 구매한 노예주라면 누가 믿을까요? 나는 노예 없이 이곳에 살면 대체로 불편하기 때문에 노예를 샀습니다. 그 일을 변명하지 않을 것이며 변명할 수도 없습니다."

모세가 사막에서 유대인을 끌고 나오는 데 왜 40년이나 걸렸는지 우리는 안다. 욕구란 그 얼마나 지배적이며, 찰나의 경험은 얼마나 포괄적인가! 철학적 이성을 갖춘 사람도 궁극적으로 가장 협소한 개인의 욕구에 굴복하고 만다. 도덕적 불편함은 가장 선한 사람들 안에 뿌리를 내리기도 거의 불가능할

---

* Patrick Henry(1736~1799). 미국독립혁명에 앞장섰던 정치가.

만큼 어렵고, 긴급한 책무를 강제하는 것은 불만을 야기하기에 정치적 시간은 달팽이처럼 느릿느릿 흐른다. 비판적 대중은 지배체제에 맞서 무기를 들 준비를 하는 것은 고사하고, 체제를 견딜 수 없다고 생각하는 것조차 본능적으로 꺼린다. 그러므로 누구든, 피해자와 가해자가 똑같이, 분노하거나 후회하거나, 고통을 견디거나 도망가거나, 쫓거나 죽거나 하는 것 이상의 일을 하는 것은 불가능하다. 해리엇 비처 스토는 열렬한 기독교인이었지만 이론상으로는 쉽게 혁명가가 될 수 있었을 것이고, 그게 그의 이성이 시킨 일이었다.

《톰 아저씨의 오두막》은 어떤 이들이 인간 이하로 여겨지고 취급받는 시대에 무기를 들지 않는다면, 그 시대를 살아가는 모든 이들이 책임져야 할 게 많다는 사실을 기억하게 하는 힘이 있다. 이 책을 읽고 스스로 이런 생각을 하지 않기가 불가능하다. "지금이 그 시대이고 여기가 그곳이라면, 나는 인간성 부적격의 풍경 안에서 어디에 서 있을까?"

(2002)

싸워서 지켜야 하는 내면의 삶

3

Feminism

의식 고양 모임

로어 맨해튼의 한 사무실에서 법률 비서가 점심을 먹고 돌아와 자리에 앉으며 옆자리 비서에게 비참하게 말한다. "이게 무슨 일인지 모르겠어. 아주 근사한 건설 노동자 옆을 스쳐 지나가는데 그 남자가 휘파람을 불면서 이러는 거야. 오오, '그렇게' 괜찮지는 않네. 갑자기 내 안에서 엄청난 분노가 솟구치는데…… 아, 정말 그 자식 한 대 '치고' 싶었어!"

같은 시각 메릴랜드 교외의 어느 사려 깊은 40세 어머니가 방문한 친척과 이른 오후 커피를 마시며 이런 말을 하고 있다. "있잖아, 요즘 들어 이런 생각을 하게 돼. 나도 모든 면에서 남편 해리만큼 똑똑한 사람인데 그 사람은 박사 학위를 받았고 나는 딸들을 키웠지. 뭐, 알겠지만 내가 '원해서' 집에 남았던 거야. 하지만 두 딸이 자라서 나랑 똑같은 일을 한다고 생각하면 그건 절대 받아들일 수 없어, 절대로."

또 오하이오 털리도의 한 공장 노동자가 검색대의 옆자리 여성에게 고백한다. "어젯밤 짐에게 말했어. '난 당신처럼 이 공장에서 10년째 일하고 있어. 우린 같은 시간에 출근하고 같은 시간에 퇴근하지. 하지만 나는 장을 보고 저녁을 준비하고 설거지하고, 일요일에는 허리가 부러져 부엌 바닥에 쓰러질 정도야. 정말이지 이 모든 일에 지쳐버렸어. 당신이 도와줘야 해.' 그랬더니 그 남자가 나를 보고 웃는 거 있지? 전에도 이런 말을 할 때마다 그랬어. 하지만 지난밤에는 나도 포기하지 않았어. 이번에는 정말로 '진심'이었거든. 어땠는지 알아? 한바탕하는 줄 알았어. 그 남자, 허리띠로 한 대 후려칠 것처럼 상당했다니까. 나는 어땠게? 눈 하나 깜짝하지 않았어! 하늘이 두 쪽이 나도 물러서지 않을 작정이었거든. 자기도 내 말 믿지 못할 거야. 내가 말한 거 알면 그 자식 날 진짜 죽일 거야. 그 남자가 설거지를 하더라니까. 평생 처음으로 말이야."

이 여성들 누구도 페미니스트가 아니다. 여성해방운동의 구성원이 아니다. 의식 고양 운동에 관해 들어본 적도 없는 사람들이다. 그러나 이들 각각은 이 운동의 가장 심원한 실천이 어떤 징후적 결과를 불러왔는지 보여준다. 이들은 구체적인 의식 없이도 여성의 개인적 경험을 새로운 관점에서—다시 말해 정치적인 관점에서—바라보았을 때의 결과를 느끼기 시작한다. 심리적인 변화를 가리키는 신비로운 행동의 경련을 겪고 있다. 오늘날 미국의 정치사회적 분위기를 채우기 시작하는 페미니스트적 분석과 감정적 구토의 연결망을 이용하고 있다. 의식 고양 모임에 단 한 번도 참석하지 않았지만 의식을 고양시켰다.

의식 고양consciousness raising은 개인의 경험을 성차별주의의 관점으로 살펴보는 페미니스트 실천에 붙인 이름이고, 성차별주의란 남성에게 직접 권력을 부여하고 여성에게는 오직 간접 권력만 부여하기로 한 문화적 결정의 결과로 여성이 사회 안에서 종속의 지위에 처하게 되었음을 설명하는 이론이다. 이 용어와 실천은 정신분석학, 마르크스주의 이론, 미국 부흥 운동 등에서 뻗어 나와 케임브리지, 뉴욕, 시카고, 버클리처럼 예측가능한 자유주의자들의 보금자리에서 약 3년 전 시작된 페미니스트 초기 입안들 가운데 탄생했다. (의식 고양 운동의 성장과 가장 두드러지게 연관된 조직은 뉴욕 레드스타킹*이다.)

첫째, 우리 사회에서 여성의 지위는 정말로 정치계급적 지위와 같고 둘째, 여성의 '자연스러운' 영역은 감정이며 셋째, 우호적이고 지지적인 분위기에서 증언할 때 각자의 경험이 겹친다는 것을 알고 (그리하여 각자 고립감도 줄어들며 고백을 넘어 이론화의 요구도 증가한다는 것을) 인지한 급진주의 페미니스트들은 둥글게 모여 앉아 자신의 감정적 경험을 사회 분석

---

* Redstockings. 1969년 뉴욕에서 생겨난 여성해방운동 기구. 레드스타킹이라는 이름은 이전 세기의 페미니스트 지식인을 폄하하는 의미로 사용됐던 블루스타킹(bluestocking)과 혁명적 좌파를 상징하는 레드를 조합한 것이다.

의 재료처럼 논의하는 여성 모임이야말로 정치적 다이너마이트와 같다는 사실을 재빨리 감지했다. 개인적 증언과 감정적 분석을 통해 '여성'의 계급의식이 고양될 수 있다. 이렇게 소규모 '여성 모임' 혹은 의식 고양 모임에 관한 생각이 잔인하지만 흥분한 세계로 전파되었다.

의식 고양 운동은 여성운동에 참여하는 가장 유명하고도 접근이 쉬운 방식이었고 자유주의자들이 알아낸 가장 강력한 페미니즘 개종 기술이었다. 여성들은 다양한 불만 때문에 이 실천 방식에 '이끌렸지만', '여전히 존재하는' 경험을 완전히 새롭게 해석하는 일에서 매력을 느꼈다.

이렇게 수개월 동안 매주 함께 모인 여성들은 보통 집단치료에서 하는 것처럼 개인적 역학의 관점이 아니라 성차별이 만들어낸 사회적 혹은 문화적 역학의 관점으로 개인사의 각 부분을 해석하고자 하는 기법의 안내를 따라 특별한 공통의식을 경험하기 시작한다. 의식 고양 운동과 집단치료 사이에는 많은 차이점이 있지만—예를 들어 전자에는 전문적인 지도자도 돈거래도 없다—근본적인 차이는 다음과 같다. 즉, 의식 고양 운동은 행동상의 문제를 설명하기 위해 개인의 고유한 감정의 역사를 살피는 게 아니라 가부장제가 내포한 문화적 사실들을 들여다본다.

그러므로 의식 고양 모임에서 자신의 역사와 경험을 들여다보는 일은 만화경을 흔들어서 똑같은 조각들이 완전히 '다른' 그림으로 재배열되는 것을 보는 것, 각 조각이 지닌 색깔과 모양이 갑자기 깜짝 놀랄 만큼 새롭고 생생하게 보이고 뜻밖의 의미가 가득 차는 것과 같다. (그래서 페미니스트들이 종종 요즘 가장 흥미로운 사람들은 자기 재발견이라는 정신적 활력을 경험하고 있는 여성들이라고 말하는 것이다.)

의식 고양 모임에서 어떤 일이 일어날까? 여성들은 자신을 어떻게 바라볼까? 보통 대화를 추진하는 요소는 무엇일까? 무자비한 언론이 조롱하듯 그저 남성 증오적 울화의 분출에 불과할까? 아니면 고립된 지식인들이 주장하는 산발적이고 외고집인 이론일 뿐일까? 입을 꾹 다물고 있는 좌파 활동가들의 관점대로 자기중심적이고 쓸데없는 생각에 불과할까?

롱아일랜드의 주부 로버타 H.는 자신이 속한 모임에 대해 완곡하게 말한다. "우리는 이곳에서 일반화하지 않아요. 여기 모인 여성들의 경험 외에는 어떤 경험에 대해서도 말하지 않습니다. 우리는 '뉴욕 급진주의 페미니스트 조직'이 정한 의식 고양 운동의 규칙을 따르는데, 그 규칙을 일반적인 '여성의 경험'에 적용하지 않아요. 그게 뭐든 말이죠. 우리는 우리 자신에게 규칙을 적용합니다. 하지만, 세상에! 우리가 발견한 동질성이 얼마나 놀라운지 몰라요! 이러한 모임들이 우리 삶을 바꿔놓았다니까요!"

로버타 H.가 말한 규칙은 의식 고양 운동의 목적과 절차를 설명하는 뉴욕 급진주의 페미니스트 조직 소개 자료인 등사본 소책자에서 찾아볼 수 있다. 의식 고양 모임은 주로 일주일에 한 번 모인 여성들이 둘러앉아 자신의 이야기부터—거의 전적으로 개인적인 경험에서 나온 이야기—미리 정한 주제에 관해 돌아가며 말하는 방식으로 진행된다. 소책자를 보면 모임 하나의 자연스러운 인원과(10명에서 15명) 친구들 사이에서 입소문을 바탕으로 모임을 시작하라는 조언, 논의하기 좋은 주제 목록 등이 제시되어 있다. 이 가운데 사랑, 결혼, 성, 직장, 여성성, 여성해방운동에 참여하게 된 계기, 엄마됨, 노화, 다른 여성들과의 경쟁 등이 포함되어 있다. 특정 집단의 구체적인 관심사와 상황이 드러나기 시작하면 추가 주제들이 생겨난다.

 언뜻 보기에 모임의 논의가 몹시 개별적인 상황을 중심으로 돌아가는 것처럼 보이지만 종종 놀랍도록 비슷한 상황으로 좁혀진다. 예를 들어 결혼이 각자의 삶에 독특한 의미를 지닌다고 생각하는 주부들로만 구성된 웨스트체스터 카운티의 한 의식 고양 모임이 어느 날 논의 주제로 '왜 지금 남편과 결혼했나요?'라는 질문을 택했다. 여기 참석했던 조앤 S.는 이렇게 말한다. "논의가 방 안을 돌기 시작했고 그 가운데에는 말 그대로 요람으로 돌아가지 않고선 그 질문에 대답할 수 없을 것처럼 보이는 사람들도 있었지만, 그거 알아요? 사랑이라는 단어는 '단 한 번도' 언급되지 않았답니다."

 맨해튼의 어퍼웨스트사이드의 컬럼비아대학교 근처에서 35세에서 45세 사이의 여성들이 6개월 동안 정기적으로 모임을 이어가고 있다. 여기 속한 40세의 매력적인 이혼 여성 에밀리 R.은 말한다. "첫 모임에 참석했을 때 거기 모인 사람들을 보고 혼자 생각했어요. '내가 겪은 일을 겪은 사람은 아무도 없어. 이 사람들, 내 감정을 느끼지는 못하겠네.' 뭐, 그랬는데요. 구체적인 경험을 피상적으로 살펴보자면 누구도 내가 겪은 일을 겪지는 않았어요. 하지만 조금 '더 깊이' 들어가면—그게 이 모임의 방식이죠—'다들' 내가 겪은 일들을 겪었고, 내가 느끼는 대로 느끼고 있더라고요. 세상에, '그 모습을' 보았을 때 기분이란! 언제나 나만의 개인적 문제라고 생각했던 것이 거기 모인 다른 모든 여자들에게도 사실이라는 걸 알았을 때 말예요! 바로 그때 '나의' 의식이 고양되었죠."

에밀리 R.의 말은 이 의식 고양 운동에서 가장 자주 언급되는 현상이자 곳곳에서 수백 명의 여성이 이룬 페미니스트 신념 도약의 원인이 된 번득이는 통찰이다. 여성들은 개인적 불행이나 불만, 좌절의 증상이 여성들 사이에서 너무도 강력하고 끈질기게 복제되었기에 이러한 증상에 심리적 원인만이 아니라 문화적 원인이 있을 수도 있다는 큰 깨달음을 얻었다.

페미니스트 운동에서 이런 식의 '돌파구'는 의식 고양 모임 말고 다른 곳에서는 결코 일어날 수가 없다. 오직 이곳에서만, 수개월에 걸친 모임 동안에만 여성들은 자신을 처음 이 운동으로 이끈 분노와 당혹감, 좌절된 정의의 얽히고설킨 감정을 표면화할 수 있게 된다. 오직 이곳에서만 성차별주의의 역학이 마침내 정곡을 찔리면서 삶의 생생한 세부에서 정체를 드러낼 것이다.

케임브리지의 페미니스트 활동가 클레어 K.는 여성 모임에 관해 이렇게 말한다. "2년 넘게 여성 모임에 관한 일을 하고 있어요. 한 모임의 평균 수명은 1년에서 18개월 정도이고, 장담컨대 수많은 모임이 출발도 하기 전에 그만두는 모습을 지켜보았습니다. 하지만 '효과'가 있어요! 어떤 모임에는 삶 자체와 같은 리듬이 있어요. 모임마다 확장되기도 하고 축소되기도 하는데 어느 쪽이든 다시는 같은 모습으로 돌아가지 않아요. 여성들에게 그리고 모임 자체에 무슨 일이 벌어집니다. 그리고 살아남을 때마다 매번 '성장'합니다. 실제로 볼 수 있고 심지어 냄새를 맡고 맛을 볼 수 있을 정도예요."

나는 19세기 여성운동의 일관되고 고결했던 지도력을 언제나 애도하는 페미니스트 중 한 사람이다. 종종 파편화되고 지적으로 불균형하며 정치적으로 이질적인 오늘날 여성운동의 면면을 지켜볼 때면 낭패감을 느끼고 엘리자베스 케이디 스탠턴*과 루크레티아 모트**, 수전 B. 앤서니***가 손에 손을 잡고 일테면 40년 동안 그들의 삶과 그들의 대의에 한데 얽힌 형태

---

* Elizabeth Cady Stanton(1815~1902). 19세기 초창기 여성 권리 운동을 선도한 페미니스트. 최초의 조직화된 여성의 권리와 여성참정권 운동으로 자리매김한 뉴욕 세네카 폴스 선언을 주도했다.
** Lucretia Mott(1793~1880). 19세기 노예해방운동가이자 여성 인권 운동가. 뉴욕 세네카 폴스 선언을 주도했다. 미국 독립 선언문을 모델로 한 세네카 폴스 선언은 천부인권론을 근거로 여성과 남성이 동등하다고 천명했다.
*** Susan B. Anthony(1820~1906). 19세기 여성참정권, 노예해방운동가. 여성 최초로 미국 대통령 선거에 투표하고 100달러의 벌금을 부과받았다. 엘리자베스 케이디 스탠턴 등과 함께 《여성참정권의 역사(History of Woman Suffrage)》를 발간했다.

를 부여하는 상호 지지 행위를 수행하는 모습을 부러운 마음으로 상상하곤 한다. 그러곤 두려움에 빠져 그들 없이 우리는 어디로 갈 것인가 생각해본다. 그들은 우리를 위해 그 모든 일을 고려했는데 우리는 그들보다 한 치도 더 앞으로 나아가지 못했다. 그러나 최근 나는 그런 생각을 바꾸게 되었다.

얼마 전 어느 저녁 모임에 가는 길이었다. 수많은 여성운동 조직들을 하나의 연합 단체로 만들고자 계획한 모임이었다. 나는 무슨 일이 벌어질지 정확히 알았다. 전미여성기구NOW에서 온 한 여성이 일어나 우리의 '이미지'에 관해 말할 것이고, 제3세계 국민 한 사람은 큰 소리로 빌어먹을, 자국 여성들이 굶주리고 있는데 다른 이들의 오르가슴 어쩌고 하는 헛소리는 신경 쓰지 않겠다고 선언할 것이고, 어느 급진주의 레즈비언은 여성운동이 '지금 당장' 내부의 성차별 문제에 직면해야 한다고 주장할 것이며, 사회주의 노동자당에서 온 열 명의 여성은 중산층 '엘리트주의'가 여성운동을 지배하고 있다고 항의하며 퇴장할 것이다. 엄청나게 많은 감정적 의견이 개진될 것이고, 비교적 적은 귀중한 주장이 제기될 것이며, 약간의 행동이 이루어질 것이다. 내가 탄 버스가 센트럴파크를 서쪽으로 선회할 때 나는 이런 일이 별로 중요하지 않다고, 어떤 일도 중요하지 않다고 깨달았다. 엘리자베스 스탠턴이 그 모임을 이끌면 좋겠다고 생각했던 내 바람이 얼마나 어리석은 자기 연민인지 깨달았다. 스탠턴은 그 시대의 언어로—심오하게—말하고 행동했고, 내 시대 여성운동에 함께하는 그 어떤 여성도 스탠턴과 같은 사람은 없었지만, 우리에겐 다른 것이 있었다. 바로 의식 고양 모임이었다.

당시 나는 익명의 작은 의식 고양 모임이 여성운동의 심장이자 영혼임을 목도했다. 중요한 것은 뉴욕이나 보스턴, 버클리의 여성운동 모임에서 벌어지는 일들이 아니라 캔자스의 대학들에서, 오리건의 작은 타운들에서, 디트로이트 교외 지역에서 현대 급진주의 페미니즘이 촉구한 반응으로부터 이러한 의식 고양 모임 수백 개가 매일 생겨나고 있다는 사실이었다. 바로 이곳에서 자아에 대한 새로운 심리학이—정치적 심리학—주조되고 있다. 오늘날 의식 고양 운동은 진정한 페미니즘 제2전선이다. 수전 B. 앤서니의 유령이 열렬히 고개를 끄덕이며 내 머리 위를 맴돌기 시작했다. '잘했다, 자기야, 잘했어.'

그날 밤 이후로 그 유령은 내가 참석한 모든 여성운동 모임에 따라왔지만, 의식 고양 모임에 참가하면 유령은 사라지고 오직 나만 남았다. 그러면 좋든 나쁘든 나는 나의 페미니스트 피부를 완전히 장악하고 오늘날 페미니즘의 진정한 과업에 몰두하며 마음을 가라앉히기 위해 열심히 노력한다.

이제 의식 고양 모임이 실제로 어떻게 이루어지는지 살펴보기로 한다.

어느 상쾌한 가을밤 맨해튼 그래머시파크 구역의 한 아파트에서 어느 젊은 여성이 편지에 서명하고 봉투에 넣은 뒤 책상 조명을 끄고 복도 벽장에서 외투를 꺼내 입더니 계단 두 층을 뛰어 내려가 택시를 잡고 도시를 가로질러 곧장 서쪽으로 향한다. 동시에 어퍼웨스트사이드에서 첫 번째 여성보다 조금 나이가 많은 또 다른 여성이 잠든 아이 위로 몸을 숙이고 이마에 입을 맞추고 베이비시터에게 잘 자라고 인사한 다음 엘리베이터를 타고 열두 층을 내려가 브로드웨이까지 걸어갔다가 중심가 지하철 속으로 사라진다. 타운 건너편 어퍼이스트사이드의 또 다른 여성은 세련되게 고정한 머리를 뒤로 젖히고 아름다운 스웨이드 부츠를 신고 작은 아파트를 나서서 타운을 가로지른다. 로어이스트사이드의 4층 아파트에는 다른 여성들보다 4, 5년은 젊은 여성이 엉킨 검은 머리를 빗고 스웨덴식 나막신을 신고 계단을 내려와 세인트 마크스 플레이스에서 서쪽으로 타박타박 걷기 시작한다. 맨해튼 전역의 수많은 장소에서 다른 여성들이 집을 나선다. 이 모든 여성이 향했던 그리니치빌리지의 어느 거실로 마지막 한 사람이 들어서면 방 안에는 모두 열 명의 여성이 모인다.

 이들은 이십대 후반부터 삼십대 중반까지 연령대가 다양했고 외모도 매력적인 여성부터 아주 아름다운 여성까지, 교육 정도는 학사 학위에서 석사 학위까지, 결혼 여부는 비혼부터 기혼, 이혼, 별거 직전 상태까지 다양했으며, 그중 두 사람은 어머니였다. 이름은 베로니카, 루시, 다이애나, 마리, 로라, 젠, 실라, 돌로레스, 매릴린, 클레어였다. 직업은 각각 텔레비전 방송국 조연출, 대학원생, 주부, 카피라이터, 저널리스트, 실업 중인 배우, 법률 비서, 실업 중인 대학 졸업자, 교사, 컴퓨터 프로그래머였다.

그들은 여성운동 활동가가 아니었고, 헌신적인 페미니스트도 아니었으며, 사회 발전에 대한 특별한 감각이나 개인적인 노이로제가 특징이지도 않았다. 명확하게 해결되지도 않고 분명히 표현되지도 않은 '여성 모임' 형성 욕구에 이끌린 다소 평범한 여자들일 뿐이었다. 그들은 석 달째 모임 중이었고 지금은 마리의 집에 모였다. (다음 주는 로라의 집, 그다음 주는 젠의 집, 이런 식으로 돌아가며 모일 것이다.) 오늘 밤 토론 주제는 '일'이다.

방은 크고 조명은 은은하며 가구는 편안하다. 10분이나 15분 동안 웃고 수다를 떨고 책과 공책을 교환하면서 여자들은 둥글게 자리를 배치한다. 누구는 의자에, 누구는 소파에, 누구는 바닥에 앉는다. 원 한가운데에 낮은 커피 테이블이 있고 그 위에 커피포트, 컵, 설탕, 우유, 치즈와 빵, 쿠키와 과일 접시가 있다. 마리가 먼저 시작하자고 제안하며 어쩌다 오른쪽에 있는 돌로레스에게 첫 번째로 말하겠냐고 묻는다.

돌로레스(실업 상태의 대학 졸업자) 괜찮아요… 첫 번째가 나아요… 마지막으로 말하는 건 정말 싫거든요. 마지막 순서면 이제 곧 내 차례네, 이런 생각만 하게 돼요. (불안하게 고개를 든다.) 내가 사람들 앞에서 말하는 걸 얼마나 '싫어하는지' 모를 거예요. (긴 침묵이 이어진다. 좌중도 침묵한다.) 일이라고요!

세상에, 무슨 말을 하지? 이 문제는 언제나 내겐 완전한 지옥이었는데… 많은 분이 자라면서 아버지에게 무시를 받았고 아버지는 늘 남자 형제만 예뻐했다고 말했죠. 음, 우리 집은 완전 반대였어요. 내겐 자매가 둘 있는데 우리 아버지는 항상 내가 제일 똑똑하다고, 아버지보다 똑똑하다고, 그러니 원하는 일은 뭐든 할 수 있을 거라고 했어요… 하지만 어떻게 된 일인지 하는 일마다 족족 망해버렸죠. 정말 이유를 모르겠어요. 정신분석을 6년이나 받았지만, 아직도 몰라요. (그녀는 잠시 허공을 바라본다. 생각의 실마리를 잃어버린 눈빛이다. 이윽고 고개를 흔들고는 다시 입을 연다.) 나는 항상 표류했어요… 그냥 표류요. 부모님은 한 번도 일하라고 강요하지 않았어요. 지금도 일할 필요가 없죠. 내가 정말로 하고 싶은 일이 뭔지 발견할 기회는 많았어요. 하지만… 어떤 일도 만족스럽지 않아서 그냥 관둬버리거나… 외면하거나… 아니면 여행을 떠났죠. 한동안 대기업에 다녔는데… 부모님이 파리에 간다기에 따라갔어요… 돌아왔고… 학교에 다녔고… 타임 라이프 출판사에서 연구원으로 일했고… 표류하다가… 결혼했고… 이혼했고… 표류했어요. (점점 더듬거린다.) 내 삶은 완전히 낭비 같아요. 글을 쓰고 싶어요. 정말로요. 좋은 작가가 될 것 같지만, 모르겠어요. 계속할 수가 없어요… 아버지는 나한테 무척 실망했어요. 내가 정말로 큰일을 하게 될 거라고 계속 바라죠. 곧 그럴 거라고. (어깨를 으쓱해보지만 얼굴은 매우 고요하고 창백하며 고통이 느껴진다. 그는 방 안에서 가장 아름다운 사람 중 하나다.)

다이애나(주부) 앞으로 무슨 일을 할 것 같아요?

돌로레스 (반항적으로 불쑥) 결혼 노력이요!

젠(실업 중인 배우)과 마리(카피라이터) 안 돼요!

클레어(컴퓨터 프로그래머) 그 모든 일을 겪어놓고! 아직도 모르겠어요? 세상에, 결혼이 무슨 도움이 되겠어요? 대체 누가 당신과 결혼할 수 있겠어요? 당신 자신에 대해 당신만큼 느끼는 사람이 있을까요? 당신 자신으로부터 당신을 구할 수 있는 사람이 누굴까요? 그게 당신이 원하는 거잖아요.

매릴린(교사) 맞아요. '생각하면 머리 아프니까 그냥 결혼이나 하자'처럼 들려요.

루시(대학원생) 그런 식으로 결혼하면 재앙이 되고 말아요.

젠 게다가 그런 식으로 결혼하면 좀 섬뜩하게도 자신이 대단하다고 믿어버리게 돼요. 이해심이 대단하네요. (돌로레스는 내내 얼굴이 아주 빨개지고 말이 없다.)

실라(법률 비서) 그런 식으로 닦아세우지들 말아요! 난 돌로레스의 기분 알아요… 나도 '사실은' 커서 아내이자 어머니가 되라는 말을 듣고 자랐지만, 아버지는 나를 동부 최고의 여학교에 보낸 뒤로 내가 받은 교육을 이용해 뭔가 대단한 일을 하기를 바랐어요. 뭐, 나도 같이 졸업한 여학생 절반처럼 학교를 떠나고도 결혼하지 않았고요. '여전히' 결혼하지 않은 채 7년이 지났어요. (실라는 돌연 말을 멈추고 원 한가운데 공간을 멍하니 바라본다. 집중력을 잃고 헤매는 사람 같다.) 정확히 뭐라고 표현해야 좋을지 모르겠는데, 돌로레스가 말한 표류하는 느낌이 뭔지 알아요. 나는 언제나 일을 해왔지만 여전히 내 안에 뭔가 혼란스러운 게 있거든요. 직업을 어떻게 추구해야 할지 정말 모르겠어요. 위로 갈지 아래로 갈지 옆으로 갈지… 항상 정말로 훌륭하고 중요한 남자 밑에서 일하는 게 세상에서 가장 멋진 일이라고 생각했어요. 물론 그런 남자를 만나본 적은 없지만요. 하지만 좋은 남자들 밑에서 일해왔고 그들에게서 많이 배우기도 했어요. 하지만 (실라는 검은 머리를 약간 치켜들고 머뭇거리며 주위를 둘러본다.) 여러분은 어떤지 몰라도 나는 항상 상사들이 수작을 걸어와 신경이 쓰였어요. 웃긴 일이죠. 일을 빨리 배우고 진짜 책임을 지게 되면서 업무 능력이 정말로 좋아지면 곧바로 그게 그 사람들을 흥분하게라도 한 것처럼 굴기 시작하더라고요. 거절하면 거의 한결같이 날 '위협'했어요. 내 삶을 비참하게 만들었다고요! 그리고 당연히 나는 물러나고… 위축되고 겁을 먹고 그 사람들이 일으킨 모든 일을 떠안고… 결국 직장을 옮기고 말죠. 모르겠어요. 어쩌면 내 행동이 그런 일을 자초했는지도 모르죠. 하지만 솔직히 정말 모르겠어요.

마리 정말로 당신이 '자초'했을 가능성도 있지요. 나도 수많은 남자들과 일하고 있지만 이틀에 한 번꼴로 수작을 당하지는 않거든요. 나는 '그 어떤' 사람보다도 절대적인 이성애자예요… 하지만 그 남자들 전부 내가 레즈비언인 줄 알아요.

실라 (서글프게) 그럼 왜 그럴까요? 남자들은 왜 그럴까요? 자아 만족을 위한 성적 욕구가 더 많은 걸까요? 그들은 우리와 다르게 만들어졌을까요?

젠 (커피 컵을 옆 바닥에 내려놓으며) 아니에요! 당신은 자신을 지키는 법을 배우지 못했을 뿐이에요. 그리고, 제기랄, 그들도 그걸 '알아요'. 알면서 이용하는 거예요. 여러분은 내가 몇 년 동안 배우였다는 걸 알 거예요. 음, 언젠가 업계 신참이었을 때 어떤 남자를 상대로 연기를 한 적이 있어요. 그가 무대에서 내 몸을 더듬었어요. '매번'이요. 나는 겁을 먹었어요. 어떻게 해야 할지 모르겠더라고요. 무대 매니저에게 말할 수도 있었겠죠. 저 남자가 내 몸을 더듬는다고요. 그러면 매니저가 날 미친 사람 보듯 하면서 어깨를 으쓱하겠죠. '나더러' 어쩌라고요? 하는 식으로요. 그래서 마침내 생각했어요. 더는 이 일을 견딜 수 없다고요. 그래서 그 남자를 물었어요. 예, 그 개자식을 물었어요. 그 자식이 내게 키스할 때 그 혀를 깨물어버렸어요.

다들 일제히 그 남자를 물었다고요???

젠 (대단히 위엄 있게) 예, 제기랄, 그 남자를 물었어요. 나중에 그 남자가 묻더군요. "도대체 왜 그랬어?" 그래서 대꾸했죠. "내가 왜 그랬는지 당신이 더 잘 알잖아." 그랬더니 어떻게 됐는지 알아요? 그 후로 그 사람이 나를 존중했어요. (그녀가 웃음을 터뜨린다.) 날 좋아하지는 않았지만, 나를 존중했어요. (잠시 딴생각을 하는 것 같다.) 정말 '웃기는' 일이죠. 사랑하는 장면을 연기하다가 상대방의 혀를 깨물다니요.

베로니카(방송국 조연출) 예, 정말 웃기네요.

로라 (저널리스트) 들어봐요. 실라의 말을 생각해봤는데요. 일을 잘하게 되자마자 상사가 수작을 걸기 시작했고 그걸 신호로 일을 그만둘 때가 많았다는 말이요. 실라가 거절하면 상사는 개자식처럼 굴고 결국 실라가 직장을 떠났죠. 거의 실라를 자르기 위해, 아니면 후퇴시키거나 어떻게 보면 승진을 막기 위해 섹스를 이용했다는 생각이 들어요. 그 남자 상사는 실라가 정말로 독립적으로 변해간다고 느낄 때 실라와 자고 싶다는 '본능'을 가진 거죠.

루시 (흥분해서) 맞아요! 삼손과 데릴라를 뒤집은 것 같아요. '데릴라'는 섹스가 삼손의 힘을 파괴할 기회라는 걸 알았어요. 여자들은 남자들을 노예로 삼으려고 남자들과 자고 싶어 하는 걸로 유명하잖아요? 그게 널리 알려진 신화죠. 남자는 정신과 이성의 존재고 여자는 감정과 생물학적 본능뿐인 존재라고요. 여자는 고른 점수를 얻으려고, 권력을 구하려고, 남자를 굴복시키려고 '교활하게' 이 본능을 이용한다고요. 섹스를 통해서요. 하지만 다른 식으로 바라보자고요. 남자들이 우리에게 항상 뭐라고 말하죠? 여성해방에 관해 늘 뭐라고 말하죠? '여자들은 그저 좋은 섹스만 있으면 된다.' 자기들 '희망'이죠. '기도'처럼요. 그들도 알아요. 우리도 '여자들은 그저 좋은 섹스만 있으면 된다'라는 말이 무슨 뜻인지 다 알아요.

클레어 말도 안 돼요. 머리를 써요. 독립적으로 변해가는 여자와 자고 싶어 하는 남자라면 탁월한 남자 아닌가요?

마리 그렇죠. 하지만 일에서는 아니에요. 일에 섹스가 끼어든다면 언제나 반드시 잘못된 면이 있어요. 비밀병기 같죠. 비겁하게 상대의 허리 아래를 치는 것과 비슷해요.

다이애나 맙소사, 다들 미쳤어요! 섹스는 '재미'예요. 어디에나 존재하죠. 그건 따뜻하고 근사하고 기분을 좋게 만들어요.

돌로레스 그건 당신이 선호하는 몽상 아닌가요?

실라 어떤 비서가 승진을 원하고 변호사 한 명에게 접근하는 걸 보았는데, 그때 섹스는 확실히 재미로 보이지는 않았어요. 그때 그 여자가 돌아설 때 표정을 보았거든요.

마리 맙소사, 내 어머니가 아버지에게 뭔가를 원할 때 상황 같아요!

베로니카 (힘없이) 여러분 때문에 기분이 아주 끔찍해졌어요. (다들 베로니카 쪽을 바라본다.)

마리 왜요?

베로니카 직장에서 섹스를 이용하는 게 굉장히 무서운 일인 듯 말했잖아요. 나는 직장에서 원하는 게 있으면 '언제나' 섹시한 재미를 이용해왔거든요. 그게 뭐가 잘못이죠?

루시 뭘 하는데요?

베로니카 음, 누가 사업에 관해 아주 답답하고 심각하게 굴면 나는 재미있는 이야기를 해요. 섹시한 방식이 너무 무거워지는 분위기를 깨뜨려주거든요. 무슨 말인지 알겠죠? 남자들은 사업에서 지나치게 허세를 부릴 수 있거든요! 내가 재미있고 귀엽게 굴면 그들은 웃고, 그러면 보통 내가 원하는 것을 얻을 수 있어요.

다이애나 (열이 올라) 이봐요. 당신이 무슨 일을 하고 있는지 모르겠어요?

베로니카 (화가 나서) 아니요, 모르겠는데요. 내가 무슨 일을 하고 있는데요?

다이애나 (흥분해 두 손으로 눈앞의 공기를 휘저으며) 진지한 사업이 진행 중인데 불쑥 끼어들어 이렇게 말하는 것과 같아요. 여러분, 두려워하지 말아요. 그냥 나처럼 경솔하고 여성스럽게 굴어요. 나는 농담을 하고, 눈을 찡긋하고, 약간 춤을 출 테니, 우리 모두 여기서 실제로 벌어지는 일은 전혀 없는 것처럼 굴자고요.

베로니카 맙소사! 나는 그런 생각을 해본 적이 없어요.

로라 원숭이들 같아요. 원숭이가 공격을 물리치기 위해 수다와 웃음과 미소를 많이 쓴다는 연구 결과가 있어요.

매릴린 꼭 여자들처럼요! 세상에, 사람들은 항상 우리에게 말하죠. '웃어!' 남자한테 웃으라고 하는 사람 봤어요? 아무런 이유 없이 우리가 얼마나 자주 웃죠? 남자에게 말하기 시작할 때 웃기부터 하는 게 얼마나 '자연스러운' 일이냐고요.

루시 맞아요! 당신 말이 맞아요! 세상에, 정말 놀랍네요! 바로 요전 날에도 이런 생각을 했어요. 5번가를 걸어가고 있는데 어떤 가게 문 앞에서 한 남자가 나한테 그러는 거예요. "자기 무슨 일 있어? 세상에 '그렇게' 나쁜 일은 없어." 그때 내 기분은 그렇게 울적하지 않았기 때문에 정말 깜짝 놀랐어요. 그 남자가 왜 그렇게 말했는지 이해할 수 없었죠. 그래서 재빨리 가게 유리창에 내 표정을 비춰봤어요. 어떤 표정도 아니었어요. 그냥 쉴 때 얼굴이었죠. 생각할 때의 보통 표정이요. 그런데 그 남자는 내가 '울적하다'고 생각했죠. 어쩔 수 없이 자문했어요. 내가 남자였어도 그 남자가 내게 그런 말을 했을까? 그리고 곧바로 대답했죠. 아니!

다이애나 내 말이요. 그건 정말이지 그들이 원하는 거예요. 우리가 맨발이길, 임신하길, 그리고 '웃기를' 바라죠. 언제나 애원하길 바란다고요. 약간 간청하길 바라죠. 언제나. 우리가 웃기를 중단하면 그들은 불안해해요. 우리가 울적해 보여서가 아니에요. 우리가 '생각하고' 있기 때문이에요!

돌로레스 오, 잠깐만요. 확실히 태도가 아주 비슷한 부류의 남자들이 많죠? '인생은 파티' 유형은 어때요? 어릿광대이자 단골인 유형이요.

클레어 그들이 어떠냐고요? 우리가 그런 남자들은 진지하게 받아주지 않죠. 그 남자들이 진짜 권력을 가졌다고 생각하지 않아요. 진지한 의도와 진정한 힘을 가진 남자들은 그런 식으로 행동한다고 생각하지 않아요. 진짜 책임을 지닌 남자로 생각하지 않는 거죠. 그저 여자들이 사적으로 즐거워서 웃는 남자들, 연인이 아니라 친구가 되는 남자들, 그냥 '우리 같은' 남자들이죠.

실라 (조용히) 맞아요.

루시 그건 사실이에요. 웃고 있으면 진지함이 깎여요.

실라 (갑자기 슬프고 아주 골똘한 얼굴로) 그리고 우리 약점을 강조하죠. 우리가 웃는 건 당황해서, 취약함을 느껴서예요. 우린 성취하고 싶은 걸 어떻게 성취할지 몰라서, 삶을 어떻게 헤쳐나갈지 몰라서 '여성스럽게' 굴어요. 그래서 그런 거잖아요. 남자답다는 건 행동을 취하는 것이고 여성스럽다는 건 웃는 거죠. 수줍어하고 귀엽고 섹시해라, 그러면 거물의 조수가 될 것이다. 맙소사, 너무 슬프네요…

베로니카 (약간 당황한 듯) 그런 식으로는 한 번도 생각해본 적이 없네요. 하지만 전부 맞는 말 같아요. 알잖아요. (이제 그의 말은 속사포처럼 쏟아지고 목소리도 더 강해진다.) 나는 언제나 내 직업이 두려웠어요. '어쩌다 우연히' 그 자리에 가 있는 거라고 생각했죠. 언제라도 발각되고 말 거라고요. 내가 사기꾼인 걸 들킬 거라고요. 최근 프로듀서가 될 기회가 있었는데 얼렁뚱땅 넘겨버렸어요. 2주일 후에야 내가 일부러 그랬다는 걸 깨달았어요. 나는 그저 승진하고 싶지 않았고, 책임이 두려웠고, 지금 그 자리에 머물면서 소소한 농담이나 하고 남의 이목을 끌지 않는 상태로 남아 있고 싶었던 거예요… (베로니카의 목소리는 점점 작아졌지만 얼굴에 분투가 차오르고 한동안 아무도 말하지 않는다.)

매릴린 (소파 위로 다리를 끌어당겨 앉고 자기도 모르게 손으로 짧은 금발 머리를 쓸어넘긴다) 세상에, '그 말' 정말 익숙해요! 어쩌다 우연히 거기 가 있는 것 같고 언제라도 도끼에 찍혀 나갈 것 같은 느낌이요. 내가 얻은 어떤 일도—명예도, 상도, 버젓한 직업도—적법한 내 것이라고 느껴본 적이 없어요. 항상 운이 좋아서 어쩌다 보니 바로 그 시간에 바로 그 자리에 와 있다는 생각이 들어요. 그럴듯한 외피를 두르고 있지만 사람들이 그저 몰라볼 뿐이라고요… 하지만 그 자리에 오래 있으면 언젠가는 알게 되겠죠… 그래서 표류를 많이 한 것 같아요. 결혼도 이용했어요. 남편이 내게 능력 있는 여자이니 아이를 돌본다고 집에만 있으면 안 된다고 나가서 일하라고 했을 때가 생각나네요. 남편의 설득에 넘어가고 싶었지만 그럴 수가 없었어요. 매일 밤 "내일부터야"라고 말했지만, 아침에 일어나면 머리에 당밀이 가득 들어찬 것처럼 온몸이 늘어져서 '움직일' 수도 없었어요. 마침내 그 빌어먹을 침대에서 빠져나오면 베이비시터를 구하기에 너무 늦었거나, 구직 면접에 가기에 너무 늦었거나, 뭐든 어떤 일을 하기에 너무 늦어버렸죠. (다이애나를 향해 말한다.) 당신은 주부죠, 다이애나. 내가 무슨 말을 하는지 알 거예요. (다이애나가 서글프게 고개를 끄덕인다.) 남편과의 섹스에 집중하기 시작했는데, 좋았던 적이 한 번도 없었고, 이제 정말 나빠졌어요. 설명하기가 어렵네요. 우린 서로 애정이 아주 깊었고 그때도 여전히 애정이 있었어요. 그런데 내가 갈구하기 시작한 거예요… 열정을요. (거의 사과하듯 미소 짓는다.) 달리 부를 말이 없네요. 우리 사이에 열정은 없었어요. 사실 삽입도 없었죠. 그런데 내가 그걸 '요구'하기 시작한 거예요. 남편의 반응은 아주 나빴고 나를 비난했어요. 아, 그게 가장 끔찍한 일이었죠! 그리고 난 연애를 했어요. 섹스는 대단했고 그 남자는 한동안 나한테 아주 다정했어요. '부활'한 것 같았어요. 그러다 웃긴 일이 벌어졌어요. 나는 거의 최면 상태처럼 섹스에 빠졌어요. 어떻게 해도 충분하지 못했고 그 생각을 멈출 수도 없었어요. 그게 나를 집어삼킨 것만 같았죠. 직장을 구하려는데 자리에서 일어날 수 없었을 때처럼 이제 성적 욕망 때문에 몸과 마음이 느려졌어요. 가끔은 축축 처져서 애인을 만나러 나갈 준비도 할 수 없었죠. 그러다가… (말을 멈추고 바닥을 내려다본다. 이마에 주름이 잡히고 눈썹이 하나로 모이는 게 갑자기 기억에 꿰뚫린 사람 같다. 한동안 다들 침묵한다.)

다이애나 (아주 부드럽게) 그래서요?

매릴린 (고개를 흔들며 정신을 차리고) 그러다가 그 남자가 남편한테 우리 불륜 관계를 말했어요.

젠 말도 안 돼!

매릴린 남편은 거칠어졌어요… (목소리가 점점 희미해지더니 다시 다들 침묵한다. 이번 침묵은 매릴린이 다시 입을 열 때까지 계속된다.) 남편은 나를 떠났어요. 지금 별거한 지 일 년 반이 지났어요. 그래서 나도 일을 '해야' 했죠. 일하고 있고요. 하지만 여전히 어렵고 어려워요. 아주 평범한 일을 하고 있는데 실패가 두렵고 진짜 위험에 연루된 일은 시도하기가 두려워요. 위험을 감수하기 위해 필요한 '훈련'을 못 받은 것 같아요… 남편이 떠나고 어쩔 수 없이 일하러 나갔는데, 그런 훈련을 받으려면 무엇이 필요한지 몰라도 어쨌든 마법처럼 그런 게 생기지는 않더라고요.

의식 고양 모임

로라 (모질게) 어쩌면 너무 늦었는지도 모르죠.

다이애나 그런 생각은 좀 곤란해요. (다리를 꼬고 바닥을 응시한다. 다들 다이애나 쪽을 보지만 그는 더 이상 말하지 않는다. 젠이 몸을 뻗고, 클레어가 쿠키를 먹고, 루시가 커피를 따르고, 다들 각자 자리에서 자세를 가다듬는다.)

마리 (긴 침묵 후에) 당신 차례예요, 다이애나.

다이애나 (의자에서 몸을 돌리더니 야윈 손으로 붉은 곱슬머리를 신경질적으로 쓸어넘기며) 오늘은 주제에 집중하기가 어렵네요. 오늘 오후 어머니를 보러 병원에 다녀왔는데, 하루 종일 어머니 생각을 멈출 수가 없어요.

젠 어머니가 많이 아프세요?

다이애나 예, 그런 것 같아요. 어머니는 어제 심각한 수술을 받았어요. 수술대 위에 세 시간이나 누워 있었죠. 잠시 일촉즉발의 아슬아슬한 상황이 있었고요. 하지만 오늘은 한결 나아 보였고 나랑 대화도 나누었어요. 침대 옆에 서 있는데 어머니가 내 손을 잡더니 말했어요. "이런 일을 겪어내려면 아주 강한 의지가 필요하단다. 대다수의 사람은 그러기 위해 단 한 가지 이유만 있으면 돼. 하지만 난 이유가 세 개나 있어. 너, 네 아버지 그리고 네 할머니." 그 말을 듣는데 갑자기 분노가 솟구치더라고요. 어머니한테 '분노'했어요. 세상에, 어머니는 항상 강했고, 내가 아는 사람 가운데 가장 강인했어요. 그래서 나도 어머니를 아주 사랑했고요. 그런데 갑자기 속았다는 생각이 들면서 이렇게 말하고 싶었어요. "그냥 어머니 자신을 위해서 살아요." 이렇게 말하고 싶었어요. "나는 이런 부담을 떠 안을 수 없어요! 지금 나한테 무슨 짓을 하는 거예요?" 그러고 오늘 여기 왔는데 일에 대해 말하라고 하니 할 말이 없네요. 빌어먹을, 할 말이 없어요! 나는 무슨 일을 하더라? 결국 나는 무슨 일을 해? 내 인생의 절반은 남편 곁을 떠나 대단한 일을 찾는 데 집중했던 환상적인 욕망과 함께 지나가버렸어요… 적어도 어머니는 평생 일이라도 열심히 했죠. 친아버지가 어머니를 버렸을 때도 어머니는 나를 키웠고, 학교에 보냈고, 내 첫 아파트도 제공했고, 또 어떤 일에도 내게 안 된다는 말을 한 적이 없어요. 내가 결혼했을 때 어머니는 다 이뤘다고 생각했어요. 그게 무지개의 끝이었어요…

돌로레스 (소심하게) 어머니가 당신만을 위해 살았다고 했을 때 뭐가 그렇게 끔찍했어요? 사실 그건 한때 도덕적인 미덕으로 여겨졌잖아요. 많은 남자들이 비슷하게 생각할걸요. 가족을 위해 산다고요. 남자들은 대부분 자기 일을 싫어해요…

매릴린 내 남편도 늘 그렇게 말했어요. 오직 나와 아기를 위해 산다고, 그게 자신의 전부라고요.

루시 그러면 기분이 어땠어요? 남편이 그렇게 말할 때 어떤 생각이 들었어요?

매릴린 (얼굴이 붉어지며) 독특한 느낌이었어요. 남편에게 뭔가 옳지 않은 면이 있다고요.

루시 (다이애나에게) 어머니가 그런 말을 했을 때도 뭔가 옳지 않다고 느꼈어요?

다이애나 (생각해보며) 아니요. 옳지 않다는 느낌은 아니었어요. 이해할지 모르겠는데, 어머니가 그런 말을 할 때는 '옳게' 보였는데 갑자기 끔찍할 정도로 틀렸다는 생각이 들더라고요.

루시 정말 이상하죠? 남자가 가족을 위해 산다고 말하면 꽤나 부자연스럽게 들리거든요. 여자가 그렇게 말하면 아주 '옳게' 들리고요. 예상한 바니까요.

로라 맞아요. 남자에게 병적인 것이 여자한테는 정상으로 보여요.

클레어 어떻게 보면 여자는 언제나 자신의 정체성을 가족 안에서 찾는데 남자는 실제로 그렇게 하는 사람이 아예 없거나 아주 드물어요.

마리 세상에, 정체성 문제라니! 정체성을 내가 하는 일에서 찾아야지 남편이 하는 일에서 찾는 게 아니잖아요.

젠 남자들이 자기 아내가 하는 일에서 정체성을 찾은 적이 있던가요?

베로니카 그러게요. 한때 우리는 그런 남자를 미스터 스트라이샌드라고 불렀죠.* (다들 흩어져 갑자기 쿠키와 과일을 먹는다. 다들 기지개를 켜고 한두 사람은 방 안을 걸어 다닌다. 그리고 15분 후…)

---

* 가수이자 배우 바브라 스트라이샌드의 남편 엘리엇 굴드는 아내의 명성이 급격히 높아지면서 미스터 스트라이샌드로 불렸다.

마리 (바닥에 요가 자세로 앉아 오렌지 껍질을 벗기면서) 첫 직장은 작은 홍보회사였어요. 거기서 카피라이터 일을 배웠고 처음부터 그 일이 아주 좋았어요. 회사 사람들과 갈등도 전혀 없었고요. 그곳은 행복한 하나의 대가족 같았어요. 원만하게 일했고 다들 서로의 일을 조금씩은 알았어요. 그 회사가 문을 닫아서 떠나야 했을 때 너무 우울하고 '길 잃은' 기분이었죠. 한동안 직장을 구하러 다닐 엄두도 내지 못했어요. 광고업이 뭔지 전혀 모르는 사람처럼요. 그때 일을 이 세상에서 독립하기 위한 준비 단계로 받아들이지 못했던 것 같아요. 그저 가족의 연장선으로 생각했죠. 보살핌을 받는 동안은 어떻게든 기능하지만 스스로 해야 할 때는 주저앉아버렸어요. 어떻게 해야 할지 몰랐던 거예요… 사실 아직도 몰라요. 알았던 적이 없어요. 그때 이후로 정말로 책임지고 일을 한다고 느껴본 직업이 없어요.

실라 어쩌면 결혼을 기다리고 있을까요?

마리 아니요. 그게 뭐든 일을 정말로 원해요. 남편이든 누구든 나 자신이 아닌 사람과 연관되지 않은 나만의 감각을 원한다는 건 알아요… 하지만 길을 잃은 기분이고, 어디로 가야 할지 정말 모르겠어요. (대여섯 명이 동감하며 고개를 끄덕인다.)

클레어 나는 당신들 말에 '전혀' 동감할 수가 없어요. 단 한 가지도요.

돌로레스 무슨 말이죠?

클레어 우선 내 이야기를 좀 할게요. 내겐 자매가 둘, 남자

형제가 하나 있어요. 아버지는 열렬히 경쟁적인 사람이었죠. 스포츠를 좋아했고, 우리 남매에게도 스포츠를 전부 가르쳐주면서 우리랑 당신이 동등한 것처럼 대했어요. 내 말은요, 우리가 아직 여덟 살인데도 스물다섯 살인 것처럼 우리랑 경쟁했다는 거예요. 전부요. 요트, 장기, 야구, 아버지가 경쟁하지 않는 것은 단 하나도 없었어요. 내가 아주 어렸을 때였는데 아버지가 어처구니없게도 공을 직선 타구로 던져 언니 배에 정통으로 맞히는 걸 봤어요. 우린 그게 좋았어요. 남매가 전부요. 우리는 그걸 먹고 무럭무럭 자랐어요. 내겐 일도 다른 것과 똑같아요. '경쟁'이라고요. 어느 직장이든 들어가면 최선을 다하고, 남자들과 여자들과 또는 기계와 맹렬하게 경쟁해요. 그게 뭐가 되었든 내가 가진 장비를 이용해요. 섹스든 두뇌든 끈기든요. 뭐가 되었든 그걸 써요. 그렇게 해서 지면 지는 거고 이기면 이기는 거예요. 뭐든 잘하는 게 중요해요. 여성으로서 차별을 만나면 공격을 강화해요. 하지만 그 게임의 이름은 경쟁이에요. (다들 입을 벌리고 그녀를 바라보다가 갑자기 한꺼번에 말하기 시작한다. 서로 목소리가 겹치고, 서로에게, 자신에게 말하다가, 웃다가, 끼어들며, 일제히 폭발한다.)

로라 (건조하게) 아메리칸드림이네요. 바로 우리 눈앞에 있었군요.

다이애나 (눈물을 흘리며) 세상에, 클레어, 너무 끔찍해요!

루시 (놀라서) 그거 우리 남자들을 죽이는 일이잖아요. 어떻게 보면 우리가 여기 와 있는 이유이기도 하고요.

실라 (화가 나서) 아, 경쟁을 향한 열렬한 사랑이라니!

마리 (놀라서) '존재'에 관한 전체적인 생각이 완전히 길을 잃었어요.

젠 (분노해서) 게다가 경쟁하기 위해 섹시하게 군다니요! 당신은 살아 있는 모든 여성을 비하했어요!

베로니카 (흥미롭게) 클레어, 다시 말하면 그들이 당신이 원하는 것을 주면 '당신'을 가질 수 있다는 뜻인가요?

다이애나 (생각에 잠겨) 그런 경쟁 개념은 우리가 가장 싫어하는 남자들의 모습 아니었나요? 가장 야만적인 형태의 남성성은 바로 그런 점 때문이잖아요. 우리, 남자가 되려고 여기 모인 거예요? 최악의 남자가 되고 싶은 건가요?

루시 (화가 나서) 제발요! 우리는 우리 자신이 되려고 여기 모였어요. 그게 무엇이 되었든요.

매릴린 (갑자기 권위 있게) 당신들 모두 틀린 것 같아요. 다들 클레어가 정말로 무슨 말을 하고 있는지 이해하지 못했어요. (다들 입을 다물고 매릴린을 바라본다.) 클레어가 하는 말은 아버지가 이기는 법이 아니라 지는 법을 가르쳐주었다는 거예요. 그분은 남을 찍어누르라고 가르치지 않았어요. 다른 사람들이 '클레어'를 찍어누를 때 일어나 무사히 걸어가라고 가르쳤어요. 아이들에게 그걸 가르친다는 생각에 푹 빠져서 클레어가 여자아이라는 사실을 무시하고 그냥 가르친 거예요. (다들 잠시 이 말을 곱씹어본다.)

로라 매릴린이 요점을 잘 짚었네요. 그게 클레어의 생각이

겠죠. 클레어는 이 방에서 가장 강한 사람이고 우리도 오랫동안 그 사실을 알고 있었어요. 가장 통합이 잘 된 사람이고 자신에 대한 감각도 가장 잘 '분리'되어 있어요. 그리고 이제 그런 성정이 경쟁심에서 발달했다는 것을 알겠네요. 경쟁심 덕분에 고립 상태가 아니라 다른 사람들과 적당한 관계를 맺을 수 있지 않았나 생각해요.

실라 음, 그게 사실이라면 클레어의 아버지는 작은 기적을 이루었네요.

젠 농담하지 말아요. 타인과의 관계에서 '당신'이 어디에 서 있는지, 무엇을 해야 하는지 아는 것은 다른 사람이 원해서가 아니라 스스로 원하기 때문이어야 해요… 스스로 무엇을 원하는지 '아는 것'… 그게 가장 중요하지 않을까요?

로라 '나'도 그렇게 생각해요. 일에 관해 생각해보면, 그게 정말로 내가 가장 많이 생각하는 거죠. '나'와 일에 관해 생각해보면, 바다에 나간 지 10년 된 율리시스처럼 느껴져요. 여러분과 달리 나는 운이 좋아서 혹은 우연히 여기까지 왔다고 생각하지 않아요. 혹은 건강한 경쟁심이 일으킨 자연스러운 열망 때문에 여기 와 있다고도 느끼지 않고요. 나도 모르게 빠져버린 이 미로에서 벗어나려고 돌고 돌고 또 도는 반쯤 미친 황소 같아요… 스스로 뭘 하고 싶은지 알지도 못한 채 10년을 보냈어요. 그래서 계속 결혼하고 아이들을 낳았어요. 아이가 셋이고 남편도 그만큼 되었죠. 전부 괜찮은 남자들, 나에겐 아주 좋은 남자들이면서 전부 의미 없는 남자들이었어요. (여기서 그녀는 잠시 멈추고 단어를 고르는 것 같다.) 나는 뭔가를 하고 싶었어요. 진짜인 것, 진지한 것, 나를 자신과의 투쟁에 몰두하게 할 것이요. 결혼을 할 때마다 곪아가는 상처에 소독약을 바르는 기분이었어요. 여성들이 투쟁에서 벗어나는 한 가지 방편으로 결혼을 선택해왔다고 생각하면 가끔 너무 화가 나요. 그렇게 하라고 부추김을 당해왔고, 우리도 무척 '안도'하며 그 일에 뛰어들며, 절대적으로 혐오하게 되는 일이기도 하잖아요. 결혼이라는 것 자체가 대다수 여성에게 자기혐오로 가득 찬 일이기 때문이에요. 무의식 속에 지속해서 우리의 모든 약점을, 쉬운 출구를 택하기 위해 감당해야 할 무거운 대가를 상기시키죠. 남자들은 가정에서 여자의 힘에 관해 말해요. 내겐 그 힘이라는 게 아주 편향적이고 악의적으로 보여요. 아니, 어떤 헛소리가 그토록 별난 방법으로 아이들의 삶에 미치는 영향력을 가른다죠? 어머니가 아이들의 '정서적인' 삶을 보살핀다고요? 자양분을 위한 필수적인 요구라고요? 어머니는 어떤 특별한 원천을 통해 그런 일을 하죠? 대체 어떤 빌어먹을 성장의 원리가 어머니 안에서 작용한단 말이죠? 구조적인 일을 상대로 자신을 시험해본 적 없는 여성에게 아이들의 정서 발달을 두루 살피기 위한 지혜나 자기 수양을 제공하는 게 도대체 뭐란 말인가요? 전부 미쳤어요. 완전히 미쳤다고요. 정말 돌아버릴 것 같아요… 내가 무슨 말을 할 수 있을까요? 10년 동안 삶을 계속 토하는 것 같은 기분이에요… 지금 나는 일해요. 열심히, 정말로 즐겁게 일해요. 가족도 가지고 싶어요.

사랑. 가정. 남편. 아이들 아버지. 정말이에요. 오, 외로움이란! 연결을 향한 갈망이란! 하지만 일이 먼저예요. 가족은 둘째. (그녀의 얼굴이 씩 웃으며 환하게 열린다.) 그냥 남자처럼요.

루시 나도 약간 로라처럼 느껴요. 확신하지는 않지만요. 나는 어떤 일도 확신하지 못해요. 지금 학교에 다니는데요. 아니, '다시'라고 말하는 게 좋겠네요. 서른 살인데 다시 대학원생이 되었어요. 거의 처음부터 다시 시작하는 셈이죠… 문제는 내가 하는 일을 진지하게 생각해본 적이 없다는 거예요. 다시 말하자면, 내 오빠처럼, 같이 다닌 남학생들처럼 진지하게요. 모든 게 너무 길고, 너무 어렵고, 너무 대단해 보였어요. 그 밑에서 진지하게 공부하는 일을 '당혹스럽게' 느꼈고요. 사실 이렇게 느끼는 것처럼요. "이건 '어른들'이 하는 일이다. '내가' 할 일은 아니다." 언젠가 오빠에게 이런 감정에 대해 물어본 적이 있는데 오빠 말이 남자들도 대부분 이렇게 느낀다고, 다만 여자들보다 위장을 잘할 뿐이라고 하더군요. 그 문제를 오래 생각해봤고 스스로 이렇게 말하려고 노력했어요. 뭐야, 우리처럼 그들도 그런다고? 하지만… (재빨리 좌중을 둘러본다.) 그렇지 않아요! 제기랄, 그렇지가 '않다고요'. 결국 만족은 방식에 있지 않나요? 우리 방식은 세상과 멀리 떨어져 있고요…

베로니카 말 그대로죠.

루시 모르겠어요… 여전히 모르겠어요. 나를 괴롭히고, 괴롭히고 또 괴롭히는 문제예요. 어떤 남자가 나타나 날 데리고 결혼 속으로 사라져버렸으면 좋겠다고 자주 생각하죠. 이 모든 일에서 벗어날 수 있는 은밀한 소망처럼요. 그러면 안전한 위치에서 굽어보며 논평하고, 웃고, '예' '아니요'라고 말하고, 격려하고, 대체로 판단하는 어머니 역할을 맡겠죠. 가정의 '현명한' 부인이요. 하지만 6개월도 안 되어 불행해질 것도 알아요! 벽을 기어오르며 죄책감을 느끼겠죠…

매릴린 죄책감, 죄책감, 그놈의 죄책감! 이 모임에서 죄책감이라는 말이 나오지 않은 날이 있었나요? (밖에서 근처 교회가 자정을 알리는 종소리가 들린다.)

다이애나 이제 그만 끝낼까요?

베로니카 (가방으로 손을 뻗으며) 다음 주는 어디서 만나죠?

마리 잠깐만요! 정리 안 해요? (다들 일어나다 말고 다시 자리에 털썩 주저앉는다.)

루시 저기, 한 가지는 아주 분명해졌어요. 우리 모두 어떤 면에서는 좋은 직업을 발견하고 정착하는 전쟁에서 벗어나기 위한 결혼 생각과 싸워왔다는 거요.

다이애나 그리고 실제로 그렇게 해본 사람은 전부 일을 망쳤다는 것!

젠 그리고 그렇게 해보지 않은 사람도 전부 일을 망쳤어요!

베로니카 하지만 우리 가운데 유일하게 일을 정말 잘한 사람은—방향성과 목적을 가지고—바로 클레어예요. 그런데 우린 클레어를 닦아세웠죠! (이 주장에 다들 화들짝 놀라 한동안 아무 말도 하지 않는다.)

매릴린 (씁쓸하게) 어쩔 수 없어요. 우린 그렇게 '하는' 사람을 존경하지 못해요. 그냥 두고 보지 못해요.

젠 (부드럽게) 그렇지 않아요. 결국 우린 클레어의 입장에도 미덕이 있음을 깨달았잖아요. 그리고 우린 여기에 와 있잖아요?

마리 맞아요. 너무 그렇게 자책하지 말아요. 우린 백 살도 이백 살도 아니잖아요. 우린 엉망진창의 한가운데 빠져 있어요. 해도 엉망, 안 해도 엉망이죠. 괜찮아요. 바로 그래서 여기에 와 있잖아요. 속박을 깨뜨리려고요. (이 말에 모두 마음을 다잡고, 기운을 내고, 어두워진 맨해튼 거리로 몰려나간다. 싸울 준비가 되었다는 듯이.)

(1971)

남자처럼 행동했다는 이유로 기소되다

사건의 전말은 이러하다. 1967년, 서른 살 이혼 여성이자 아홉 살 쌍둥이의 어머니, 엑상프로방스대학교 출신으로 눈부신 학업 성적의 보유자 가브리엘 뤼시에Gabrielle Russier는 마르세유의 한 고등학교 프랑스 문학 교사가 되었다. 권위적인 프랑스에서 학생들을 사람으로 대하고, 그들의 관점으로 삶을 바라보고, 친구이자 교사로서 학생들과 친밀하게 지냈다는 점에서 그녀는 이미 평범하지 않았다. 학생들도 그녀를 좋아해 '가티토'(스페인어로 새끼 고양이라는 뜻)라고 불렀으며 친근하게 격의 없이 지냈다. 그 학생들 가운데 크리스티앙 로시라는 열여섯 살 소년이 있었다. 키가 크고 목소리가 허스키하며 턱수염을 기르는 크리스티앙은 열정적인 마오주의자이자 엑상프로방스대학교 교수였던 부부의 아들이었다. (엑상프로방스

대학교는 거의 마르세유 교외에 있다.) 로시 부부는 둘 다 공산주의자였고, 남편 로시는 가브리엘 뤼시에의 스승이었다. 소년 크리스티앙과 여성 가브리엘은 친한 친구가 되었고, 1968년 5월 항쟁 이후 사랑에 빠지면서 연인이 되었다.

그해 여름이 끝나갈 무렵 가브리엘은 크리스티앙의 아버지를 찾아가 아들을 사랑하고 크리스티앙과의 관계를 공개하고 싶다는 바람을 전했다. 로시 교수는 이에 분노했고 연인을 갈라놓기로 마음먹었다. 이 일이 불가능해 보이자—아버지와 아들 사이에 끔찍한 분노가 오갔고 결국 아들이 집을 나가버렸다—로시 부부는 법원에 고발했고 가브리엘은 미성년자 성추행으로 체포된다. (당시 크리스티앙은 열일곱 살, 가브리엘은 서른한 살이었다.) 가브리엘은 예방구금법에 의해 몇 개월 동안 마르세유의 감옥에 갇혀 있었다. 1969년 7월 폐쇄 법정에서 재판을 받고 집행유예를 선고받았으며 사면을 받기에 이르렀다. 그러나 반 시간 후 국무장관의 전화를 받은 지방 검사는 가브리엘의 변호사에게 국가가 상급 법원에 상소할 것이고, 가브리엘 뤼시에에게 더 엄중한 벌을 내리고 말겠다는 놀라운 소식을 전했다. 요점은 가브리엘에게 확고한 범죄 전과를 만들어줄 것이고, 그녀가 다시는 프랑스 어디에서도 교사 일을 할 수 없게 하겠다는 뜻이었다.

몇 개월의 투옥과 어느새 일상이 되어버린 악몽으로 망가져버린 가브리엘은 완전히 무너진 채 회복기 환자 요양소로 보내져 새로운 재판을 기다렸다. 여름이 끝나자 그녀는—혈

혈단신으로—마르세유로 돌아왔고, 무너져버린 삶을 곱씹는 걸 멈출 수가 없어서 1969년 9월 1일 자살했다.

가브리엘 뤼시에 사건이 일으킨 여러 사안은 분명하고도 고통스럽다. 어떻게 그런 일이 일어날 수 있을까? 그녀는 왜 투옥되었을까? 그녀가 저지른 진짜 범죄는 무엇일까? 그녀가 남자였어도 이런 일이 벌어졌을까? 왜 프랑스 당국은 그녀를 무너뜨리기로 결정했을까? 이 모든 질문 사이의 관계는 무엇인가?

사건의 전말을 읽고 또 읽어보면 누구도 의문을 제기하지 않은 출발점으로 제시된 기이한 전제들을 그저 습관처럼 받아들이게 된다. 모든 게 이해하기 '쉬울' 따름이다. 그 여자가 이런 일을 했고, 이어서 그 남자가 저런 일을 했으며, 그들은 이런 결과를 맞이했고, 남자의 부모는 저런 결과를 맞이했으며, 법이 등장해… 그렇게 깔끔한 전개가 이어졌고, 전부 이상한 논리를 따랐으며, 돌이켜보면 '어쩔 수 없는' 일로 보인다. 그러다가 갑자기 마음이 덜컥 멈추고 만다. 여자가 '죽었다'! 이 모든 일이 여자를 실제로 '죽였다'. 그러면 두뇌에 감정적 혼란이 가득 들어차면서 이 사건을 '이해'해온 명백한 합당성을 깨끗이 지워버린다. 이제 우리는 가브리엘 뤼시에의 죽음이 진정한 권위에 대한 도전에 직면한 사회적 관습이 요구한 일종의 제물이었음을 씁쓸하고도 명징하게 깨닫게 된다. 특히 도전자가 '타자'일 경우 그러하다.

처음 가브리엘 뤼시에에 대해 읽었을 때 나는 이 모든 일이 그가 여성이라서 일어났다고 생각했다. 그리고 또 아니라고, 이 문제에 관해서는 계급의 문제가 더 복잡하게 연관되어 있다고 생각하게 되었다. 즉, 분노한 프랑스 부르주아가 자신보다 계급이 더 높거나 낮은 한 남성이나 한 여성을 벌주기로 한 것이 아니라, 자신과 같은 계급의 배교자를 벌주기로 결심한 일이었다고. 그러고 나서 나는 처음의 확신으로 되돌아갔다. 다른 여러 요인에도 불구하고 가브리엘 뤼시에가 여성이 아니었다면 그런 특별하고도 치명적인 사법상 낙인을 받지는 '않았을' 거라고 말이다.

그래도 기억할 수 없을 정도로 먼 옛날부터 감각의 삶에 적절히 입문시키기 위해 40세 여성들이 18세 소년들과 잤다는 증거를 반복해서 보여주는 활자 문학과 영화의 나라 프랑스에서—《셰리》《적과 흑》《육체의 악마》《게임의 규칙》 등을 포함해— 한 여성이 소년과 잤다는 이유로 재판에 회부되어 사형을 당한 이유가 뭔지 궁금해하지 않기란 불가능했다. 게다가 프랑스처럼 특출한 여성의 성취를 몹시 존중하는 나라에서 어떻게 이런 일이 일어났단 말인가? 프랑스에서 일등급 지성을 지닌 여성은 다른 서구 국가에서보다 훨씬 더 진지하게 받아들여졌고, 일단 그 능력이 명백해지면 다른 곳에서는 영원히 직면하게 되는 반대 없이도 높은 지위에 오르곤 하지 않았던가?

그런데 왜 가브리엘 뤼시에는?

첫 번째 대답은 두 단어로 되어 있다. '비밀주의 위반'. 이 모든 '부적절한' 정사의 요점은—소년과 여성 사이에서 일어날 때—철저한 비밀주의 아래 벌어진다는 것이다. 연상의 여성이 지닌 힘은 쉽게 분류되는 위치에서—먼 친척, 가족의 친구, 신뢰할 만한 이웃—능숙한 조작이 가능하지만, 은밀하게, 어떤 일이 있어도 책임이라는 핵심적인 실행 도구를 절대로 잃지 않는다. 일종의 도박이다. 만약 이 여성이 게임을 잘하면 장악력을 지니게 되지만, 게임을 잘못하면 목숨을 포함한 모든 것을 몰수당한다. 프랑스 문학 가운데 이러한 교훈을 가장 잘 가르쳐주는 것이 《위험한 관계》*다. 가브리엘 뤼시에는 그 어떤 도박도 하지 않기로 했다. 그녀는 파격적으로 젊은 연인과 공개적으로 교제하는 쪽을 선택했다. 간단히 말해 그는 이성을 잃었다.

 두 번째 대답은 '문화 권력' 안에서 프랑스인이 우선적으로 열광하는 게 지적 성취이기 때문에 지적으로 성취도가 높은 여성들이 보상을 받아왔다는 것이다. 프랑스에서는 경탄을 불러일으키는 지식인이라면 아무리 기괴하거나 별나거나 규칙을 과시해도 다 용인될 것이다. 나는 가끔 산스크리트어 박사학위만 있으면 원숭이도 프랑스 대통령이 될 수 있지 않을까 생각한다. 안타깝게도 가브리엘 뤼시에는 고등학교 교사가 될

---

* Les Liaisons Dangereuses. 1782년 프랑스 작가 쇼데를로 드 라클로의 서간체 소설로 프랑스혁명 전 문란하고 퇴폐적인 상류사회의 연애, 배신, 음모를 날카롭게 분석한 작품이다.

정도로 지성을 지녔지만, 대단히 눈에 띄는 정도는 아니었다. 그는 그럴 자격이 없었다.

그리고 마지막으로 프랑스에서 여성의 지위에 관한 진실은 눈부시게 빛나며 성공적으로 체제를 조작하는 사람들이 그렇지 못한 모든 이들의 충격적인 무력함을 직접적으로 반영한다는 점이다. 검사도 "가브리엘 뤼시에가 미용사이고 젊은 견습생과 잤다면 달라졌을 것이다"라고 말했다. 그랬다면 가브리엘은 그토록 혹독한 대접을 받지 않았을 것이다. 아무도 건드리지 않았을 것이다. 그러나 가브리엘은 미용사가 아니었다. 그녀는 상당히 문화의 수호자로 여겨졌다. 서구 사회에서 가장 확고하고, 악의적일 만큼 자신을 중시하며, 특히 한 여성으로부터 그 규칙을 도전받을 때 자비 없는 하트의 여왕이 되어 비범한 기술과 재능으로 엄격한 행동 규범을 실행하는 중산층 출신의 교육 받은 여성이었다. 가브리엘에게 더 엄격한 형을 선고해달라는 정부의 호소를 둘러싸고 소동이 벌어졌을 때 국무장관은 그저 일상적인 일에 불과하다고 말했지만, 백 명의 파리 변호사들은 이렇게 말했다. "절대 그렇지 않다! 이런 호소는 지난 40년간 열 번도 되지 않고, 이런 식의 기소는 단 한 번도 없었다."

가브리엘 뤼시에는 남자처럼 행동했다는 이유로 기소되었고, 여론 법정에 불려 나갔으며, 그 뻔뻔함은 과도하게 처벌받았다. 뤼시에의 재판을 둘러싼 첨예한 관심사 가운데 기소된 사람이 재판을 기다리는 동안 신뢰할 수 없을 때 여전히 감옥에 갇혀 있게 하는 예방구금법에 관한 논란이 있었다. 수천 명의 '미용사들이' 예방구금법으로 고통받고 있다. 대체 누가 그들을 대신해 행동에 나서겠는가? 하지만 가브리엘과 같은 계층의 여성이 그렇게 고통받아야 한다는 이야기는 들어본 적이 없다. 그럼에도 그녀는 그런 고통을 받았다.

가브리엘은 여론과 정부 양쪽에서 상상할 수 있는 온갖 외설적인 비난을 받았다. 실제 범죄를 저질러서가 아니라 법적으로 피해를 주는 사실들, 즉 악덕, 사기, 방화, 살인 때문이 아니라 그저 타락한 여성이라는 이유 때문이었다. 그녀는 자신보다 열다섯 살 어린 남자와 잤다고 기소되었다. 창녀, 색정증, 공중도덕에 위협 요소, 나쁜 어머니, 이혼한 여자라서 기소되었다. (메이비스 갤런트의 에세이 중에 "'이혼한 여자'는 시계 소리처럼 규칙적으로 댕댕 소리를 냈다"라는 기억할 만한 구절이 있다.) 최종적인 분석 결과, 국무장관의 관점뿐만 아니라 파리 상점 주인들의 관점으로 봐도 인성이 부족해 기소되었다. (파리의 한 변호사는 말했다. "가브리엘을 파괴하는 것은 법이라는 기계가 아니다. 그저 의견을 지닌 몇몇 남자들이다.") 그녀는 결국 적절한 '영혼'을 가지지 않아서 기소되었다. 이 모든 것 때문에 죽었다.

《이방인》에서 알베르 카뮈가 만든 뫼르소라는 인물 역시 적절한 영혼을 가지지 않았다는 이유로 기소된다. 그는 누군가를 살인했다는 실제 범죄 때문에 유죄판결을 받은 게 아니라 양심의 가책을 느끼지 못한다는 이유로, 어머니를 향한 신성모독적인 태도 때문에, 인간 공동체에서 지지할 수 없는 그 분리성 때문에 유죄판결을 받는다.

몇 년 전 〈진실La Vérité〉이라는 영화 역시 형사법보다 일부 부르주아 계급의 성격 평가가 재판에서 더 중요한 역할을 하는 프랑스의 성향을 보여주었다. 영화에서 한 여성은 자신의 실제 범죄가 아닌 과거의 부도덕성, 지금까지 사귄 연인의 수, 성격이 전반적으로 불쾌하다는 이유로 기소된다. 가브리엘 뤼시에의 재판에 관한 에세이에서 메이비스 갤런트는 뫼르소가 영혼의 내용물 때문에 실제 프랑스 법정에 기소될 가능성은 적지만, 영화 속 여성이 기소될 가능성은 '있다'고 지적한다. 갤런트는 재판을 받는 여성들이 판사에게 "모든 기록을 다 뒤졌지만 당신의 영혼을 찾을 수는 없었소" 같은 말을 듣는 동안 살인으로 기소된 남성은 8년 형을 선고받고 그의 범죄를 부추긴 것으로 추정되는 여성은 12년 형을 선고받는 프랑스 사법계의 실제 사례를 늘어놓는다. 살인죄로 기소된 여성은 불리한 사실들이 반박의 여지 없이 확고해서가 아니라, 그저 판사가 그 여자가 만나온 연인의 수에 겁을 먹었기 때문에 (여자의 삶이 발자크 같은 작가의 펜을 유혹할 것이라고 말하며) 형을 선고받았다. 캐나다 출신이지만 프랑스에서 오래 살아온 갤런트는 이런 식의 판결이 최소한의 사실을 대신하는 모습을 남성의 재판에서는 들어본 적조차 없을 거라고 단정적으로 말한다. 남자들은 스스로 받는다면 참을 수 없어 할 일들을 여자들에게는 종종 쉽게 가한다.

가브리엘이 죽은 뒤 뉴욕의 한 출판사가 그 남학생과 교사의 이야기를 책으로 묶었다.* 책은 메이비스 갤런트의 도입 에세이, 교사이자 가브리엘의 친구였던 레몽 장의 더 짧은 서문, 그리고 가브리엘이 감옥에서 쓴 편지들로 구성되어 있다. 갤런트의 에세이는 무척 훌륭해서 그 글을 읽고 나면 당시 재판과 그 재판이 프랑스 사회에 대해 말하는 의미에 관해 더 보탤 말이 없을 정도로 알게 된다. 갤런트는 모든 필요한 관점에서, 즉 가브리엘의 관점, 남학생의 관점, 그 부모의 관점, 치안판사의 관점, 법의 관점, 국가 관습의 관점, 프랑스 가부장제가 지닌 힘의 관점, 문학의 영향력이라는 관점, 교장들이 움직였던 학계의 관점, 68년 5월 항쟁의 영향이라는 관점 등을 통해 두 연인의 이야기를 들려준다. 이 모든 관점이 탁월한 지식을 지닌 한 외국인의 눈을 통해 만족스럽고, 풍부하고, 슬프고, 아이러니하게 전달된다.

레몽 장의 글은 덜 흥미롭다. 프랑스의 공산주의자이자 엑상프로방스대학교에서 가브리엘을 가르친 교수이기도 했던 장의 개인적 회고는 이 죽음의 멜로드라마에 참여했던 주인공들의 성격을 대략 묘사하는 데는 도움이 되지만, '부르주아 법정'을 향한 끊임없는 매도는 지루하다. 이 책에서 가장 마음을 깊이 파고드는 부분은 가브리엘이 쓴 편지들이다. 차분하고

---

* 《가브리엘 뤼시에 사건(The Affair of Gabrielle Russier)》이라는 책으로 1971년 앨프리드 크노프 출판사에서 나왔다.

생생하고 세련되게 시작하는 편지는 점점 절망의 나락으로 떨어진다. 가장 거친 악몽 속에서 자신의 삶이 이토록 놀라운 부정으로 떨어져 내릴 수 있다는 사실을 꿈에도 생각하지 못한 여성의 절망이다.

그러나 이 편지들을 읽고 한참 후에 마음을 건드리는 것은 다른 죄수들 사이에서 매일매일 바닥을 모르는 더 깊은 수모 속으로 빠져들었을 가브리엘의 모습을 생생히 떠올릴 때다. 이토록 회복이 거의 불가능한 굴욕의 나락에서 가브리엘은 스스로 목숨을 끊게 한 우울증의 한복판에 내던져졌을 것이다. 결국 고귀한 안톤 체호프의 말처럼 "인간은 절대 수모를 당하지 않는 것이 중요하다. 그것이 가장 주요한 일이다."

(1971)

여성운동의 위기

11월 4일 화요일이면 뉴욕주 사람들은 평등권 수정안이 헌법에 추가되어야 하는지에 관한 투표를 하러 갈 것이다. 수정안은 "법 앞의 권리 평등은 성별을 이유로 뉴욕주 혹은 그 하위 정부에 의해 부정되거나 축소되어서는 안 된다"라고 요구한다. 뉴욕이 평등권 수정안에 찬성표를 던지면 뉴욕주 여성들은 법 앞에 평등해질 뿐만 아니라, 다른 주에서도 찬성표를 던질 동력을 제공함으로써 헌법 수정안이 통과되는데 필요한 4분의 3개 주 비준에 가까워지기 때문에 이 투표는 중요하다. 이와 같은 일이 벌어진다면 이 나라 여성들은 한 세기가 넘는 투쟁 끝에 이 땅의 법 앞에서 남성과 동등한 법인으로 선언될 것이다.

또한 이 투표가 중요한 데는 훨씬 더 근본적인 이유도 있다. 찬성이든 반대든 이 투표를 둘러싼 운동은 보수적인 미국인들이 언제나 여성의 권리를 상대로 벌여온 오래된 다툼에 대한 보복이 되었을 뿐만 아니라 상당량의 만족스러운 지지를 표면화했다. 1975년 평등권 수정안 반대 운동 양상은 경종을 울릴 정도였다. 거의 10년간 꾸준히 성장해온 페미니즘 사고와 행동을 생각해보면 이 나라의 반대 세력은 여전히 너무도 단순하고 무지해 자기 추종자들에게 평등권 수정안이란 여자들도 남자들과 같이 화장실에 가야 하고, 여자도 무조건 일하러 나가야 하며, 여자도 살림 비용의 50퍼센트를 부담해야 하고 기타 등등의 의미라고 지겹도록 가르칠 정도다. 한편 과거 몇 년 사이 평등권 수정안에 관해 거의 혹은 아무 일도 하지 않은 사람들에게서 엄청나게 긍정적인 반응이 나왔다. 각종 조직, 다양한 수준의 정치인들, 보통 시민들이 뉴욕의 평등권 수정안 통과를 돕기 위한 진정한 연대에 가담했다. 이렇게 여성의 권리를 위한 시민들의 진정한 노력을 지켜보면 가슴이 뛰고 달아오른다.

그러나 내가 보기에 이 투표의 가장 중요한 의미는 여성운동 자체 내에 특별한 논쟁을 불러일으켰다는 점이다. 그 논쟁은 다음과 같이 요약할 수 있다. "여성운동이 무너지고 있는 것 같다. 조직들은 죽어가고, 구성원들은 분열되고 파편화되었으며, 우리는 가장 끔찍한 내부 전쟁에 휘말렸고, 절대 아무 일도 일어나지 않을 것만 같다. 우리가 단결할 수 있는 유일한 사안은 평등권 수정안뿐이다. 불과 5년 전만 해도 우리는 크고 심오한 사안들에 집중했지만 이제 우리에게 남은 건 이 늙은 군마뿐이다. 19세기 선구적인 페미니스트들이 참정권 문제로 축소되었던 것과 정확히 같다……. '이것이' 우리가 싸워왔던 목적인가? 이것이 그동안 집중해온 '전부'였던가?"

여기에 '내' 의견을 개진하고 싶다.

우선 우리를 19세기 페미니스트와 비교하는 것은 낙담할 일이 아닌 유용한 일이어야 한다. 이와 같은 비교를 오래 열심히 들여다본다면 우리 사이의 차이점이 동일성보다 더 설득력이 있으며, 그러한 차이점이 반드시 이 세대의 페미니스트들을 전혀 다른 결론으로 이끌 것임을 알게 될 것이다. 19세기 페미니스트들은 홀로 서 있었다. 그들에겐 오직 자신과 서로뿐이었고, 세계는 그들에게 맞서 우뚝 서 있었으며, 그들은 평범한 문화에 흠집 하나 낼 수 없었다.

이러한 고립이 두 가지 중대한 결과를 낳았다. 하나, 혁명적 사고를 키우는 깨지지 않는 연대를 보장했고, 둘, 40년 동안 돌벽에 머리를 부딪쳐가며 발생한 피로의 누적을 보장했다. 이는 진정 신념을 품은 자의 노력 가운데 가장 헌신적인 노력을 붕괴시킨다. 그리하여 루크레티아 모트와 수전 B. 앤서니 같은 여성들은 진정 위대한 이론가이자 지도자가 되었고, 결국 투표권을 위한 싸움 말고는 이끌 것이 아무것도 남지 않았다.

반면 우리는 상당히 다른 세계에서 태어났고 모든 것을 이끌 수 있지만, 우리에겐 지도자가 없다. 우리는 19세기 페미니즘의 특징인 지적으로 일관된 지도력을 낳지 못했고 앞으로도 그럴 것이라고 나는 예상한다. 그러나 역설적이게도 우리는 10년도 안 되어 우리의 목소리를 전국에 알렸고, 우리 대의명분의 정당성을 수천 명에게 설득했으며, 정부가 우리의 요구에 응답하게 했고, 다시는 과거로 돌아가지 않을—돌아갈 수도 없는—의식을 이 세계에 내놓았다.

간단히 말해 19세기 그들은 빅토리아시대 상류층 가운데서도 사회적으로 의식이 있는 분파의 아이들이었다. 우리는 풀뿌리 평등주의 20세기의 아이들이다. 우리는 심오하게 다른 시대를 살아가는 심오하게 다른 사람들이다. 우리가 만들고, 행하고, 살아가는 일은 그들의 역사를 고스란히 반복하는 게 될 수 없다. 페미니스트 각각은 자체의 장점과 한계를 지니며 전체적인 투쟁에 각기 다르게 중대하고 독특한 기여를 한다.

우리는 구조화된 지도체가 아니라 각자 개인, 각자의 일, 각자의 삶에서 우리 각자가 페미니스트 전파를 위한 힘이라는 내면화된 의식에 의존하는 진정 광범위한 운동이다. 우리는 사람들에게 어떻게 다가갈 것인가에 관해 이야기한다. 그러나 우리는 잊는다. 바로 '우리'가 사람들이라는 것을. 의식적이든 무의식적이든 페미니스트는 모두 사람들 사이에서 대체로 조직가다. 페미니스트라면 누구나 매 순간 변화를 위한 결집력이 뿌리내리는 사회적 분위기를 서로 흡수하며 증대한다.

이런 일은 일어나고 또 일어난다. 이 나라 전역에서, 작은 마을과 도시에서, 베티 프리단이 누구인지 들어본 적도 없는 곳에서, 글로리아 스타이넘이나 레드스타킹을 전혀 모르는 곳에서 여성들이 변화하고 있고, 소소한 일상의 도전이 증가하고 있으며, 독립적인 생각의 용기가 무럭무럭 자라고 있다. 지난 5년간 이 나라를 여러 차례 돌아다녔다. 주부, 학생, 공장 노동자, 우체국 직원의 이야기를 들었다. 스스로 페미니스트라고 불리길 주저하는 여성들이 그럼에도 불구하고 자신의 이야기를, 삶의 이야기를, 10년 전에는 생각조차 하지 못했던 방식으로 들려주었다. 이러한 모습은 분명 자아의식의 성장을 가리키며 이 의식의 성장이 이 세계에 급격히 다른 여성 세대를 이루고 있다.

일 년 전 아이오와의 한 주부가 뉴욕에 사는 사촌에게 편지를 썼다.

나는 전형적인 교외 주부라고 생각하지만, 어떤 친구도 나를 전형적이라 부르지는 않을 거야. 나는 책 읽기를 좋아하고, 시간제 교사로 일하고, 맥거번*을 위해 열심히 일했고, 흑인 아이를 입양했고, 그래, 디너파티에서 일부 '남성 우월주의' 태도에 맞서기도 해. (남자: "여자들이 설거지하는 것은 자연스러운 노동 분화일 뿐이죠." 나: "자연스러운 게 아니라 '학습된' 거

---

* George Stanley McGovern. 미국 민주당 정치인으로 미국 상원에서 자유주의 가치를 대표했고 베트남전쟁에도 반대했다. 1972년 미국 대통령 선거에 출마했지만 리처드 닉슨 대통령에게 압도적으로 패배했다.

죠.") 이런 일들이 나를 조금 다른 사람으로 만들어. 나는 분위기에 아주 어긋나지는 않지만 꼭 어울리지도 않아.

우리 동네에 집주인 협회가 있는데, 주기적으로 위기를 맞이하고 있어. 어느 날 저녁 여기서 특정 행동 방침을 둘러싸고 논쟁이 벌어졌는데, 주위를 둘러보니 그 회의에서 무슨 말이라도 하는 유일한 여자가 나뿐이라는 것을 깨달았어. 솔직히 그전에는 그런 생각을 해본 적도 없었는데, 갑자기 진실이 보이더라고. 누구도 여자들이 발언할 거라 기대하지 않았어. 여자가 말하면 모두 — 특히 남자들이 — 불편해하거든.

남편이 방사선과 의사라는(똑똑하겠지?) 새 친구를 만났어. 이 남자가 내가 너무 똑똑해서 내 옆에 있으면 불편하다고 했다는 말이 내 귀에까지 들어왔어. 난 그 남자와 대화 한번 '나눠본 적이 없는데' 말이야.

이 여성은 편지 끝자락에 — 다정하고도 지나치게 — 자신은 어떤 조직적 단체에도 가입하지 않았지만, 확실히 여성운동에 공감한다고 말했다.

조직적 여성운동의 발전이 없었다면 분명 이런 편지도 없었을 것이다. 그러나 조직적 여성운동이 더는 그 여성을 정치적 운명으로 이끌고 있지 않다는 것 역시 사실이다. 이 편지에는 이미 자기 삶이 있고, 발전하고 있는 자아라는 명백한 증거가 있다. 우리 조직적인 운동은 이 세계에 이와 같은 독립적인 생각의 힘을 끌어왔지만 이제 이 힘은 우리를 뛰어넘은 정치화된 시공에 존재한다. 그럼에도 이 세계에 등장한 이 새로운 일을 함께 의식하는 것이야말로 오늘날 페미니즘이 지닌 힘이자 의미이다. 또한 바로 여기서 페미니즘은 사회 혁명의 지도에 등재되면서 금세기 위대한 평등주의 추구의 짜릿한 한 부분이 되었다. 이 의식이야말로 우리와 19세기 페미니스트의 차이를 다시금 보여준다. 그들은 고립되어 있었고 그들의 의식은 그들이 살았던 세기의 사회적 흐름을 거슬러 올라갔기에 그들의 말과 행동, 생각의 모든 것이 극명한 돋을새김처럼 두드러졌다. 반면 우리는 '우리' 세기의 가장 깊은 사회적 흐름의 딱 한가운데에 서 있다. 우리의 의식은 그 시대 가장 깊은 욕망을 통과시킬 준비를 하고 뒤에 버티고 선 열린 수문과 같고, 이제 나는 우리가 뉴욕, 버클리, 시카고에서 무엇을 말하고 행하고 생각하든지 거의 상관없이 통과시킬 것이라 믿는다. 이러한 이유로 페미니스트 사이의 내부 전쟁은 내 눈에 슬프고도 어리석게 보인다. 동시에 그것이 말하는 자기 중요성은 터무니없이 어긋나버렸고, 이면에 자리한 관대함 부족은 유용한 에너지를 심각하게 낭비하고 있음을 가리킨다. 운동 내부에서 일어나는 일은 이제 그저 그 일들이 우리가 이미 시작한 행동의 전파를 위해 효과적인 도구가 될 것인지를 따질 때만 중요하다. 반면 격동의 파도는 자체 생명력을 가지고 있어서 뉴욕의 '지도력'을 둘러싼 다툼에 비교적 관심을 기울이지 않고, 우리가 있든지 없든지 상관없이 제 갈 길을 계속 갈 것이다.

레드스타킹이라고 알려진 몹시 소중한 급진주의 페미니스트 그룹이—'의식 고양 운동'과 '가사 정치학'과 같은 용어를 만들어낸 집단이다—거의 3, 4년의 침묵 끝에 다시 나타나 가히 혁명적인 에너지로 글로리아 스타이넘과 잡지《미즈Ms.》를 여성운동의 위험한 적으로 비난하는 데 집중해야 했던 일은 당혹스럽고 거의 비극적이기까지 하다. 스타이넘에게 비난을 제기하는 것은 너무도 잘못된 행동 방향이라서 당혹스럽다. (나는 그 타블로이드판 비난 글들을 읽고서 '너무 어리다', 우리는 이미 첫 번째 숙청을 당하지 않았던가, 하고 생각했다.) 페미니스트 활동이라는 측면으로 봐도 너무도 무의미한 실천이라 비극적이다.*

수많은 페미니스트가 연루된《미즈》의 '배신'에 이토록 집착하는 것은 여성운동이 내부 다툼으로 스스로 가하는 기이하고 전형적인 종류의 무기력이다. 결국, 마지막으로,《미즈》가 행했다는 '반역'의 현실은 무엇일까?

수년 전 50여 명의 여성이 글로리아 스타이넘의 거실에 모여 페미니스트 잡지의 창간 가능성을 논의했다. 거기 모인 여

---

* 글로리아 스타이넘은 1972년 최초의 페미니스트 잡지《미즈》를 창간한 후 미국 페미니즘 운동의 상징이 되었다. 하지만 레드스타킹을 비롯한 급진주의 페미니스트들로부터 '미모를 무기로 여성운동을 독식한다'는 비판을 받았고, 대학 시절 미국중앙정보국(CIA)으로부터 자금 지원을 받는 독립 연구국에서 일한 사실을 두고 CIA와의 지속적인 관계에 관한 의문을 제기받았다.《미즈》에 관해서는 자유주의적 대중잡지의 표방이 자본주의 체제 아래 화려한 여성잡지와 분별이 안 되고, 대안 출판 진영의 목소리를 배제한다는 비판을 받았다.

성들은 내가 들어본 적 있는 단체부터 일부는 들어본 적 없는 조직까지 페미니스트 정치 스펙트럼의 모든 공간을 차지하는 사람들이었다. 다들 페미니스트 잡지에 관한 질문에 각기 다른 생각과 다른 해결책을 갖고 있었다. 예를 들어, 나는 수전 B. 앤서니가 발행했던 자유주의 주간지《혁명Revolution》을 닮아 양질의 강력한 글쓰기로 넘어갈 신문의 창간을 원했다. 다른 이들은 '밖에 있는' 모든 여성들에게 다가갈 수 있는 고급 잡지의 창간을 원했다. 나는 페미니스트들의 기부금을 통해《빌리지 보이스》의 재정을 해결하고 싶었고, 다른 이들은 '900만 달러를 위해 기득권층을 털고' 싶어 했다. 대화는 몇 시간이나 이어졌다. 한편 방 한쪽에서 옷을 잘 차려입은 다수의 여성들이 조용히 종이에 숫자를 적고 있었다. 자본주의 기업이 어떻게 굴러가는지 '정확히' 아는 여성들이었다. 결과적으로 나는 (그리고 나 같은 모든 이들은) 그 회의에서 물러났고 내 일터로 돌아갔으며 그 잡지에 관해서는 잊어버렸다.

 글로리아 스타이넘과 종잇조각을 들고 있던 그 친구들은 진지했고 그 결과가《미즈》였다.

 《미즈》가 잡지를 운영하는 사람들의 스타일과 성격, 취향, 정치성을 반영하는 것은 어쩔 수 없었다. 그 방에서 물러난 사람들의 스타일과 성격, 취향, 정치성을 반영할 수는 없었다. 스타이넘과《미즈》는 그들 자신이 되는 것 외에 다른 일은 할 수가 없었다. 그 자아는 나의 자아나 다른 수많은 페미니스트의 자아가 아니었다. 그 잡지는 세련되고 보수적이며 속물적임이 드러났다. (엘런 윌리스*가《미즈》는 작가보다 편집자에 더 관심을 둔다고 말했을 때 정곡을 찌른 셈이다.) 잡지의 지적 수준은 매우 낮았고, '밖에 있는' 여성들에 관한 감각은 오만했으며, 페미니스트 정치학은 학부 수준에 머물렀다.

우리 중 많은 이들이 그 잡지에 크게 실망했다. 어떤 이들은 실망에서 분노로 나아갔다. 또 다른 이들은 분노가 호전성으로 불타오르며 그 잡지가 여성운동을 왜곡하고 배신하고 있다고 확신하게 되었다.

나는 이 모든 소란이 대체 무슨 의미가 있는지 도무지 알 수 없었다. 결국《미즈》가 나한테 빚진 게 뭔지 생각하게 되었다. 아무것도 없었다. 그 잡지가 마음에 들지 않는다면 자유롭게 다른 잡지를 만들면 되는 일이었다. 그리고 여성운동에 대해서도《미즈》가 여성운동을 왜곡하고 배신할 수 있을 만큼 운동을 '소유'했던가? 여성운동은 페미니스트의 숫자만큼 다양한 정치적 입장을 수용해왔다. 이 정도의 관용은 필수적인 힘이었다. 만약 이 잡지의 정치학이 내게 위험하다면 왜 그렇게 되었단 말인가?《미즈》가 존재하면 내가 존재하지 않는다는 의미인가?《미즈》의 추종자가 있다면 나와 내 친구들에게는 추종자가 없다는 뜻인가?《미즈》의 페미니즘이 나의 페미니즘이 아니라면 나의 '적'이라는 뜻인가? 분명 이런 식의 사고는 이 세계에서 가장 오래 묵은 정치적 광기를 양산한다.

---

* Ellen Willis. 미국의 정치평론가이자 여성주의 활동가.

《미즈》를 운영하는 여성들은 나의 정치적 자매도 나의 직장 동료도 나의 절친도 아니다. 나는 그들과 자연스럽게 공동체를 이룰 수는 없다. 그들의 세계관은 나의 세계관과 다르고 그들의 가치관 역시 나의 가치관이 아니다. 그 모든 일에도 불구하고 그들은 페미니스트다. 그리고 우리는 우리 모두를 하나로 묶는 더 큰 대의명분 안에서 동지들이다.

글로리아 스타이넘과 《미즈》는 적이 아니다. 적은 성차별주의다. 적은 페미니즘 의식의 부재다. 적은 점차 커지는 여성의 자율권을 적극적으로 혐오하고 부정하는 모든 이들이다.

우리가 진짜 목표물에서 눈을 떼고 서로를 적이라 불러야 한다면 그야말로 슬픔과 경계심의 원천이 된다. 구좌파는 사회주의자와 공산주의자가 서로를 학대하는 데 너무도 오래 쓰라린 시간을 보내느라 적어도 부분적으로는 자신을 파괴했다. 우리도 페미니스트 운동에서 이처럼 치명적인 정치 행동 양식을 반복한다면 모든 의식을 동원해 가장 깊은 불안에 빠져들 것이고, 그러면 진짜 적만이 이득을 보는 내부 약화 상태로 갈 것이다.

도대체 이 모든 일은 어떤 명분 아래 일어나고 있을까? 목적이 뭘까? 우리는 산파에 불과하다. 아기는 이미 태어났다. 아기는 울부짖는 약한 존재일 뿐이고 영양분이나 보살핌이 없으면 죽을지도 모른다. 그러나 아기는 강인한 생명체이기도 해서 삶을 한입 맛보면 거기 매달리고, 그것을 위해 싸우고, 이 세계에 자기 길을 만들어갈 것이다.

평등권 수정안을 둘러싼 싸움은 중요하지만 그 정도로 중요하지는 않다. 이 투쟁은 절대로―적어도 향후 천 년 동안은―19세기 말 투표권을 위한 투쟁이 의미했던 바를 그대로 의미할 수 없다. 그때 싸움은 전쟁이 끝나고 페미니스트들이 패배했다는 신호였다. 투표권은 승리자가 패배자들에게 던져준 툿세 표시의 뼈다귀였다. 평등권 수정안은 정확히 반대의 의미다. 이 전쟁은 승리를 향해 가고 있고 평등권 수정안을 향한 반항은 꾸준히 패배 중인 쪽이 구축한 최후의 방어선이다. 올해 수정안이 통과하지 못하면 내년에 통과할 것이다. 그것은 더 이상 의문의 여지가 없는 사실이다.

그렇다고 가만히 물러앉아 운동에 나서지 않겠다거나 더 나쁘게는 투표하러 가지 않겠다는 말은 아니다. 우리는 매일 모든 기회를 걸어야 한다. 모든 법에 대해 투쟁해야 하고, 일상의 모든 차별에 맞서고, 끊임없이 올버니와 워싱턴으로 행진하고, 모든 저녁 파티 때마다 모든 남자에게 도전하고, 직업과 신용과 주택과 아이들의 평등한 돌봄을 위해 싸워야 한다.

그러나 그러는 내내 우리가 무엇을 위해 싸우는지, 그 싸움의 본질은 무엇인지, 우리 각자 우리 모두 그 싸움 안에서 진정한 위치가 어딘지 알아야 한다.

올해 평등권 수정안을 위한 운동은 우리가 지금껏 멀리 왔지만 여전히 갈 길이 멀다는 사실을 알려주었다. 그러므로 우리는 다시 이곳에 뛰어들어 계속 싸워야 한다고. 나의 진짜 질문은 이러하다. 앞으로 나가는 그 긴 여정에서 아이오와 출신의 그 주부와 여성운동 내 지도자 중 누가 더 많은 자양분을 줄 것인가? 지금 이 순간은 그 주부라고 말하고 싶다. '밖에 있는' 작은 공동체에 사는 그 주부는 성장 중인 자신의 페미니즘 때문에 매일 부랑아가 될 위험에 처했다. 내 눈에 '그녀'는 혁명군에 속한 용감한 군인이다. 뉴욕에 있는 나의 지도자들도 자신의 보도자료에 넘어가 혁명이란 예술과 마찬가지로 고통도 황홀도 아닌 그저 순전히 힘든 일임을, 혁명은 언제나 지도자와 추종자를 분리하지 않는 대의명분을 향한 복무가 진정으로 가속화될 때 일어난다는 것을 잊을 위험에 처했다.

우리 가운데 누구도 '진실'을, 혹은 바로 그 단어, 정확한 관점, 유일한 방법을 알지 못한다. 각각의 페미니스트는 페미니즘의 소우주이고, 각자의 페미니즘이 별개인 만큼 '여전히' 전체를 포함한다. 그것이 여성운동이 최선을 다할 때의 영광이다. 이 모습이 우리를 우리 시대의 강력한 일부분으로 만들어 준다. 그것이야말로 내 생각에 우리가 아주 열심히 싸워서 지켜야 하는 내면의 삶이다.

(1975)

이 남자들은 왜 여성을 미워할까

　지난달 그로브 출판사에서 노먼 메일러*의 책 《천재와 욕망: 헨리 밀러의 주요 작품 여행하기 Genius and Lust: A Journey Through the Major Writings of Henry Miller》(1976)가 출간되었다. 이 책이 담은 헨리 밀러에 대한 새로운 평가에 다양한 관심이 쏟아지면서 광범위한 비평을 받았다. 문학평론가 리처드 길먼이 《빌리지 보이스》에 발표한 리뷰는 헨리 밀러의 저작들과 이에 따른 노먼 메일러의 계속된 해설 사이 관계에 더 관심을 두었고, 그 둘 사이 관계가 사실상 이 책의 모든 것임을 정확

---

* Norman Mailer(1923~2007). 미국의 소설가. 2차 세계대전 참전 경험을 바탕으로 쓴 《벌거벗은 자와 죽은 자》는 가장 우수한 전쟁 문학의 하나로 인정받았다. 베트남전쟁을 다룬 《밤의 군대》로 퓰리처상을 받았다.

히 인지했다. 길먼의 리뷰에 깔린 근본적인 어조는 다음과 같다. "'정세에 밝은' 사람으로서 나는 이 책이 페미니스트들을 격분시킬 것을 알지만, 와, 친구들, 이건 정말 끝내주는 책이다." 그 어조는 이 책의 출판과 더불어 1976년에도 본질적으로 변치 않은 한 가지 태도를 말해주는데, 바로 삶과 예술은 영원하고 이 두 남자의 작품은 여성혐오misogyny가 있지만 여전히 열망과 생동감이 가득하며 인간이란 무엇인가에 관해 우리에게 집요하게 뭔가를 말한다고 주장하는 태도다

나는 이 주장에 주목해야 한다고 생각한다. 그 주장이 그저 사실이 아니기 때문에 주목해야 한다. 확실히 노먼 메일러의 경우 사실이 아니다. 여성혐오가 작품의 핵심이라는 점에서 메일러를 많이 닮은 미국 작가들의 경우도 역시 사실이 아니다. 전혀 아니다. 오히려 여성혐오가 그들의 작품을 가로막는 특징, 즉 책의 중심에 있는 퇴행성이라는 점이 '사실'이다.

헨리 밀러*에 관해서는 뭐라고 말할 수 있을까? 밀러는 종종 프랑스의 니힐리스트이자 밀러와 동시대 작가이면서 같은 식으로 미치고 불타오르며 혐오로 가득한 아름다움을 페이지에 담아냈던 루이 페르디낭 셀린**과—밀러가 여성에게 집착

---

* Henry Valentine Miller(1891~1980). 미국의 소설가. 그에게 세계적인 명성을 가져다준 작품《북회귀선》(1934)과《남회귀선》(1939)은 성에 대한 적나라하고도 강렬한 묘사로 당시 많은 논란을 불러일으켰다.
** Louis-Ferdinand Céline(1894~1961). 프랑스의 소설가. 작품으로《밤 끝으로의 여행》(1932),《외상 죽음》(1936),《내 잘못》(1932) 등이 있다. 당대의

했다면 셀린은 유대인에 집착했다—비교되었다.(이 리뷰에서
도 마찬가지다.) 나는 셀린은 읽을 수 있어도 밀러는 읽을 수
없는 걸 보면 유대인보다 여성 쪽에 더 가까운 모양이라고 생
각하곤 했다. 그러나 이 두 작가 중에 셀린이 훨씬 더 훌륭한
게 사실이다. 이상한 방식이지만 그의 능력이 더 대단한 것은
니힐리즘이 가진 포괄성 덕분이다. 셀린의 자기혐오는 타인을
향한 혐오만큼이나 크다. 그는 자신의 고통을 느끼고, 그 광기
어린 고통은 1930년대 유럽을 집어삼키려고 했던 일반적인
자기혐오의 흐름과 뒤섞인 혐오의 늪으로 빠져들어 그의 작품
은 독을 뿜어내고 만다.

 밀러의 경우 완전히 다른 문제다. 밀러의 작품을 읽는 사람
들은 타인과 자신을 분리하는 자존심의 어조가 작동 중임을
느낀다. "이 괴짜들아, 이 씨발년들아, 이 괴물들, 창녀들아. 내
가 너희와 비슷해 보일지 몰라도 나는 아니다! 나는 달라, 더
나은 사람, 더 민감한 사람이다. 내 욕망은 더 고급이다. 그 엄
청난 거대함이 나를 차별화한다."

 셀린과 밀러의 차이는 어쩌면 유럽과 미국의 차이일지도
모른다. 셀린이 더 잘 알았다. '모두' 구덩이 속에 빠져 있음을.
밀러는 자신이 거인 폴 버니언*처럼 인간 해충의 세계를 성큼

 모든 이념과 체제에 비판적이고 냉소적인 태도를 견지했지만 반유대주의, 나
치 부역 혐의로 2차 세계대전 이후 프랑스 문단과 강단으로부터 외면받았다.
* 미국의 전설 이야기에 등장하는 인물로 몸집이 커다란 거인 나무꾼.

성큼 걸어간다고 믿는다. 이러한 믿음이 그의 작품 한가운데 도사리고 있고, 그의 힘과 그의 심각한 한계 모두 이 믿음 때문이다. 또한 이는 수많은 미국 작가들의 작품을 지배해온 미숙한 심리의 핵심이기도 한데, 이 중 밀러가 가장 두드러진 작가였을 뿐이다. 이렇게 침을 뱉고 씩씩거리고 울부짖는 주장에 강력하고 감탄할 만한 면이 있음을 부인할 수는 없다. 이 미국적 자존심은 세계에 적절히 염세적인 위치를 차지하기만 해도 완전히 망하고 말 것이다. 밀러는 라블레*의 인물처럼 팔다리를 크게 뻗은 채 서서 주변의 암흑을 향해 외친다. "이 빌어먹을 세상아! 나는 '존재'한다." 이게 효과가 있다면 이는 신화적 속성을 갖춘 변형된 유아증이다. 그러나 이는 종종 효과가 없고, 효과가 없을 때는 단순한 유아증에 불과하다.

이 유아적 심리의 자연스러운 상태가 자아도취다. 이런 상태에 있으면 타인은 그저 자아의 욕구, 자아의 환상, 자아의 충혈된 절박함이 투사된 이미지에 불과하다. 무엇보다 타인은 자아의 두려움, 즉 필멸성에 대한 끔찍한 공포가 투사된 이미지다. 이러한 두려움은 어떤 대가를 치르더라도 반드시 정복되어야 하고, 그렇지 않으면 삶을 살아갈 수 없다. 두려움을 정복하는 방법이 두려움을 체화한 사람들을 정복하는 것이라고 상상하는 것이야말로 감정적 유아증의 한 가지 기능이다.

---

* François Rabelais(1494~1553). 몽테뉴와 함께 16세기 프랑스 르네상스 문학의 대표주자로 꼽히는 작가이자 인문학자.

헨리 밀러의 작품에서 정복해야 할 사람들은 물론 여성이다. 밀러가 두려움, 굶주림, 욕구의 투사 이미지를 정복하기 위해 가는 길은 한계를 모른다. 그가 흠뻑 빠진 타락과 그의 여성 인물들이 지닌 비현실성은 거의 제정신이 아니다.

하지만 밀러의 작품은 이 중심적인 삶의 열기가 지닌 꾸준한 힘이 진정으로 느껴지고 진정으로 표현된다. 밀러의 작품이 몹시도 깊이 그 시대에 속하기 때문이다. 그 시대는 욕망에 불타오르고 분노하는 사춘기적 자아가 미국의 삶과 역사의 수용 신경과 부딪쳤던 시기였다. 시대와 작품은 서로에게서 깊은 반향을 발견했다. 서로가 상대방과 마찬가지로 자신을 정확히 알았다. 그 이상도 그 이하도 아니었다.

밀러와 1930년대가 자신과 서로에 대해 알았던 방식은 1970년대와 그 시대 작가들이 알았던 방식과 더 이상 같지 않다. 그러므로 헨리 밀러의 여성혐오가 마치 자아에 대한 형이상학적 지식을 포함하기라도 하는 것처럼 계속 그것을 따라 하는 작가들은 발달 과정에서 정체된 채 문화적 시간의 지도에서 크게 벗어나 있다. 그들은 더 이상 세계의 지하에 자리한 진실의 본능도 아니고 우리 대다수가 경험하는 존재도 아닌 감수성 안에서 살아간다. 이 작가들은 우리 삶으로부터 고립되어 있지만, 그들은 그 사실을 알지 못한다.

당연히 노먼 메일러는 그런 작가 가운데 가장 눈에 띄는 예다. 나는 노먼 메일러의 여성혐오와 함께 자랐는데, 그 여성혐오는 항상 지금처럼 그렇게 당혹스럽게 보이지는 '않았다'.

〈그녀가 사는 시대The Time of Her Time〉(1959)* 같은 단편을 생각해보자. 누구라도 바랄 수 있는 여성을 미워하는 이야기다. 그러나 우리 대다수는 분노만큼이나 놀라움과 공모의 웃음을 품고 그 작품을 읽는다. 메일러 자신의 흥건하고, 맹렬하고, 흐트러지고, 절망적인 성적 환상이 너무나 노골적으로 작용하는 바람에 그는 우리를 자신의 고뇌 쪽으로 끌고 가 자신의 딜레마를 일반적인 인간의 매력 중 하나로 만들었다. 우리도 그 조건을 공유하니까. 우리 모두 무기력하고 우스꽝스러운 인간이니까.

〈그녀가 사는 시대〉 이후 두 가지 일이 일어났다. 첫째, 메일러의 주인공과 '동일시'하는 나의 능력이 영원히 바뀌었다. 나는 더 이상 메일러의 '여성을 대상화하는 멜로드라마' 속 남성들에게 공감할 수 없었다. 둘째, 메일러는 삶이 10년 단위로 증발해버리는 작품 안에서도 냉정하고 조금은 신경질적으로 성적인 반목을 종교의식 수준으로 끌어올리기를 고집하는 문학 양식에 빠져 있다.

메일러는 〈그녀가 사는 시대〉 같은 이야기가 감정적인 사춘

---

* 아일랜드 가톨릭계 투우 강사 서저스가 젊은 중산층 유대인 여대생 드니스를 성적으로 정복하는 이야기다. 오르가슴을 느끼지 못했다는 드니스의 고백을 자신의 남성성에 대한 도전으로 받아들인 서저스는 드니스와의 폭력적인 성관계에서 마침내 상대의 오르가슴을 이끌어내지만, 드니스는 서저스의 폭력성을 비판하고 그의 인생 전체가 자신의 동성애를 부인하는 거짓투성이라고 지적한다. 노먼 메일러는 이 작품을 '롤리타의 대부'라고 주장하기도 했다.

기의 한 가지 기능에 '불과할' 수도 있다는 사실을 절대 이해하지 못했다. 그런 일이 헨리 밀러와 헤밍웨이에게는 평생 효과가 있었기에 자신도 안 될 게 없다고 생각했다. 사회 전체가 남성과 여성에 관한 똑같은 사춘기적 진실에 동의하고 이러한 진실을 인생 자체에 대한 은유로 경험할 때만 오직 이 두 명의 최고 거드름꾼 미국인에게 효과가 있다는 사실을 이해하지 못했고, 지금껏 이해하지 못하고 있다. 사회가 더 이상 그러지 않게 되고 밀러와 헤밍웨이도 성장과 성숙에 실패했을 때 그들의 글쓰기 삶도 끝났고 둘 다 자기 패러디로 전락했다.

밀러와 헤밍웨이와는 달리 메일러에게는 거의 시작도 하기 전에 어느 정도 끝이 났다. 그는 자기 시대와 그들의 시대 사이에 30년이 흘렀다는 사실의 중요성을 깨닫지 못했고, 위 두 작가보다 훨씬 더 일찍 자기 패러디에 빠졌다. 그래서 그는 결코 기대받은 대로 '위대한' 책을 쓰지 못했고, 모든 가능성을 고려해봐도 앞으로도 영영 그러지 못할 것이다. 그가 《아메리칸 드림An American Dream》(1965)*을 쓸 무렵에도 우리 삶의 진실을 전혀 반영하지 않은 채 사적인 소망, 사적인 두려움만

---

* 전쟁 영웅이자 전직 국회의원, 토크쇼 진행자, 대학교수인 주인공 로잭은 불화 중인 상류층 출신의 부인 데버라를 살해하고 자살로 위장한다. 토크쇼와 대학에서 모두 해고당한 로잭은 형사로부터 아내 데버라의 살해 증거가 나왔으니 자백하라는 경고를 받지만 거부하고, 나이트클럽 가수인 체리를 만나 사랑을 나눈다. 로잭이 데버라의 아버지에게 살해를 자백한 날 체리가 살해당했다는 소식을 접한다. 로잭은 라스베이거스로 여행을 떠나 빚을 모두 청산할 만큼 큰돈을 따고, 천국의 체리와 대화하는 상상을 하며 남아메리카로 떠난다.

말하면서 종종 자기 생각에만 집착하는 심리적 감각 상태에 빠져들었다. 이 착각에 빠진 감각 상태는 언제나, 예외 없이, 정교하게 구성한 여성혐오를 만들었다. 메일러가 가장 퇴행할 때, 살아 있는 문학의 창조와 가장 멀리 떨어져 있을 때가 바로 이러한 여성혐오에 빠져 있을 때이다.

메일러의 여성혐오는 우주의 진실인 것처럼 제시되는 신화적 용어 안에 갇혀 있다. 이 신화의 핵심을《성의 죄수The Prisoner of Sex》(1971)의 다음 문장에서 발견할 수 있다.

> 그런 이유로 남자들은 여자에게 남성의 힘을 줄 수 있는 모든 자질을 여성 안에서 파괴하고자 한다. 그들의 눈에 이미 여자는 그들을 끌어낸 힘으로 무장하고 있고 그 힘은 가히 측정할 수도 없기 때문이다. 가장 일찍 각인된 기억은 다리 사이로 그들을 잉태하고, 양분을 주고, 출생의 순간 거의 목을 졸랐던 그 여자에게로 거슬러 올라간다.

메일러는 그의 모든 책에서 위 진술이 남성과 여성으로 이루어진 인간 사이를 관통하는 핵심이라고 말한다.

> 남성인 인간은 오직 한 가지 방법으로 여성인 인간과 마주칠 수 있다. 남자는 여자 위에 올라타고, 씹하고, 빨고, 꿰뚫어 찌르고, 정복해 감소시켜야 한다. 여자는 자신과 같은 또 하나의 인간이 아니라 그저 신비로운 마음의 구현체—우주의 기본

요소—이기 때문이다. 남자는 오직 그 미쳐 날뛰는 정욕을 통해서만, 그 '우주적 씹' 안에서만 '내적 우주의 신비'에 근접해 여자의 힘을 줄이고 자신의 힘을 증가시키기를 희망할 수 있다.

'이것'이 남성과 여성에 대한 진실이고 나머지는 그저 전체주의적 헛소리라고 메일러는 말한다. 그리고 절대 잊지 마, 이 '해방군 돌격대', 너희 한심하고 멍청한 계집년들아. (아, 미안. 너희 '위대한 우주의 여성적 힘'이여.)

메일러는 비실거리는 칠십대가 되어도 25년 전보다 더 지혜로울 것 없이 구슬픈 남자 여자 어쩌고 하는 헛소리나 계속할 것이 분명하다. 《천재와 욕망: 헨리 밀러의 주요 작품 여행하기》에 실린 메일러의 논평 중 상당 구절이 그가 1971년에 쓴 에세이 《성의 죄수》에서 그대로 인용되었다. 에세이를 쓰고 5년이 지난 후에도 메일러는 조금의 아이러니나 자의식 없이 문장들을 복제했다. 마치 문장 뒤에 숨은 감정이 오늘날에도 여전히 정확히 유효한 것처럼 말이다. 여기 일부 예를 살펴보자.

밀러는 처음으로 남성의 섹슈얼리티에 숨은 무언가를 포착해냈다. 남성이 여성을 혐오하고, 여성에게 욕을 퍼붓고, 여성을 모욕하고, 여성에게 상징적으로 배설하고, 감히 여성 속으로 들어가 그들을 즐길 수 있도록 여성을 하락시킬 수 있다면 어떤 일도 마다하지 않는 이유는 바로 여성 앞에 섰을 때 남성이 느끼는 경외감, 영원에 한 걸음 더 가까이 다가간 여성을 향해 느끼는 두려움 때문임을 정확히 파악했다.

그런데 밀러는 반대로

우주에서 차지하는 여성의 힘과 영광, 위대함을 향한 어마어마한 동경으로 야만인처럼 꽥꽥 소리를 질러대는데, 이 힘이 어떠한 배경이나 학대 속에서도 살아남을 준비가 되었음을 보여주는 것이 그의 천재성이다.

이러한 글쓰기와 우리는 무슨 상관이 있을까? 메일러는 누구에게 말하고 있다고 상상하며 그런 언어를 썼을까? 여성들을 이토록 비웃고 비인간적으로 묘사하면서 여성들이―현실의 여성이든 상상 속 여성이든―여기서 자신의 어떤 요소를 알아볼 거라고 생각하는 걸까? 게다가 얼마나 많은 남자들이 이런 묘사 안에서 '자신'을 알아볼지 나는 궁금하다. 신화를 향해 이곳을 통과하는 성적 집착이 진정 우리 삶의 중심인가?
우선 나는 아니라고 말하겠다. 내가 보기에 오늘날 할 말이 거의 없는 작가들이 갈수록 어리석고 거짓된 구조를 스스로 드러내는 남성-여성 섹슈얼리티 신화에 집착한다. 더 나쁘게는 이러한 신화가 이제는 완전히 파시스트의 말처럼 들린다. KKK단에서 히틀러에 이르기까지 인종차별주의자들도 흑인과 유대인을 억압하고 파괴하기 위해 같은 종류의 신화적 수사를 사용했다. 여성이 다른 인간이 아니라면, 여성이 정말로 가공할 힘을 소유했다면, 그들을 무너뜨리기 위해 그들을 경외한다는 수사 말이다. 이는 '언제나' 우주적 진실을 향한 통찰력으로 제시되어온 고전적 억압 기제이다.

우리 삶의 진실은 이러한 구조 안에서는 찾아볼 수 없으며 그 안에서 찾을 수 있는 예술은 점점 줄어들고 있다. 메일러 자신도 밀러에 관한 언급에서 "예술가를 예술가가 되기 위해 일하는 다른 모든 이들과 구별해주는 점은… 예술가는 치료에서 예술로 정확히 상승했다는 점… 예술가의 궁극적 관심사는 자아와 독립된 무언가를 하나로 종합하는 것에 있다는 점이다"라고 말했다. 메일러는 자신이 어느 위치에서 말하고 있는지 안다. 치료와 예술 사이 투쟁은 그의 작품 전반에 퍼져 있다. 그로선 얻는 것보다 잃는 게 더 많은 투쟁이다.

이런 맥락에서《성의 죄수》는 중요하고도 슬픈 작품이다. 에세이는 두 부분으로 나뉘는데, 하나는 남성과 여성에 관한 메일러의 우주적 진실을 엮은 여성운동을 향한 분노의 고발이고, 또 하나는 케이트 밀렛이《성 정치학》(1969)에서 펼쳤다고 생각한 것을 상대로 헨리 밀러와 D. H. 로런스의 작품을 비평적으로 방어한 내용이다.

밀러와 로런스에 대한 방어는 웅변적이다. 설득력 있는 논리와 아름다운 문장으로 이루어진, 진실을 말하는 정교한 이성의 작업이다. 특히 로런스에 대한 방어가 그러하다. 메일러는 로런스의 위대한 힘을 다시 살려냈다. 로런스를 향한 그 몰두는—남성과 여성 사이 성적인 다정함을 통해 구원받을 수 있다는 생각에—감정적 천재성을 발휘하기에 이른다. 메일러는 로런스의 화려한 산문은, '피-의식'*에 관한 그의 파시즘은, 여성의 복종과 남성의 지배라는 그의 이론의 비열한 공포는 신경 쓰지 말고, 오직 존재의 풍요와 공포 속에 함께 갇힌 남성과 여성에 관한 그 감각의 아름다움에만 집중하라고 말한다. 그것을 잃는다면, 그것을 벗겨낸다면, 자신의 정치를 위해 그것을 왜곡한다면, 문학의 의미를 잃게 될 것이고 헤아릴 수 없을 정도로 삶을 피폐하게 만들 거라고. 이러한 구문을 메일러는 고상하게 말한다.

에세이 중 고발 부분에서 메일러는 옹호하는 이 작가들의 전통에 분명히 속한다고 생각하는 자신의 예술로, 자신의 목소리로 말한다. 실패는 당혹스럽다. 어느새 그의 특징이 되어버린 그 탐욕스럽고 과도한 언어를 최대한 활용해 여성을 전속력으로 학대하고 미워하는 사이 작품 자체는 완전히 무너지고 만다. 여기에 실체는 없다. 지혜도 없다. 오직 기계적으로 몰아친 수사뿐. 예술의 언어가 아닌 치료의 수사다.

---

* blood-consciousness. D. H. 로런스는 인간에게 두뇌와 신경체계와 별도로 '피-의식'이 존재하고 피와 육체는 지성보다 현명하다는 믿음을 자신의 세계관으로 삼았다. 지성은 틀릴 수 있지만, 피로 느끼고 믿고 말하는 것은 언제나 진실이며 모든 관계는, 특히 여성과 남성의 결혼 관계는 이 피-의식에 기초한다고 주장했다.

이 나라에는 메일러처럼 작품이 무의미해지고 그 무의미의 주요 증상이 여성을 향한 증오인, 널리 알려진 작가가 적어도 두 명 있다. 바로 필립 로스와 솔 벨로다. 이 작가들은 각각 대단한 재능과 지성을 지녔다. 또 각각 감정적 어리석음을 초래하고 마는 일종의 자아도취를 점점 많이 드러낸다. 예술을 창조하는 일에서 후자는 앞의 두 가지를 아무것도 아닌 것으로 만든다.

필립 로스는 16년 전 소설집 《굿바이, 콜럼버스》(1959)를 출간하면서 작품 활동을 시작했다. 이 소설들은 눈부시고 매우 감동적이었다. 개성과 지혜, 그리고 도덕적, 감정적 삶을 추구하는 빛나는 감각으로 가득 차 있었다. 톨스토이가 책이라면 마땅히 갖춰야 한다고 말한 모든 것을 갖춘 책이었다. 즉, 독자를 "책 때문에 울고, 웃고, 삶을 더 사랑하게" 만들었다.

로스는 그 단편들이 보여주었던 작품에 대한 장악력을 다시는 성취하지 못했다. 그 이후로 그의 작품이 보이는 특징은 공황이다. 이 공황은 때론 매우 재미있고, 때론 사악하게 씁쓸하지만, 언제나 전망을 막는다. 다시 말해 통제와 초월을 방해한다. 미숙한 허영의 공황이다. 작가가 세계에 심취하기보다 자존심 문제에 더 심취하게 될 때 이런 일이 벌어진다. 예술에서 이러한 혼란은 치명적이고 실제로 로스의 책들은 이 문제를 심각하게 겪어왔다. 로스가 무기력하게 자신에 대해 쓰고 있는 게 점점 더 분명해졌다. 허구 세계를 만들기 위해 자기 삶의 재료를 끌어다 쓰는 게 아니라 그저 자신에 대해서 말하고 있을 뿐이다. 그러면 이토록 강박적이고 진절머리 나는 자아도취 실천의 주요 요소는 무엇일까? 노골적으로 점점 더 절박하게 이 작가들을 사로잡고 있는 여성을 향한 증오다. 각 작품 속에서 우리는 개인적으로 성숙하지 못하고 그 실패를 현대의 신화로 만들어내지도 못한 채 해마다 문학적 자기기만에 빠져드는 작가의 공포를 목격한다. 《포트노이의 불평》(1969)은 놀라웠지만, 《남자로서 나의 삶My Life as a Man》(1974)*은 무서웠다. 《포트노이의 불평》은 로스의 경력에서 메일러의 〈그녀가 사는 시대〉와 맞먹는다. 경이로울 만큼 헝클어진 인간의 모습으로 가득하고 공황에 이끌린 작품이라기보다 공황에 '대한' 작품이 분명해서 우리는 의심쩍은 포트노이와 함께 웃고 괴로워할 수밖에 없었다. 작품 안에 담긴 여성에 대한 증오에 찬 풍자는 분명 그 인물의 신경증이 보여주는 한 가지 기능이었고, 그렇게 우리를 끌어들여 머뭇거리는 우리의 관심을 요구하고 획득했다.

《포트노이의 불평》을 통해 로스는 진정한 통찰의 가장자리에 다가갔다. 《남자로서 나의 삶》으로 그 가장자리에서 감정

---

* 재능 있는 젊은 작가 피터 타노폴은 모린과의 파괴적인 결혼생활에서 벗어나고자 모린을 살해하는 상상과 위협으로 갈등하지만, 막상 모린이 교통사고로 사망한 후에도 모린과의 관계에서 놓여나지 못해 자신의 이야기를 가공한 자전적 소설을 쓴다. 소설은 피터가 자신을 모델로 쓴 네이선 저커먼에 관한 단편 두 편으로 이루어진 전반부와 피터와 모린의 이야기를 일인칭 시점으로 진술한 후반부로 구성되어 있다.

의 어둠 속으로 물러났다. 이 작품에는 인물과 작가 사이의 거리가 없다. 여기서 여성을 향한 증오는 인물을 조명하기 위한 하나의 기능이 아니라 작가가 푹 빠진 존재의 진술이다. 《포트노이의 불평》에서 어머니와 원숭이는 알렉스 포트노이가 괴물로 경험했기 때문에 괴물이다. 《남자로서 나의 삶》에서 그 아내는 로스가 여자들은 괴물이라고 말하기 때문에 괴물이다. 그 아내가 맞아 죽을 위협에 처했을 때 자신에게 벌어지는 일의 황홀감에 굴복해 방광에 대한 통제력을 잃은 것처럼 언어 통제력을 잃어가며 "날 죽여라! 날 죽여!"라고 소리 지를 때, 로스는 분명히 이 혐오스러운 존재와 그 여자를 닮은 모든 이들이 죽어 '마땅하다'고 말하고 있다.*

바로 여기서부터―이 결정적인 동정심의 결핍과 비인간적인 악랄함―이 책의 실패가 흐르기 시작한다. 《남자로서 나의 삶》에서 분명히 드러나지 않은 여성혐오는 느리고 새까만 독처럼 페이지 곳곳으로 새어 나와 예술적 일관성을 흐리고, 도덕적 지능을 붕괴시키며, 삶을 더 사랑하기 위해 책을 읽는 사람들에게 사실상 아무 소용 없을 정도로 작품의 진정한 주제를 너무도 사적이고 추악하게 만들어버린다.

---

* 피터는 아내 모린을 견딜 수 없어 벽난로의 부지깽이를 들고 아내를 때려 죽일 것이고, 아내의 두뇌를 두 눈으로 똑똑히 확인하고 발로 밟아버릴 거라고 위협하는데, 모린은 "날 죽여"라고 계속 중얼거리고 소리치면서 앉은 채로 옷에 소변을 본다. 그 모습에 놀란 피터는 아내가 완전히 미쳐버려 자신의 돈으로 정신병원에 수감해야 하는 건 아닌지 두려워한다.

노벨상을 받기 전해인 60세에 솔 벨로는 두드러진 경력 가운데 가장 퇴행적인 소설을 썼다. 바로《훔볼트의 선물 Humboldt's Gift》(1975)이다. 역시 여성혐오에 의존한 퇴행이었다. 여기서도 퇴행은 여성혐오가 인물의 기능이었던 이전 소설들에서 기원을 찾을 수 있고, 이후 소설들에서 여성혐오는 작가의 자아도취의 한 증상이 되어버렸다.《훔볼트의 선물》의 주인공은《허조그》(1964) 주인공의 10년 후 모습이다. 앞선 소설에서 작가와 인물 사이 거리는 활력 넘치는 힘을 만들어 내 독자를 모세스 허조그와 함께 미친 듯 달리게 했고, 뉴욕의 거리에서, 여자들의 침대에서, 산 자와 죽은 자들에게 보내는 편지에서 그의 삶을 광적으로 찾아 헤매게 했다. 여자들은 끔찍하게 풍자되었지만, 독자는 여전히 그들의 삶을 느낄 수 있었다.

《훔볼트의 선물》은 벨로의 찬란한 언어가 제트 기류처럼 가득 찬 광활하고 열정적인 작품으로, 동시대 미국에서 의미 있는 삶을 살아갈 수 없는 무능에 관해 말하는 소설로 알려져 있다. 내게 이 책은 대단히 비현실적인 소설이었고, 다시 말하지만 작가의 자아도취로 흠뻑 젖은 소설이었으며, 자아와 별개로 만들어진 무언가가 전혀 아니었다. 주인공 찰리 시트린은 속이 훤히 들여다 보이는 솔 벨로로 그 주변에 수많은 인물이 모여든다. 그들 중 누구도 독립적인 삶을 살지 않으며 각각의 인물은 자신에게 진실인 것이 진실이라고—헛되이—주장하는 자아도취 상태의 작가가 품은 공포와 욕구와 실망을 투사하고 있다.

소설 곳곳에서 투사된 인생의—느껴지는 인생과 반대로—극도로 불쾌한 특성이 가장 분명하게 드러날 때가 여성 인물을 창조할 때다. 우선 이 여성들은 한결같이 씨발년이고 계집년이고 영계에 멍청한 년으로 불린다. 그들은 전부 아름답거나 '고혹적'이다. 그들은 전부 마르고, 차갑고, 영리하고, 성적으로 거세되었거나(이들은 언제나 아내다) 아니면 어둡고, 관능적이고, 생각이 없다(이들은 정부다). 이 인물들은 기괴한 모습의 종이 반죽 인형 같고, 등에 작은 자석을 붙인 채 굶주림과 박탈감의 환상을 불러일으키는 형상이다. 아내의 형상이 번쩍인다. 날 만져줘. 나는 삶에서 당신을 영원히 괴롭히는 모든 것을 떠올릴 거야. 정부의 형상이 번쩍인다. '나를' 만져줘. 나는 삶에서 당신에게 영원히 비밀인 모든 것을 떠올릴 거야.

이 작가들의 작품에서 우리가 발견하는 것은 순간의 힘들과 맺는 중대한 관계가 아니라 유아적인 자기 심취다. 여기서 우리는 이 작가들의 치명적인 모습을 목격한다. 즉, 자신이 살아가는 순간을 증오하고 두려워하는 남자들, 그 시대와 장소의 내적 경험에서 멀리 벗어나 더 이상 '정해진' 진실이 아닌 내면의 진실을 향한 보수적인 열망으로 가득 찬 채 자기 시대를 떠나 날아가는 남자들이다.

작가의 감수성은 고양되어 그 안에 발견된 세계가 자리한다. 그러나 자기 점검과 자아도취의 차이는 예술과 치료법의 차이와 같다. 내게 현재 유통되는 메일러와 로스, 벨로의 작품

중 상당수는 그저 치료법일 뿐이고 그것도 최악이자 가장 유치한 치료법이다. 이 치료법은 세계의 진상을 규명하는 게 아니라 방어를 공고히 하고, 인간의 희생을 의례화하며, 누가 인간이고 누가 인간이 아닌지 원시적인 거래를 하는 그런 종류다. 이 작가들의 여성혐오에는 두려움에 빠진 남자들의 망상과도 같은 태고의 꿈이 깃들어 있다. 즉, 여성이 부족한 인간으로 만들어졌다면 남성인 나는 우월한 인간으로 만들어졌으리라는 꿈이다.

위대한 작가라면 이러한 두려움에 굴복하지 않는다. 위대한 작가는 주인공과 동일시하는 세상의 절반이 삶에서 더 많은 것을 차지할 수 있도록 세상의 또 다른 절반을 희생시키지는 않을 것이다. 토머스 하디, 스탕달, D. H. 로런스의 여성들을 생각하면, 최고의 미국 남성 작가들의 비루함과 감정적 비겁함이 부끄러워 울고 싶어질 정도다. 유럽인은 시대의 두려움을 극복하기 위해 찬란히 투쟁했지만, 미국인은 그러지 못했다. 유럽인은 욕구를 밝혀냈지만, 미국인은 욕구에 빠져들었다. 유럽인의 투쟁을 통해 지혜와 그들이 살아가는 삶에 대한 진실한 기록이 나왔다. 미국인의 두려움을 통해 지혜보다는 지능이 많이 등장했고, 작품은 점점 성숙에 실패했으며 세계에 관해 가치 있는 이야기를 우리에게 전하지 못했다.

간단히 말해 하디, 로런스 혹은 스탕달을 읽을 때 그들의 언어는 입체적이고 자율적인 존재로 풍성한, 살아 있는 남자들 '그리고' 여자들로 가득하기 때문에 나를 매혹한다. 메일러,

로스, 후기의 벨로를 읽을 때 나는 포획당한 정신의 자아도취, 실망한 남자들의 시무룩한 허영심, 감정적 성숙으로 나아가지 못하고 매력적인 허구의 우주를 창조하는 능력을 잃어버린 작가들의 재능 박탈을 제외하곤 삶을 별로 발견할 수 없다.

  작가가 개인적으로 성숙하지 못하는 무능은 현대 역사에 있어서 20세기 후반에 더 중요한 의미를 지닌다. 이 시기 자아에 대한 인식은 이전 시대보다 더 첨예하게 세계의 중심에 자리하고 있다. 새로운 정치, 새로운 사회, 활성화된 삶을 향한 우리 모두의 희망은 오직 자기 인식의 토대에 깃든다. 우리가 진정으로 자신을 알지 못하면 마침내 공허가 일어나 우리를 만나러 올 것이다.

(1976)

여성적 감수성의 의미를 향하여

즐거움을 위해서라면 몰라도 위대한 남성 작가들에게 도움을 구하러 가봐야 소용없습니다. 찰스 램, 토머스 브라운, 윌리엄 새커리, 버나드 뉴먼, 로런스 스턴, 찰스 디킨스… 누구도 여성을 도운 적이 없습니다. 여성이 그들에게서 몇 가지 재주를 배워 자신에게 적합하게 사용했을지는 몰라도 말입니다. 남성의 이성이 지닌 무게와 속도와 보폭은 여성의 것과 너무나 달라서 여성은 남성에게서 실질적인 어떤 것도 성공적으로 가져올 수 없습니다. 너무 멀리 떨어져 있어서 꼼꼼하게 모방할 수가 없습니다. 여성이 종이에 펜을 대자마자 가장 먼저 깨닫는 것은 자신의 용법에 맞는 일반적인 문장이 전혀 준비되지 않았다는 사실일 것입니다. 새커리나 디킨스, 발자크처럼 위대한 소설가들은 모두 재빠르지만 지저분하지 않고,

표현이 풍부하지만 지나치게 격식을 차리지는 않은 자연스러운 산문을 썼습니다. 이들은 자신만의 색조를 취하면서 공공의 자산이 되는 일을 멈추지도 않았습니다. 그들은 당시 통용되는 문장을 바탕으로 썼습니다. (그 문장은) 남성의 문장입니다… 여성의 용법에는 맞지 않는 문장입니다. 산문에 관해서라면 찬란한 재능을 갖추었음에도 샬럿 브론테는 손에 어설픈 무기를 들고 비틀거리다 넘어지고 말았습니다. 조지 엘리엇은 그것을 가지고 형언할 수 없는 큰 실수를 저질렀습니다. 제인 오스틴은 그것을 보고 비웃었고 자신이 사용하기에 완벽하게 자연스럽고 균형 잡힌 문장을 고안한 다음 결코 거기서 벗어나지 않았습니다. 그러므로 오스틴은 샬럿 브론테보다 글재주가 더 떨어지면서도 훨씬 더 많이 말할 수 있었습니다.

— 버지니아 울프, 《자기만의 방》

불과 얼마 전만 해도 교육받고 재능 있는 여성들이 남자처럼 쓰거나 생각한다는 말을 들으면 기뻐했고, 종종 — 남녀가 동석했을 때 — '여성적' 이성이나 '여성적' 감수성 같은 것은 없다고, 오직 작가 아니면 비작가, 사상가 아니면 비사상가만 있을 뿐이라고 열렬히 주장하곤 했다. 내 생각에 오늘날 남자처럼 쓴다는 말을 듣고 기뻐할 여성은 거의 없을 것 같고, '여성적 감수성 female sensibility'에 관해서도 훨씬 더 신중한 논의가 이루어지고 있다. 여성적 감수성이란 무엇일까? '어디에'

있을까? 정말로 존재할까? 정말로 존재한다면 무엇으로 구성되어 있을까? 어떻게 기능할까? 여성이 여성에 관해 쓴 소설과 시, 희곡의 물결이 우리를 휩쓸고 지나가고 있다. 수많은 이들이 이런 책들을 불안정하고 아직 반밖에 형성되지 않은 지각에서 탄생한 경탄과 비판이 섞인 감정으로 살펴본다. 이와 같은 감정은 불과 얼마 전만 해도 많은 이들이 손도 댈 수 없게 금지당해왔지만, 지금은 우리가 들이마시는 공기 속에 있는 것만 같은 사고와 통찰의 기본이 되었다. 이러한 작품들, 그리고 그 작품들을 향한 우리의 접근 방식은 여러모로 여성운동의 성장과 궤를 같이하는데, 확고한 대답을 해주기보다 여전히 형성 중인 복잡한 질문을 체현하고 있다는 점에서 그러하다.

어떻게 보면 여성운동의 성장에는 소설과 희곡이 주제의 선택과 그 성취의 범위 모두에서 반영하는 은유의 형태가 있다. 만약 여성운동이 자신보다 더 큰 것을 대표한다면—실제로 그렇다—닫힌 마음의 방어에서 벗어나 우리에게 더 이상 큰 도움이 되지 않는 세상의 일반적인 상식에 대한 열린 고찰로 가는 느리고 어려운 여정이기 때문이다. 문학은 그 진행 과정을 세세히 기록할 뿐만 아니라 그 자체로 발굴 과정에 대한 은유이기 때문에 경이롭다. 버지니아 울프가 설명한 샬럿 브론테와 조지 엘리엇이 '남성의 문장'과 관련해 겪은 어려움은 동시대 여성 작가들이 자신만의 경험을 구하기 위해 작품에서 노력하는 어려움과—심지어 어느 분야에서나 모든 여성이 자신의 경험을 구하기 위해 투쟁할 때─정확히 일치한다.

　내가 보기에 여성의 종속은 여성의 결혼이 중추적인 경험이라는─남성과 여성 모두 공유하는─확신에 깊이 뿌리를 내리고 있다. 이러한 확신은 주로 여성들의 정신 에너지의 흐름을 감소시켜 궁극적으로 파괴해버리지만, 남성들에게는 태어나는 순간부터 이 세상에 나 혼자이고, 절대 보살핌을 받을 수 없으며, 삶은 공포와 욕망 사이 벌거벗은 전쟁이고, 공포는 오직 스스로 즉 독립적으로 경험하는 능력에 의해 강화되고 갱신되는 욕망의 급증을 통해서만 잠시 물러난다는 불안한 지식 때문에 계속해서 정신 에너지가 주입된다. 결혼해 '보살핌을 받을' 것을 '깊이' 아는 여성은─그래서 결혼이 인생의 중심 사건임을 아는─어떻게 보면 자신의 경험 자아를 남편에게 넘겨주는 것이고, 그 경험 자아는 남편이 자신의 싸움에서 사용할 수 있는 여분의 무기가 된다. 여성은 옆으로 물러나 방관하고, 점점 졸리고 무기력해지며, 활발한 욕구의 날카로운 모서리가 무뎌지면서 곧 행동하고자 하는 충동을 기억할 수 없게─더 이상 '느낄' 수도 없게─된다. 어떤 용기를 가졌던지 이제 그것을 잃고 더불어 스스로 경험하고자 하는 주요한 욕구도 잃는다.

　오늘날 페미니즘의 과업은 여성의 경험 자아를 다시 창조하는 일이다. 오래된 반응, 오래된 습관, 오래된 감정적 확신을 새로운 관점, 즉 새로운 의식의 관점으로 다시 검토하는 광범위한 내부 변화가 일어나야 한다. 내부로 향하는 새로운 여정이 필요하다. 이는 내부 갈등의 조건이 재정의되는 여정, 상상할 수 없는 고통과 외로움의 여정, 동지도 없이 혼자서 똑같은 감정적 좌초를 몇 번이고 반복해서 겪어야 하지만 건너편에 냉정함과 함께 자유가 기다리고 있는 그런 여정이다.

 이런 면에서 페미니즘은 정신분석학과 관계있고, 정신분석은 예술 창조와 관계있다. 예술가와 정신분석가 모두 자기 내면의 삶을 재료로 아직 검토하지 않은 경험을 새로운 빛에 비춘 마법을 창조한다. 이 빛 아래에 새로운 통찰, 새로운 고안, 새로운 내용이 드러날 것이다. 이 새로운 내용이 페미니스트가 정신분석가, 예술가와 공유하는 예술이다. 변화한 경험을 이해하는 행위에서 셋은 내적 일관성을 향한 갈망을 충족시키는 총체성의 전망을 명백히 밝히기 위해 열심히 노력한다.

 그러므로 페미니즘은 정신분석과 같다. 분석은 갑작스러운 통찰도 카타르시스의 순간도 트라우마의 발견도 아니다. 그보다는 오래된 자아를 허물고 새로운 자아를 만들기 위해 기억하고, 원래 경험을 회복하며, 그것을 자아의식의 빛에 반복해서 비춰보는 느린 과정이다. 실제 분석은 과정 그 '자체', 즉 오래된 것이 사라지는 동안에도 점차 새로운 존재의 기초가 될 수 있도록 충분히 오래 한 가지 생각을 붙들고 살아가는, 빌어먹게 힘든 일이다.

 예술과 정신분석은 둘 다 인간 성장의 자연스러운 과정을 반영한다. 즉 성인의 신체는 아이의 형태에서 생겨나고 성숙한 마음은 초기 성격에서 곧바로 흘러나온다. 이 모든 것이 하나의 조각이 되어 분명히 연결되고 논리적으로 맺어진다. 한 사람의 전존재全存在에 의식적으로 관련된 것들이 통합된 자아를 만들어낸다. 즉, 현재 한 사람의 모습은 언제나 그런 모습이었음을 인정하는 것이—그 사람이 언제나 그런 모습이었다는 감각을 잃지 않는 것이—자아를 갖는 것이다. 통합적인 인간에게 과거는 없다. 오직 고유한 경험의 지속적인 변화만 있을 뿐이다.

문화적으로 말하자면, 여성에겐 과거가 있고 그 경험의 여성성은 과거에 묻혀 있다. 온전성을 성취하려면 예술가와 정신분석가가 되어야 한다. 즉, 경험의 중심을 뚫고 들어가 삶이 변화했는지 의식의 빛에 비춰봐야 한다. 더 명징하게 '보고', 더 정확히 기억하고, 자신이 언제나 누구이고 어떤 사람이었는지 온전히 묘사할 수 있도록 투쟁해야 한다……. 사람이 자신이 어떤 존재인지 온전히 묘사할 수만 있다면! 그러면 비로소 자유로워질 것이다.

우리 문화는 의식이 정신적인 속박을 끝냈으면 하는 바람으로 '온전히 묘사하고자' 하는 그 갈망을 집단적으로 기록한 것이다. 우리가 누구인지, 개인적 삶이 어떤 모습이었는지 가능한 한 온전하게 표현하기 위해 쓰고, 그리고, 작곡한다. 그렇게 하는 과정에서 자신을 초월하고, 우리 삶의 기록은 우리의 공통된 삶의 기록이 된다. 우리 자신의 특별한 자아를 이해하는 투쟁 속에서 우리가 발견하는 것은 바로 인간이란 무엇인가다. 우리의 정체성을 이루는 바로 그 요소들이 인간 조건의 은유가 된다. 우리가 누구인지 고백하고 거꾸로 우리가 누구인지 듣는 일을 통해 문화적 문명을 창조하는 서로 연결된 과정이다. 우리가 누구인지 문명이 새롭게 들어야 하는 때가 반드시 올 것이다.

수 세기 동안 문화의 기록은 남성 경험의 기록이었다. 우리 삶을 파악하고 묘사한 것은 바로 남성의 감수성이었다. 인간 존재의 은유가 되어온 것도 남성화된 경험이었다. 특히 문학은 남성이 경험해온 인간의 갈망과 인간의 공포에 관한 자세한 묘사가 넘쳐나는 거대한 저수지였다. 자아를 발견하기 위해 세상 밖으로 상징적 여정을 떠나는 시골 출신 젊은 남성이 우리 문학의 지배적 이미지인데, 이는 당연히 남성적이다. 그러다가 20세기에 이 여정의 본질이 바뀌었다. 상징은 바뀌었고, 이제 여정은 실질적인 여정이 아닌 내면의 여정이 되었다. 그게 무엇이든. 여전히 그 여정의 특징은 찌르고, 꿰뚫고, 공격하는 동작이다. 남성이 자기 삶의 중심을 향해 지속적으로 나아가는데, 그 과정에서 신과 악천후와 자신의 악마들과 싸워 이기는 그런 여정이다. 벌거벗은 채, 땀을 뻘뻘 흘리고, 길을 잃고, 겁에 질려도 꾸준히 앞으로 나간다. 반항은 강력한 힘이다.

이제 분명히 이 탐색, 이 항해, 어둠과 고통의 우주를 헤치고 나아가는 이 강박적 움직임은 모든 인간의 가장 깊은 충동에 말을 건다. 그러므로 우리가 남성이든 여성이든 우리는 자신을 인식하고, 우리 문화에 관한 문학에서 발견한 것과 어느 정도 자신을 동일시한다. 그렇지만 어떤 여성도 우리 문학을 구성하는 책의 10분의 9를 쓰지 못했다. 그런 책을 쓰려면 여성의 삶에는 완전히 이질적이었던 오만한 자신감이 필요했다. 이 자신감은 남성에게는 모든 인간의 공통된 존재 자체에 대한 보편적 불안을 줄여주고, 삶에 대항하기 위해 필요한 오만함을 키워준다. 아주 특별한 방식으로 불안을 형성하고 통제하며, 불안을 뒤로 밀쳐내고, 인간의 영혼 주위에 빛과 공기로 가득한 공간을 만들어 그 안에 전지전능함이 자랄 수 있도록 해준다. 이는 오직 인간이 자신을 우월한 존재로 경험하는 축소판 우주를 차지할 때만 개발되는 자질이다. 남성이 경험하는 우월성은 대체로 여성과의 관계로부터 직접 나온다. 버지니아 울프가 아주 건조하고 간결하게 말했듯이 말이다.

여성은 수 세기 동안 남성의 모습을 자연 크기의 두 배로 비춰주는 마법과 근사한 힘을 지닌 확대경 역할을 해왔습니다. 그 힘이 없었다면 아마 지구는 아직도 늪과 밀림의 상태일 것입니다… 남성이 아침 식사와 저녁 식사에서 최소한 실제 크기의 두 배인 자기 모습을 볼 수 없었다면, 그가 어떻게 계속해서 판결을 내리고, 원주민을 문명화하고, 법을 제정하고, 책을 집필하며, 정장을 차려입고 연회에서 장광설을 늘어놓을 수 있겠습니까?

이렇게 인간의 의식 성장에 크게 기여한 경험의 남성성이 정신적 연옥 상태인 여성의 삶 자체에 의존한다는 사실이 모순이다.

그렇다면 경험의 '여성성'이란 무엇인가? 여성적 감수성의 구성 요소는 어디서 찾을 수 있을까? 그 경험과 감수성은 어떤 조건 아래서 인간 존재의 은유가 되어 경험의 남성성이 그랬듯이 인간의 자기 인식의 작은 총량에 더해지는 것일까? 이는 우리가 이제 막 묻기 시작한 질문들이고, 겨우 입 밖으로 내기 시작한 생각들이다.

진정한 여성적 감수성의 성장은 진정으로 경험하는 여성의 성장과 마찬가지로 세대의 과제이며, 오랜 시간에 걸쳐 이루어질 것이라고 나는 믿는다. 오늘날 여성이 쓰는 작품 안에서 실제 작가가 감정적 수치와 은밀한 두려움, 참을 수 없는 격언들을 무릅쓰고 자기 경험을 진정으로 관통하고 있다고 느끼는 독자는 거의 없다. 우주의 중심에 여성성이 실재하는 경우도 드물고, 여성으로 산다는 것이 무엇인가라는 진술이 인생을 은유적으로 보여주기 위해 효과적으로 사용된 적도 별로 없다. 그보다는 여성의 분노와 여성의 방어심에 맹렬히 사로잡힌 고통스러운 작가들의 모습이 더 일반적이다. 샬럿 브론테, 심지어 조지 엘리엇마저도 그랬다.

그러나 영웅적 노력으로 독자의 마음을 흔드는 작품들이 있는 것 같다. 그런 작품 안에서 작가는 '그녀'의 문장을 숭고

하게 더듬어간다. 이중 가장 훌륭한 작품으로—연대기상 동시대 작품이 아닌—1899년 출판되어 최근에야 '재발견된' 케이트 쇼팽*의 《각성》이 있다. 이 비범한 소설의 줄거리를 간략하게 말해보자면 다음과 같다. 크리올** 사업가와 결혼하여 두 아이의 어머니인 스물여덟 살 미국인 에드나 퐁텔리에는 1890년대 부유한 크리올 가족들이 여름휴가를 보냈던 뉴올리언스 해안 앞의 섬 그랜드 아일에서 여름을 보내는 중이다. 에드나와 남편—부유하고 다정하며 권위가 있는 레옹스—사이에는 남편은 전혀 인식하지 못하는 거대한 정신적 감정적 거리가 벌어져 있다. 그러나 다시 말하지만, 에드나의 삶은 전체적으로 먼 거리에서 보는 풍경처럼 흐릿하고 현실의 날카로움이 없다. 결혼생활도 아이들도 켄터키 가족에 대한 기억도 어린 시절 환상들도 전부 꿈과 우연 같기만 하다. 움직이는 것도, 말하는 것도, 정말로 이해되는 것도 전혀 없다. 그 한가운데에 끔찍한 고요가, '여성적' 고요가, 당시 앵글로아메리칸 중산층에게 정상으로 통했던 감정적 무기력함이 있다.

  스물여덟 살이 된 해에 에드나는 내면의 침묵에서 깨어난다. 퐁텔리에 가족이 묵고 있는 호텔 주인의 아들 로베르 르브

---

* Kate Chopin(1850~1904). 미국의 작가로 페미니즘 소설의 선구자로 평가받는다. 여성의 자율성과 정체성을 다룬 《각성》(1899)은 당시에는 혹평을 받았으나 1960년대에 재발견되면서 가치를 인정받았다.
** 본래 아메리카 식민지 지역에서 태어난 유럽인의 자손들을 부르는 말이었으나, 오늘날에는 보통 유럽계와 현지인의 혼혈을 부르는 말로 쓰인다.

뢍과 맺은 우정이 솔직한 관능으로 불타오른다. 로베르를 향한 에드나의 욕망은—인정받지도 채워지지도 않은 채로—난생처음 관능과 함께 찬란하게 뒤섞여 그의 피부와 육체, 생각을 관통한다. 에드나는 전에 없던 방식으로 태양과 바람과 바다를 느낀다. 늘 물을 무서워했으면서도 이제 수영을 배우고 약에 취한 것처럼 대담한 행동으로 바다를 경험한다. 당장 집으로 들어오라는 남편의 명령을 무시하고 한밤중 해먹에 누워 있고, 거의 처음으로 자신이 반사적이 아닌 의식적으로 행동하고 있음을 깨닫는다. 어느새 그는 그랜드 아일의 어느 부인에게 이렇게 말한다. "나는 본질적이지 않은 거라면 포기할 수 있어요. 아이들을 위해서라면 돈도 포기할 수 있고 목숨도 바칠 거예요. 하지만 나 자신을 포기하지는 않을 거예요. 더 분명하게 말할 순 없겠네요. 저도 최근에야 겨우 이해하기 시작한 일이니까요."

로베르 르브룅이 돌연 멕시코로 떠난다. 여름이 끝나고 퐁텔리에 가족은 뉴올리언스로 돌아간다. 그러나 에드나는 이제 변했다. 그가 조금씩 겪은 '각성'이 삶을 지배하기 시작한다. 에드나는 손님 초대를 중단하고, 집을 모른 척하고, 아이들을 잊고, 그림을 그리고, 책을 읽고, 생각하고, 산책하며 시간을 보내고, 더 이상 남편의 목소리를 듣지 않는다. 그보다는 현재 자신에게 손짓하는 개별적이고 의식적인 정신 속에서 늘어가는 발견에 매료된다. 남편이 사업차 뉴욕에 갔을 때 에드나는 집에서 나와 혼자 살 작은 집을 빌린다. 욕망은 자기 인식을 위한 도구가 된다. 그녀는 지역의 돈 후안인 아로뱅의 접근을 받아들인다. 이제 분명히 표현되는 에드나의 갈급함은 과도한 속도로 자라난다. 욕망은 강력하고 복잡하며 끈질기지만, 불길한 예감으로 물들어 이상하게 슬프다. 로베르 르브룅이 돌아오고 에드나는 둘 사이의 사랑을 공개적으로 선언할 것을 강요한다. 르브룅은 에드나를 향한 욕망으로 괴로워하는 한편, 에드나의 새로운 독립심이 지닌 비범한 속성에 겁을 먹는다. 에드나가 자신은 그의 것도 남편의 것도 아닌 오직 자신의 것이라고 말할 때 르브룅은 그게 무슨 말인지 이해하지 못한다. 두 사람이 막 관계를 맺으려고 할 때 에드나는 친구의 출산 현장에 불려간다. 집으로 돌아왔을 때 로베르는 가고 없다. "안녕히." 그는 쪽지를 써놓았다. "당신을 사랑하니까, 안녕히." 에드나는 밤새 앉아서 생각한다. 아침에 그녀는 연락선을 타고 그랜드 아일로 간다. 지난해 여름 처음으로 생명을 얻었던 그 해변에서 옷을 모두 벗는다. 벌거벗은 채 잠시 바람과 태양 아래 서 있다가 이윽고 바다로 걸어간다.

바로 이 마지막 단락에 이르러서야 케이트 쇼팽의 감수성이 힘을 발휘한다. 에드나가 해변을 가로질러 바다로 향할 때 이제 그녀는 자유와 자기 발견과 하나가 되어 지난밤의 생각을 떠올린다.

에드나는 몇 번이고 혼잣말을 했다. "오늘은 아로뱅, 내일은 또 다른 누군가가 되겠지." (…) 뜬눈으로 지냈던 밤 찾아왔던 낙담은 쉽게 물러나지 않았다. 에드나는 이 세상에서 바라는 게 아무것도 없었다. 로베르 말고는 곁에 있어주었으면 하고 바라는 사람도 없었다. 심지어 로베르도, 로베르에 관한 생각도 언젠가는 자신의 존재 밖으로 사라지고 결국 혼자 남을 날이 오리란 걸 깨달았다. 자신과 싸우러 온 적군처럼 아이들이 에드나 앞에 나타났다. 아이들은 남은 평생 에드나를 제압해 영혼의 노예처럼 끌고 가려고 할 것이다. 그러나 에드나는 아이들에게서 벗어날 방법을 알았다.

그날 밤 에드나가 본 것은 파악하기 힘든 삶, 정신적 갈망이 지닌 힘과 만족할 줄 모르는 탐욕, 사회화된 우리 삶의 비열함과 왜소함이었다. 이제 그는 모든 갈등이 빠져나간 미래를 차분하게 내다보았고, 남자들이 서로를 대신하고 의식의 갈급함이 자신을 몰아가는 모습을 지켜보았다. 이 남자들 아로뱅과 로베르는 에드나의 안에서 자신들을 훨씬 능가하는 야생적인 갈망을 불러일으키는 데 도움을 주었다. 그러나 그들은 에드나의 갈망을 결코 만족시키지 못했고, 실제로 그 누구도 그 무엇도 만족시킬 수 없었다. 영적 차원에 있는 사람에게 그런 갈망이 풀려나면 어떤 보통 사람이나 문명화된 환경도 그 갈망의 요구와 대등할 수 없기 때문이다. 에드나는 인간의 영혼을 쫓아다니는 정신적 자유와 충만함이라는 원초적 감각에 접촉했고, 그 이국적인 맛을 보았으므로 그것이 없는 삶은 도저히 견딜 수 없는 영혼의 노예 상태와 마찬가지였다. 한편 그녀는 과거로 돌아갈 수도, 과거의 무지한 삶을 살아가는 척할 수도 없다. 평화의 희망을 모두 영영 잃어버렸다.

에드나의 통찰력이 지닌 신속한 선견지명은—그것의 어마어마한 폭발력은—억압된 의식으로 살았던 지난날과 정확히 비례한다. 만약 에드나가 정상적으로 발달하는 의식의 속도로 삶을 추구하는 남자였다면, 똑같은 인간적 절망감을 품은 채 예순 살이 되었을 것이다. "'이것' 때문에? 고작 '이것' 때문에 이렇게 살았다고?" 그러나 에드나는—짧은 일생의 대부분을 침묵과 무의식에 빠져 산—여성이었기 때문에 그 통찰은 압력솥 같은 힘, 즉 자살적인 힘을 동반한다. 이러한 자각이 바로《각성》을 빛내는 힘이다. 이는 변형된 경험이다. 삶의 은유로 사용된 여성성이다. 가장 온전하게 실현된 상태의 여성적 감수성이다.

우리 시대에는 폴라 폭스*의 소설과 머나 램**의 희곡이 삶의 여성성이 작동해 인간 경험을 조명하는 훌륭한 예시가 되어준다. 폴라 폭스는《절망하는 인물들Desperate Characters》(1970)의 소피와《서부 해안The Western Coast》(1972)의 애니를 통해 존재의 여성다움에 의미를 둔 두 주인공을 창조했다. 두

---

* Paula Fox(1923~2017). 미국의 소설가이자 아동문학가.
** Myrna Lamb(1935~2017). 미국의 극작가.

소설 모두에서 여성다움은 매력적인 요소이다. 하나만 언급하자면,《절망하는 인물들》은 현대의 붕괴에 관한 이야기로, 인간의 삶이 도시의 야만적인 붕괴에 희생당하는 것과 마찬가지로 한 남성과 한 여성의 영혼이 공허하고 희생적인 결혼생활에 갇혀 똑같이 야만적으로 붕괴하는 이야기다. 부유한 뉴요커 부부 제이크와 소피는 브루클린의 멋진 집에서 안락하게 살고 있다. 한때 적극적인 진보 변호사였던 제이크는 이제 경제적 안정과 정신적 혼란을 동시에 느낀다. 결혼생활에서도 일에서도 의미가 서서히 빠져나갔다. 그와 소피 사이는 불편한 휴전 상태다. 둘이 함께하는 삶의 특징은 정서적 침묵과 열정의 죽음, 상호 의심이다. 그들이 계속 움직이는 것은 관성 때문이다. 도시가 그들에게 밀려온다. 서서히, 우연히, 제이크와 소피가 더러운 것, 위협적인 것, 뉴욕의 일상인 문명이 무너지는 끔찍한 공포에 둘러싸여 있음을 독자는 느낀다. 두려움이 그들의 삶을 덮친다. 고비마다 도시가 그들을 위협하고 고립시킨다.

  도시에서 벗어나려고 두 사람은 차를 몰고 시골집에 가보지만 그곳 역시 끔찍하다. 무기력의 고통을 느끼며 제이크는 소피의 뜻을 거스른다. 두 사람에겐 탈출구가 없다. 나갈 곳도 들어갈 곳도 없다. 이 도시가 유발한 편집증은 절반 이상이 내면의 삶이 처한 감정적 황폐함 때문이다. 두 가지 형태의 악화가 균형을 이루는 지점에서 긴장이 생긴다. 제이크와 소피를 절망하는 인물로 만드는 것이 바로 이 긴장이다.

《절망하는 인물들》에서 가장 두드러지는 점이 소피의 지능이 지닌 여성성이 작동하는 방식이다. 기본적으로 이 소설은 소피에 관한 이야기다. 우리는 소피의 눈, 소피의 생각, 소피의 경험을 통해서 모든 것을 바라본다. 소피는 본원적 여성이다. 즉, 모든 것을 보고, 모든 것을 이해하고, 모든 것을 기록하며, 어떤 것도 하지 않는다. 그녀의 지능은 갇혀 있고, 무기력하며, 작동하지 않는다. 그녀는 절대적 방관자라는 위엄 있는 마비 상태로 관찰한다. 그녀가 행동할 수 없는 것은 인생의 선택들 때문이다. 오직 행동을 요구당할 뿐이다. 마치 재빨리 주변을 둘러볼 때만 관찰의 더듬이를 꺼내는 것처럼 공허의 한가운데서 자신의 삶을 경험한다. 가끔 욕망이 움직임을 향해 몸부림치지만, 곧 존재의 거대한 단절 때문에 그 욕망도 금세 사그라든다. 소피에게 삶은 싱글숏의 연속이다. 영혼의 카메라는 오직 개별적 이미지만을 포착할 수 있다.

우리가 도시에 갇히고, 기술에 갇히고, 감정의 죽음에 갇혀 우리 자신의 개별적 조각들을 하나로 응집시킬 수 없다는 현대 생활에 관한 생각은 소피의 지능이 갇혀 무기력해지는 모습을 볼 때 더 강력해진다. 소피가 전달하는 것은 피할 수 없는 운명, 즉 여성성의 화신인 포기하는 자아가 자연스럽게 획득하는 운명이라는 생각이기 때문이다. 그리고 폴라 폭스가 전달하는 것은 그 여성성이 현대의 삶인 정신적 포기를 가장 잘 나타낸다는 것이다.

머나 램의 희곡들은 미국의 페미니스트 의식에서 곧바로

나왔다. 불필요한 요소를 벗기고, 은유적이며 초현실적인 언어로 쓴 희곡들은 적절하게 말하자면 단 하나의 주제, 즉 남성과 여성 사이 모든 성적 관계의 핵심에 있는 부식성 적대감에 대한 이야기다. 램의 희곡들은—거의 모두가 뉴욕에서 제작되었다—희곡집 《모드 도나와 시클론 Z.The Mod Donna and Scyklon Z.》(1971)에 수록되어 있다. 이 가운데 최고는 〈하지만 당신이 최근 내게 한 짓이 뭔데?But What Have You Done for Me Lately?〉와 〈모드 도나The Mod Donna〉이다. 첫 번째 희곡은—탁월한 선전용 연극이다—어느 날 깨어나 보니 조용하고 텅 빈 공간에 와 있는 남자의 이야기다. 뭔가 대단히 잘못되었는데 남자는 그게 뭔지 알 수는 없다. 한 여자가 의사의 흰 가운을 입고 들어온다. 여자가 말하고 남자가 말한다. 천천히 남자는 믿을 수 없는 사실을 발견한다. 남자는 임신했다. 여자는 그에게 낙태를 허락하는 위치에 있다. 남자는 제발 그렇게 해 달라고 절박하게 간청한다. 여자는 남자의 심문관이 된다. 공간은 실험실이자 법정이 된다. 이후 재판과 기소가 이어진다. (이 위치 반전의 효과는 백인이 흑인이 되거나 정신과 의사가 정신병원에 감금되는 것과 비슷하게 이례적이다. 남자는 말한다. "믿을 수 없어요. 이 악몽을 믿을 수가 없어요." 여자가 말한다. "뭐, 많은 이들이 이런 일을 알게 되면 느끼는 감정이죠." 남자가 말한다. "내가 당신 죽이고 싶은 거 알아요? 그게 내 감정이에요. 당신을 죽이고 싶은 욕망이요." 여자가 말한다. "일반적인 반응이죠. 임신한 사람은 종종 임신을 시킨 사람에게 폭력을 행사하고 싶은 법이거든요.") 점차 여자와 남자가 젊은 시절 연인이었고, 남자가 여자를 임신시킨 다음 버렸으며, 남자는 공적으로 중요한 인물이(임신중단 합법화에 적극적으로 반대하는 사람) 되었고, 여자는 출산 도중 거의 죽을 뻔했고, 그 후 어떤 남자도 자신을 건드리지 못하게 했으며, 트라우마를 지닌 채 씁쓸하게 이 순간까지 악착같이 살아왔다는 사실이 드러난다. 여자의 연설은 증오와 생존으로 빛난다. 남자의 연설은 공포와 감정적 무지 때문에 위축된다. 희곡 전체가 프리드리히 뒤렌마트의 《노부인의 방문》(1956)에 버금가게 성적 복수의 예술을 보여주는 장엄한 작품이다.

〈모드 도나〉는 램의 핵심적인 통찰이 향하는 진정한 목표, 즉 여성의 삶을 특징짓는 성적 욕망에 대한 집착에 더 가까이 다가간 작품이다. 도나와 찰리, 제프와 크리스 커플은 성적인 의자 뺏기라는 이상한 게임을 한다. 점점 약해지는 자신의 욕망에 불만을 품은 크리스는 제프를 시켜 도나를 자신들의 결혼생활에 끌어들인다. 역시 자신의 욕망이 '사용되지 않는' 것에 불만을 품은 도나는 이 삼각관계에 기꺼이 끼어든다.

세 사람은 같이 살고, 도나와 제프는 같이 자고, 크리스는 이를 지켜보고 논평한다. 제프 밑에서 일하며 그에게 모욕을 당하는 도나의 남편 찰리는 도나를 미워하고 사랑하고 도나 때문에 당혹스럽다. 그는 달리 뭘 해야 할지 몰라서 도나가 돌아오기만을 기다린다. 결국 크리스와 제프는 도나를 배신하고 자기들끼리만 유럽으로 떠나고, 도나는 '세 사람의' 아기를 임신한 채 혼자 남는다. 도나는 분노와 질투와 좌절감으로 최후의 몸부림 끝에 찰리를 자극해 자신을 살해하게 한다. 연극의 전체 행동은 이 두 여성이 조종한 결과다. 그들의 말이 자기기만에서 아이러니를 거쳐 분노로 상승하는 동안 두 사람이 속박당한 강박적인 정신적 질문이—'거울아, 거울아, 벽에 걸린 거울아, 이 중에서 누가 가장 예쁘지?'—자기혐오의 분노에 싸인 채 떠오른다. 결국 이것이, 겨우 '이것'만이 이 여자들의 삶에 대한 질문이어야 하고, 그리하여 피할 수 없는 이들 운명의 원천인 분노다. 한 사람이 던지는 질문이 그가 받을 운명을 결정하기 때문이다. 각자 논란의 여지 없이 미친 환경에서 미친 논리로 움직이면서 게임으로 운명을 속일 수 있다고 생각하고, 성적인 조작이 성적인 개념을 끝낼 것이라고 상상한다. 당연히 이 투명하게 살인적인 아이러니가 이 희곡의 핵심이다.

머나 램의 작품은 세 가지 중요한 측면에서 노먼 메일러의 작품과 비교할 만한데, 여기서 비교해보는 게 좋겠다.* 우선 머나 램의 작품이 지닌 힘은—메일러의 작품과 마찬가지로—인물이나 극적 플롯에 있는 게 아니라 언어의 힘에 있다. 감수성이 존재하는 곳이 바로 거기, 언어 속이다. 이야기가 말해지는 곳은 바로 거기, 단어와 문장의 형태와 리듬 속이다. 작품이 핵심에 다가갈수록 언어는 점점 더 깊어지고 점점 더 높이 올라간다. 우리는 작품의 고통을 만나고, 작품의 주장에

---

* 노먼 메일러에 대해서는 '이 남자들은 왜 여성을 미워할까'(268쪽)를 참조.

충동질당하고, 마침내 그 설득으로 교훈을 얻는다. 등장인물에게 실제로 일어나는 일이 우리에게는 언어에 일어나는 일로 드러난다.

둘째, 램의 언어는—다시금 메일러와 마찬가지로—폭주하는 특성이 있다. 램의 손에는 언제나 제어장치가 들려 있지는 않다. 때로 언어는 날아오르고, 때로는 덜컥거리다 경로를 벗어나고, 때로는 돌맹이처럼 가라앉는다. 그러나 언어가 무엇을 하든, 목표물을 맞히든 벽에 부딪히든, 램은 메일러처럼 언어와 함께 휘청거리고, 돌입하고, 함께 날고, 작가와 언어가 하나로 묶인 채 경험을 쫓아가며, 비밀스러운 상황의 중심을 향해 돌진한다.

셋째, 경험을 쫓아가고 중심을 관통하면서 두 작가의 작품에 힘을 실어주는 것이 바로 이 충동이다. 메일러는 상황에 대한 자신의 전망을 통해 움직인다. 그는 스스로 본 것에 진실해야만 하고 그가 본 것이 '진실'일 때까지 계속 나아가야 한다. 그래서 감정적 위험을 감수해야 하고, 이기든 지든 솔직하게 기뻐하면서 감정적으로 담대하게 행동할 수밖에 없다. 램 역시 최선을 다해 감정적 위험을 감수하는 능력을 보여주고 그저 솔직함에 다다를 때까지 앞을 똑바로 보고 나아가야 한다고 말한다.

물론 노먼 메일러와 머나 램을 비교하는 것은 메일러의 전망이 전적으로 남성적 감수성의 산물이며, 램의 전망이 여성적 감수성의 산물이라는 사실 때문에 중요하다. 메일러가 파고 또 파서 뿌리를 영원히 뽑으려 하는 것은 세계의 남성성이다. 그 과정에서 그는 자신의 남성성을 변화시키고 그 변화는 우리가 사는 삶을 창의적으로 재창조한다. 머나 램도 자신의 여성성에 도달하는 과정에서 이와 같은 재창조 행위에 관여한다. 램이 하는 일은 버지니아 울프가 위대한 여성 작가 세대를 구성하기 위한 첫걸음을 내딛는 과정에서 반드시 해야 한다고 말한 일과 정확히 일치한다.

존 디디온, 앤 로이프, 로이스 굴드 그리고 마거릿 드래블의 소설은 내가 보기에 어른거리는 방어심과 견디기 힘든 끔찍한 갈등이 가하는 두려운 힘 아래서 큰 효력을 발휘한다.

이 중 가장 유명한 사람이 존 디디온인데, 그를 전국적으로 유명하게 만든 책이 《있는 그대로 연기하라Play It as It Lays》(1970)이다. 디디온의 탁월한 재능은 '황금빛 속에서 죽어가는' 캘리포니아 남부의 충격적인 멍한 상태를 환기하는 능력에 있다. 고속도로에, 저택 수영장 옆에, 새벽 3시 슈퍼마켓에, 자포자기한 해변 파티에, 머리에 롤러를 말고 발에는 웨지 구두를 신은 채 찌는 듯한 더운 거리에 홀로 있는 사람들의 이미지는 탁월하면서도 매력적이다. 실제로 이런 장면이 《있는 그대로 연기하라》 곳곳에 퍼져 있다. 배경은 로스앤젤레스의 영화계이고, 인물은 모델이자 배우, 어느 영화감독의 반쯤 별거 중인 아내, 발달장애아의 어머니인 마리아 와이어스, 분위기는 표류하는 캘리포니아다. 마리아는 공허한 우정과 더럽혀진 감정의 바다에 휘말린 채 삶을 표류하며 지낸다. 섹스와 마약, 낙태 그리고 죽음이 마리아의 파도를 타고 몰려왔다가 몰려간다. 로스앤젤레스의 태양 아래 모든 것이 두렵고, 이름 없는 공포와 혹독한 금단현상을 겪으며 오직 고속도로를 달릴 때만 안전함을 느낀다. 어떤 것과도 연결되지 않고 어떤 것도 유지되지 않는다. 사람들이, 장면들이, 사건들이 하나씩 마리아가 주시하는 카메라의 눈앞에 나타난다. 카메라는 초점을 맞추려고 긴장하다가 어긋나고 또 다음으로 넘어간다. 단절은 마리아에게 적합한 단어가 아니다. 클로로폼 마취가 더 맞다. 책 속 인물들은 계속 마리아에게 무슨 생각을 하느냐고 묻는다. "아무것도." 마리아는 대답한다. 사람들은 냉소, 분노, 경외 등 다양하게 반응한다. 사람들은 마리아가 뭔가를 숨긴다고 생각한다. 당연히 독자는 그들보다 더 잘 안다. 마리아의 말이 진실이라는 것을. 그게 이 책이 말하는 바이다. 아무것도, 아무것도, 아무것도 없다고. 마리아는 다른 사람들이 모르는 것을 안다. 모든 것이 그저 아무것도 아니라는 것을, 우리는 모든 것이 아무것도 아님을 알지 못하는 것처럼 계속해서 정확히 '그대로 연기해야' 한다는 것을.

'아무것도 아님'을 향한 예견은 금세기 곳곳에 출몰했고, 그 예견을 공허 앞에 무너지는 여성의 초상을 통해 표현하고자 하는 것도 그리 드문 일은 아니다. 거의 언제나 붕괴는 제대로 조명된 적도 설명된 적도 없는 비이성적 행동과 동반하는 침묵과 금단현상 중 하나다. 불가피하게도 이 침묵은 영적 신비, 더 깊은 힘, 지식의 비밀스러운 핵심을 품었다고 여겨졌다. 우리는 매우 빨리 원시적 신화에 직면하는데, 이 신화란 광인, 성인, 바보 그리고 여성과 같이 '이상한'(비현실적인) 존재가 마법 같은 속성을 지녔다는 믿음이다. 이 신화가 중요한 것은 광기와도 거리가 멀고 침묵과도 거리가 먼 지배층 남성들이 거의 전적으로 이런 신화를 만들고 사용하기 때문이다. 여성들의 침묵이나 광기에 대해 거의 알지 못하면서 그들은 이와 같은 발상을 자신의 실존적 불안을 뒤덮기 위한 과장된 개념으로 이용해왔고, 이와 같은 용법은 현대 사회의 슬픔과 광기에 관해 가장 진부한 생각을 가져도 좋을 만큼 기득권이 있는 사람들을 위한 낡아빠진 수법으로 전락했다.

우리 시대에 이토록 심각하게 미친 숙녀들을 풍부하게 찾을 수 있는 가장 좋은 장소는 영화이고, 이런 면에서는 미켈란젤로 안토니오니의 영화가 최고다. 그 모든 안토니오니의 영화를 하나로 합하면 그게 바로 모니카 비티다. 비티가 머릿속으로 눈알을 굴리고 입에 손을 마구 쑤셔 넣고 무덤처럼 침묵하며 지방시 드레스를 마구잡이로 찢어발기는 동안 많은 남자가 "뭐가 '문제'야? 대체 뭐가 '문제'인지 말해줘!"라고 애원하는데 이 '모든 것의 실존적 의미'가 객석에 앉은 관객들을 숨막히게 한다.

마리아 와이어스는 안토니오니 감독이 모니카 비티를 위해 썼을 법한 인물인데, 똑같이 전망을 박탈당한 현대의 고통을 체현한 모습이다. 수천 명의 여성이 실제로 마리아처럼 살고 있지는 않다고 말하려는 게 아니다. 그저 마리아 와이어스도 모니카 비티도 머릿속에 든 생각을 내게 말해주지 않는 것만 같다는 것이다. 이 두 사람에게서 나오는 것은 오직 소문일 뿐이다. 마리아와 모니카를 통해서는 이 여성들이 제 목소리로 하는 말을 한마디도 들을 수 없고 제 경험의 중심에서 움직이는 모습을 느낄 수도 없다. 내가 듣고 느끼는 것은 남자들의 환상이 조작하는 꼭두각시 인형의 소리와 움직임이다.

《있는 그대로 연기하라》를 읽는 동안 나는 마리아의 언어가 그의 것이 아니고, 작가의 주요 경험이 아닌 어떤 경험이 창조한 한 세대의 문학적 참고문헌이 마리아의 입과 마리아의 눈 뒤에 망원경을 보는 듯한 반응과 의미심장한 침묵을 가져다 놓았다는 느낌을 피할 수가 없었다. 그런 이유로 마리아의 삶에 관한 이야기는 감정의 절제를 설득력 있게 묘사하지 못하고 오히려 이야기 '자체'가 감정의 절제 행위가 되어버린다. 남자처럼 쓴다는 말을 듣는 게 좋은 일이라고 믿는 작가에게서 독자는 자신을 느끼고—재능과 지능이라는 도구를 가지고—그러한 믿음을 단단히 박아넣는다. 그것은 작가가 자신과 자신의 작품 사이에 설치한 방패다.

'선정적이다' '거칠다' '솔직하다'는 평을 들어온 로이스 굴드*의 소설들은 《있는 그대로 연기하라》를 감염시킨 것과 같

---

* Lois Gould(1931~2002). 미국의 소설가로 여성의 삶에 관한 작품을 주로 썼다. 대표작인 《그런 좋은 친구들(Such Good Friends)》(1970)은 오토 프레민저 감독에 의해 영화화되기도 했다.

은 솔직하지 못함, 즉 방어적으로 솔직하지 못한 태도가 만든 흥미로운 변형물이다. 굴드의 소설들은 사실 이야기를 하지 않는다. 그저 내 마음에 들어와 마구 뒤섞여 '모든 것의 이름을 알고' 모두를 향해 정당한 원한을 품은 뉴욕 중상류층 유대인 여성의 긴 독백이 된다. 이 가엾은 부자 소녀는 곳곳에서 냉담함과 악의를 만났고 오직 아이러니를 이용해서만 살아남았다. 그 목소리는 거슬리고, 날카롭고, 취약하며, 저열하다. 잔혹할 정도로 솔직하려고 자기 삶을(주로 성적인) 세세하게 고백하는 데 탐닉한다. 그러나 독자는 곧 이 솔직함이 그저 유행하는 솔직함임을 알아챈다. 미리 한계가 잘 설정되어 있고, 사실 주인공도 작가도 예상 밖의 감정이나 통찰을 만나지 않을 솔직함이다. 이 솔직함은 하나의 책략으로 더 많이 드러낼수록 더 많이 숨긴다. 거친 분위기 뒤에는 자기연민의 늪이, 무가치한 삶이라는 압도적 확신이 도사리고 있다. 작가이자 여주인공은 거친 분위기 속에 방어적으로 봉인되어 있는데, 만약 우리가 그 안에 '그' 요새에 들어간다면 경악할 것이다. 이런 종류의 글쓰기에서 우리는 어떤 것도 배울 수 없다. 우리 자신에 대해서도, 우리 주변의 세계에 대해서도, 혹은 여성으로 살아가는 것이 어떤 의미인지도 전혀 배울 수 없다.

그리고 앤 로이프[*]의 《모래 상자 위로 Up the Sandbox》(1970)

---

[*] Anne Roiphe(1935~). 미국의 소설가이자 저널리스트. 대표작인 《모래 상자 위로》는 1972년 바브라 스트라이샌드가 주인공을 맡아 영화화되기도 했다.

가 있다. 우아하고 지적인 이 책은 여성의 삶이 감정적, 사회적으로 어떻게 구속되어 있는가를 현실적으로 파악한 작품으로 찬사를 받았다. 이 책은 그보다는 어쩌다가 여성인 작가가 자신의 경험이 지닌 의미를 압도적인 '공포'로 탐색하기 시작한 매우 중요한 예시다. 그 공포의 위압에서 여성적 감수성이 자라기 시작하고 작가는 자신의 주제를 '이해하기 시작한다'. 그러나 《모래 상자 위로》는 공포를 굴복시키는 이야기라기보다는 공포가 저항을 멈추는 이야기다. 용기 부족이 치명적이고, 그 결과 솔직하지 못한 책이 되었다.

줄거리는 간략하게 다음과 같다. 마거릿은 지적이고 교육받은 젊은 어머니이자 아내다. 남편은 컬럼비아대학교 대학원생이다. 그들은 뉴욕 어퍼웨스트사이드에서 남편이 공부를 마치고 생활이 향상되길 기다리면서 초라하지만 품위 있는 척하는 삶을 살고 있다. 그러나 당연히 남편은 실제로―확실히 혼자서는―기다리고 있지 않다. 그는 행동하고 있다. 두 사람 모두에게 유예기간을 선고하는 것이 바로 그의 행동이다. 그러나 마거릿은 '기다리고' 있다. 마거릿은 쇼핑하고 청소하고 아이를 공원에 데려가며 산다. 아이를 기르는 일이 남편의 일과 동등하다고 자신을 설득하고자 애쓴다. 사실 그게 삶이라고, 그러므로 자신의 삶이 시작되길 기다리는 감각은 환상에 불과하다고. 그러나 효과가 없다. 내면의 에너지는 막히고, 갇히고, 꾸준히 살아 있다. 이 갇힌 에너지가 이 책의 주제이고, 앤 로이프가 《모래 상자 위로》를 주부 월간지 식의 이야기로 만드는 원인이다. 로이프의 주인공이 지닌 에너지는 힘을 모아 '무엇이든' 되어 반대편으로 뚫고 나오지 못하고 공원 벤치 위 환상을 통해 압력이 낮아지면서 안전한 작은 웅덩이 속으로 새어 나온다. 환상 속 삶은 분명 풍부하고 재미있고 영리하지만, 결국 감정을 자기기만적으로 사용한다는 면에서 비겁하고 자기 패배적이며 초라하다. 각 장의 제목을 보면 '환상'에 관한 장인지 '현실'에 관한 장인지 알 수 있다. 마지막 장의 제목은 '환상'인데 여기서 마거릿은 또 임신했음을 알게 된다. 물론 현실에서도 그녀는 임신했다……. 독자는 속아 넘어갔다. 책은 결국 작가도 주인공도 정면보다 옆쪽에 서서 불안한 그림자처럼 맴도는 갈등의 한가운데로 들어갈 의도가 전혀 없었음을 드러낸다.

영리하고 재능 있는 갈등 회피를 더 명확하게 보고 싶다면, 현재 이 나라에서 인기 있는 소설을 쓴 런던의 탁월한 다작 작가 마거릿 드래블*의 작품이 있다. 아주 잘 썼고 통찰력이 아낌없이 뿌려진 이 책들은 그러나 궁극적으로는 여성잡지용 소설로 남았다. 《개릭의 해The Garrick Year》(1964)와 《맷돌The Millstone》(1965)이 그 두 가지 예이다. 전자에서 에마라는 이름의 젊은 여성이 데이비드라는 이름의 젊은 남성과 결

---

* Margaret Drabble(1939~). 영국의 소설가이자 전기작가, 평론가. 고등교육을 받은 여성들이 사회에서 마주하게 되는 제약과 문제, 여성들의 성장 서사가 자주 등장하는 소설을 썼다.

혼한다. 에마는 아름답고 품위가 있으며 데이비드는 웨일스인 배우다. 두 사람 모두 세련된 런던 사람답게 밝고 힙하며 의심에 찬 언어를 구사하는데, 사실 '야생에 자신을 묶어두기 위해' 결혼했다. 다시 말해 감정에 솔직한 능력을 계속 살려두려고 결혼했다. 어쩔 수 없이 여자는 아이들을 낳고 그들의 삶은 남자의 경력을 중심으로 돌아간다. 이야기는 데이비드의 무대 경력이 전성기를 맞이하고, 에마의 삶은 지루함과 질투심, 그리고 변두리 삶에 대한 두려움의 증가로 하락하는 일 년간의 지방 생활을 중심으로 진행된다. 탁월하게 예리한 문단에서 에마는 무대 위의 데이비드를 지켜보며 남편에게 연기가 무엇을 의미하는지 이해한다.

그를 지켜보다가 마침내 우리가 왜 여기 와 있는지를… 그가 왜 나를 무한한 지루함 속으로 밀어 넣었는지를 이해했다… 연극의 마지막 장에서 그는 그동안 내가 무대 위에서 들었던 그 어떤 대사보다 자신과 가까운 대사를 했다… 그가 삶에서 원하는 거라곤 지금처럼 조용한 관중을 향해 자신을 어떻게 생각하는지 표현하는 일이라는 것을. 그는 단지 즐거움 때문에 무대에 오르는 게 아니었다. 스스로 만들지 않은 제한되고 규정된 언어와 상황을 통해 존재를 명징하게 느끼고 감각하기를 원했다. 그 커다란 설명의 순간에 자신의 힘과 에너지가 하나로 만날 수 있기를 소망했다. 데이비드에게는 나나 친구들, 고용주들의 이해만으로는 충분하지 않았다. 우리는 각자의 요구와 의견으로 그를 압박해 무정형의 혼란을 일으킬 뿐이었으니까. 그가 정말로 원한 것은 총체적이고 대중적인 명징함이었다.

물론 에마도 같은 것이 필요하다고 깨닫는 식으로 이야기가 전개된다. 영국식 아이러니가 담긴 재미있는 소동이 많이 지나간 뒤에 당연히 에마는 연출가와 연애를 하다가 헤어지고, 데이비드는 성적 매력이 넘치는 극단 동료와 포장 상자 더미 위에서 굴욕적인 혼란에 빠지는 일이 '일어난다'. 조연들이 사라지고, 데이비드와 에마는 서로의 품에 안기고, 에마는 결혼생활에서 벗어날 수 없음을 깨닫고, 데이비드는 아내에게 새로운 삶을 가져다준다. 바로 영화를 촬영할 동남아시아 지역으로의 여행이다. 마지막 문단은 에덴동산의 뱀에 관한 지혜로 가득하지만, 이런 이야기는 월간 여성지에서 쉽게 찾아볼 수 있다.

그러나 이 모든 소설의 핵심인 감정적 비겁함을 발견할 수 있는 작품이 《맷돌》이다. 떠오르는 젊은 학자 로저먼드는 런던에 혼자 산다. 작가, 배우들과 어울리고 성적으로 자유분방한 사람으로 여겨진다. 로저먼드의 남자친구들은 전부 로저먼드가 다른 남자와 잔다고 생각한다. 그러나 그녀가 처녀라는 사실을 아무도 모른다. 그녀는 그 케케묵은 상태에서 벗어나기로 결심하고 어느 날 밤 잘 알지도 못하는 남자와 자고 임신하게 된다. 로저먼드는 아기를 낳기로 한다. 홀로, 아무 도움 없이, 아기 아버지 몰래. 소설은 로저먼드의 임신과 아기 출생 후 대단히 충격적인 첫 일 년에 관한 이야기다. 글은 날카롭고 상세하며 로저먼드의 맹백한 감정을 중심으로 우주가 형성된다. 그러나 핵심은 로저먼드가 이 아기를 원하는 것은 오직 아기만이 자신을 무비판적으로 사랑할 수 있고, 그리하여 아기와 함께할 때만이 굶주린 욕구를 드러낼 위험을 감수할 수 있다고 생각하기 때문이다.

사랑할 욕구, 그 욕구가 감수하는 두려움, 두려움이 우리를 지배하는 힘, 이것이 궁극적으로 우리의 모든 행동 구조 속에 자리한 핵심적이고 결정적인 요소이다. 욕구는 일차적이고, 두려움은 유아적이며, 지배는 우리가 평생 밑에서 투쟁해야 하는 무거운 멍에이다. 우리는 깨끗하게 인정하기 위한 노력으로, 사랑하는 사람에게 우리의 두려움이 아닌 우리의 성취를 안겨주기 위해서, 욕구에 맞서는 게 아니라 두려움에 맞서 싸운다. 그동안 '여성 소설'의 특징은 두려움을 정복하기 위한 투쟁의 고귀한 묘사가 아니라 두려움에 항복하는 것이었다. 콜레트가 위대한 작가가 된 것은 그 투쟁을 용기 있고 밀도 있게 묘사했기 때문이다. 디디온, 로이프, 드래블을 덜 위대한 작가로 만든 것은 불가피한 일을 미덕으로 상승시킬 기개의 부족이다.

궁극적으로 우리 예술은 우리의 두려움에 엮인 욕망의 진행을 반영한다. 사회운동은 두려움의 우세를 물리치려는 본능적 욕구에서 곧바로 나올 때 의미가 있다. 그 욕구가 감정적인 —그리하여 문화적이고 정치적인—변화를 서서히 확립하고 서서히 강제하는 한 가지 생각이 된다. 내가 설명한 소설들은 아직까지는 대부분 두려움이 지배해왔다. 여성들에게 평형상태가 바뀌면서 자신의 경험 쪽으로 점점 더 가까이 움직이고 이제 가장 어두운 불안보다 명백한 욕구에 따라 행동하게 될수록 여성적 감수성도 성장할 것이고, 그렇게 발달하는 감수성으로 쓰여질 소설들은 동시에 페미니스트 프로젝트, 즉 경험하는 자아의 해방을 향한 길잡이이자 반영이 될 것이다.

(1973)

뉴욕 이야기

4

New York Stories

버스에서

여러 해 동안 대학원 글쓰기 수업을 일 년에 한 학기씩 가르쳤다. 거의 대다수 학교가 집에서 멀리 떨어져 있었다. 얼마 전에는 뉴욕에서 320킬로미터 떨어진 한 주립대학교에서 강의를 제안받았는데, 통근 가능한 거리인지 얼른 계산해보고 그 자리를 받아들였다. 상황은 내 바람대로 잘 풀렸고 나는 주말마다 집에 돌아올 수 있었다. 그러나 학교에서 집까지 그레이하운드 버스*로 다녀야 한다는 사실은 미처 예상하지(혹은 흥정하지) 못했다. 알고 보니 그 대학은 아무것도 없는 곳의 정확히 한가운데 있었다. 대부분 뉴요커가 그렇듯이 내겐 자동차가 없었고 기차나 비행기를 이용하자니 너무 돌아가는 데

---

* 주로 비행기를 탈 돈이 없는 저소득층이 많이 이용하는 교통수단.

다가 비용까지 비쌌기에 유일하게 현실적인 이동 수단은 네 시간 반 동안 버스를 타고 가는 것이었다.

내가 타는 버스는 맨해튼 항만청 터미널을 하루 여섯 번 출발하여 클리블랜드, 시카고를 거쳐 샌프란시스코나 솔트레이크시티로 가는 버스였다. 월요일 오후 5시에 버스를 타면 저녁 9시 30분에 대학에서 24킬로미터 떨어진 트럭 정류장에 내렸고 그곳에서 누가 마중을 나와 마을로 들어갔다. 목요일 밤이 되면 저녁 8시 30분에 그 트럭 정류장으로 돌아왔고 새벽 1시에 항만청 터미널에 도착했다.

그 트럭 정류장에서 버스를 타거나 내리는 사람이 나밖에 없을 때가 있었다. 뉴욕에서 출발한 다른 승객들은 전부 클리블랜드나 시카고로 향했고 꽤 많은 이들이 서부 해안으로 갔지만, 다들 출발부터 끝까지 이어질 게 분명한 지칠 대로 지친 기색을 하고 있었다. 그 버스는 실제로 지쳤다는 것이 무엇인가에 관한 완벽한 사례였음을 나는 서서히 깨달아갔다. 함께 탄 승객 대부분은 노동계급 흑인이나 영어를 한마디도 하지 못하는 라틴계나 아시아계였는데, 상당수가 몹시 어설프게 심지어 두서없이 섞여 있었다. 버스 안의 인상이 황폐해 보였던 게 처음엔 허름한 옷차림 때문이라고 생각했는데 그게 아니었다. 지친 기색 때문이었다. 뿌리를 뽑을 정도로 완전히 지친 분위기 때문이었다.

이 여정은 뉴욕 항만청 근처에서 시작되었다. 버스가 출발하기 한 시간도 전에 사람들은 아래층 게이트에 '줄을 서기'

시작했다. 실제로 서 있는 사람은 거의 없었다. 사람들은 벽에 기댄 채 주저앉거나 더플백을 깔고 눕거나 다리를 꼬아 바닥에 앉아 있었다. 줄이 길어지고 게이트에서 멀리 떨어진 곳까지 줄이 뱀처럼 뻗어나가기 시작하면 군중의 피로는 빠른 속도로 자라났다. 나지막한 울적함 같은 것이 대기에 스며들면 아시아계는 거의 말이 없고, 흑인들은 선 채로 잠든 것처럼 보였으며, 라틴계는 슬픈 모습으로 중얼거렸다. 줄은 곧 난민 집단과 비슷해졌다. 권리는 없고 오직 의무만 있는 사람들 말이다. 기사가 버스 문을 열고 표를 받기 시작할 때면 다들 두들겨 맞은 사람처럼 보였다.

앞 좌석이 비어 있는 걸 발견할 때마다 나는 놀랐다. 긴 여정에서 앞창으로 밖을 내다보며 꿈을 꾸는 게 내겐 한결같은 즐거움이었기 때문에 앞 좌석에 특별히 관심을 두었는데, 게이트에 도착할 무렵이면 언제나 내 앞에 스물다섯 명 정도가 줄을 서 있었다. 앞 좌석이 다 차면 속으로 한숨을 내쉬었지만, 간혹 버스 계단을 올라간 후 그 네 좌석 중 하나가 비어 있는 걸 발견할 때도 있었다. 내 앞에 줄을 서 있던 사람들이 거의 전부 뒤쪽으로 갔다는 뜻이었다. 짐을 다 싣고 출발 준비를 마칠 무렵이면, 승객 다섯 명 중 셋은 눈을 감고 좌석에 몸을 파묻고 어깨를 축 늘어뜨린 채 등받이 아래로 머리를 감추었다.

그러나 버스 뒤쪽에 앉아야 할 때가 더 많았는데 그럴 때면—이 역시 놀랍게도—피곤해 보이는 옆 사람이 내게 말을 시키기 시작했다. 도로를 달리는 이 쇼가 얼마나 오래 걸릴까요? 좌석이 뒤로 젖혀지지 않네요. 다리를 뻗을 공간이 정말 형편없어요. 나는 이토록 무해한 대화의 문을 여는 사람들을 별로 환영하지 않았다. 그들이 거의 한결같이 나를 곧 인질로 잡을 생각임을 알았기 때문이다. 나는 사교에 강박적이었기 때문에 내게 말하는 사람을 향해 귀나 얼굴을 닫을 수는 없었다. 보통은 땅이 갈라지면서 나를 지루하게 만드는 저 사람을 삼켜버렸으면 하고 바라지만, 얼굴 표정은 여전히 관심을 기울이고 심지어 가끔 입 밖으로 어쩔 수 없이 "정말이요!"나 "그러게요" 같은 말이 튀어나온다. 나는 그들이 말을 시작하면 어쩔 수 없이 듣게 되기 때문에 인생의 상당 부분을 지루하다 못해 분노하게 만드는 사람들에게 사로잡힌 채 흘려보냈다. 월요일과 목요일의 그레이하운드 버스 여행에서 내게 말을 거는 사람들은 내가 거의 한마디도 하지 않는다는 사실을 전혀 알아채지 못하는 것 같아 언제나 놀라웠다.

그 대학에서 2년째 강의를 하던 늦가을의 어느 목요일 밤, 트럭 정류장에서 버스를 탔는데 앞에서 셋째 줄 좌석의 한 여자 옆자리가 비어 있었다. 여자는 좁은 얼굴에 긴 금발을 늘어뜨리고 마른 몸에 십대들이 입는 탱크톱과 미니스커트, 굽이 높은 흰색 부츠를 신고 있었다. 여자는 눈을 감고 머리를 등받이에 기댄 채 축 늘어져 있었다. 병이 났나 싶을 정도로 지쳐 보였다. 하지만 내가 옆에 앉자 눈을 뜨고 나를 돌아보더니 이 근처에 사냐고 물었다. "아니요. 아니에요." 내가 대답했다. "뉴욕에서 왔어요?" 여자가 물었다. "예." 내가 말했다. "그런 도시가 또 없죠." 여자가 말했다. 나는 빙그레 웃었다. "저는 클리블랜드에서 왔어요." 여자가 말했다. 나는 고개를 끄덕였다. "클리블랜드에 가봤어요?" 나는 고개를 저었다. "괜찮아요." 여자가 말했다. 나는 다시 웃었다. "나도 뉴욕에 사는데 요즘 어머니가 아파서 클리블랜드와 뉴욕을 오가고 있어요."

여자의 이름은 주얼이었다. 20년 전 고등학교 졸업 직후(내 생각에는 25년 전으로 보이지만) 여자는 연극배우가 되려고 뉴욕에 왔다. 일은 정확히 계획대로 진행되지 않았지만, 여자는 그 도시에서 만들어진 거의 모든 영화에서 가장 인기 있는 엑스트라로 활약했다. 또 미드타운에서 바텐더로 일했다. 버스가 항만청 터미널에 도착하기 전 주얼은 내게 어머니가 암으로 죽어가고 있으며, 아버지는 결정을 내리느라 힘든 시간을 보내고 있는 다정한 남자이며, 의사인 오빠는 아주 특별하게 인공적인 수단을 동원해 어머니를 살려두고 있다는 이야기를 들려주었다.

일주일 후 버스에 올랐을 때 주얼은 또다시 셋째 줄 좌석에 앉아 있었고, 역시 그 옆자리가 비어 있었다. 주얼이 알은체하자 나는 그 옆에 앉아야 한다고 느꼈다. 그녀는 일주일 전만큼이나 지쳐 보였지만 다정하게 웃으며 일주일을 어떻게 지냈냐고 물었고, 내가 잘 지냈다고 대답할 때까지 참을성 있게 기다렸다가 이윽고 자기 이야기를 시작했다. "모르겠어요." 그녀는 이렇게 시작했다. "어쩐지 옳지 않은 것 같아요." 나는 깊은숨을 들이마시고 "무슨 말이에요?" 하고 물었다. "우리 오빠요." 그녀가 말했다. "오빠가 '집착'하는 것 같아요." 그리고 두 시간 동안 꾸준히 이야기했다.

그들은 클리블랜드 바로 외곽의 농장에서 자랐는데, 아버지는 생계를 꾸려가지 못했고 어머니는 그녀에게 냉담했으며 오빠에게 헌신했다. 오빠는 결혼하고 아버지가 되었지만 어머니를 향해 느꼈던 감정을 다른 누구에게도 느껴본 적이 없는 것 같았다. 물론 주얼의 추측일 뿐이었다. 가족들은 '아무 말도' 나누지 않았다. 하지만 오빠와 어머니는 매일 아침 함께 '이야기를' 나누었고, 다른 사람보다는 둘이 함께 있을 때를 분명히 더 좋아했다. 어머니가 아프기 시작하자 오빠는 즐겁게 어머니를 구하러 갔다. 방법을 찾지 못할 거라고는 조금도 의심하지 않았다. 그러나 어머니는 무수한 치료법 중 어떤 것에도 반응하지 않았다. 이제 어머니는 뼈만 남았고 그만 떠날 시간이라고 계속 말했다. "아니에요, 엄마." 주얼의 오빠는 계속 말했다. "아직은 아니에요. 나는 아직 엄마를 보낼 수 없어요."

그해 늦은 시월과 크리스마스 사이 나는 목요일 밤마다 버스에 앉아서 주얼이 들려주는 곧 돌아가실 어머니와 어쩔 줄 모르는 아들의 가족 로맨스 최신 에피소드를 들었다. "당신도 병실에 있는 두 사람을 한번 봐야 해요." 주얼은 말하곤 했다. "오직 서로만 보고 있어요. 아버지랑 나는 그냥 앉아 있을 뿐이고요. 심지어 우리는 서로를 바라보지도 않아요. 당혹스럽죠. 우리가 두 사람을 계속 보고 있을 이유가 없다는 생각만

들어요." 언젠가 체호프가 여행하는 사람들은 모든 비축량을 잃는다고 말했는데, 분명 주얼을 염두에 두고 한 말일 것이다.

그동안 나는 거의 아무 말도 하지 않았다. 몇 주 동안 그저 주얼 옆에 앉아 그쪽으로 몸을 돌리고 우리 사이 팔걸이에 팔꿈치를 괴고 손가락을 오른쪽이나 왼쪽 관자놀이에 올린 채 눈으로 그의 얼굴을 살피며 거의 침묵했다.

그 학기의 마지막 목요일에도 나는 주얼 옆자리에 앉았고 우리는 버스 양옆으로 색색의 빛으로 윤곽을 드러내는 거대한 대형트럭들이 고속도로를 오르내리는 마법처럼 춥고 맑은 밤을 달려갔다. 나는 그대로 넋을 잃었다. 주얼은 덜컹거리듯 계속 말했고—오빠는 어머니를 무덤에서 끌어당기고 있었고, 다른 의사들은 오빠가 한계에 다다랐다고 생각했으며, 오빠의 아내는 이혼하기 직전이었다—내가 사실 거기 존재하지 않는다는 사실을 거의 알아채지 못했다.

새벽 1시에 운전사가 항만청 터미널에 들어서고 버스 실내등을 켰다. 앞쪽 승객들이 일제히 일어나 짐을 챙기고 외투를 입었다. 나는 주얼 바로 뒤에 서서 통로를 지나갔다. 버스 출입문에 가까워지자 주얼이 돌아서더니 내 목을 끌어안고 말했다. "당신이 내게 이야기를 해주지 않았다면 이 시간들을 어떻게 헤쳐나갔을지 정말 모르겠어요."

"주얼." 나는 항의했다. "나는 아무것도 한 게 없어요. 당신이 다 했죠."

순간 그녀는 깜짝 놀란 것 같았다. 이윽고 그녀는 내 귀에 입을 대고 잊을 수 없는 위엄 있는 목소리로 말했다. "당신이 말하게 했어요. 그건 당신이 내게 말한 것과 똑같아요."

　나는 뒤로 물러나 그녀를 쳐다보았다. 그 얼굴은 감정으로 가득했다. 긴장했지만 기민했고, 살짝 당황했지만 이상하게 흥분한 얼굴이었다. 단 하나 없는 것은 지친 기색이었다.

(2004)

바비의 살롱

　대학에 다닐 때 한 친구가 내 머리 모양이 극악무도하다며 고등학생 때부터 단골이라는 57번가의 미용실에 같이 가자고 했다. "거기 조금 이상하기는 한데." 친구가 말했다. "하지만 미용사가 끝내줘."
　"57번가라니!" 나는 투덜거렸다.
　"걱정하지 마." 친구가 말했다. "주소만 57번가고 가격은 34번가야."
　우리는 카네기홀 바로 맞은 편에 있는 건물 계단을 올라갔고 3층에서 아무 표시 없는 문을 열고 일련의 창문 너머로 화려한 거리가 내려다보이는 탁 트인 공간으로 들어섰다. 창은 전부 브루클린이나 브롱크스의 어느 거리를 면하고 있다고 봐야겠지만 그 공간은 분명 57번가와 관계있었다. 바닥에는 감옥 같은 회색 리놀륨이 깔려 있었고, 창문마다 심각한 세로줄 얼룩이 묻어 있었으며, 벽은 세척이 필요했고, 가구와 기물은 —의자, 탁자, 조명, 세면대— 전부 다양한 커피숍 경매에서 구해온 것처럼 보였다. 중앙 창문에 금박 글씨가 붙어 있었다. '토니 미용실'. (내 눈에는 당연히 거꾸로 보였다.)

낡은 이발 의자가 설치된 방 한가운데에 수건으로 목을 감싼 여자가 앉아 있고, 강인하고 잘생긴 이목구비에 희끗희끗한 검은 머리가 덥수룩한 키 큰 남자가 여자의 머리를 자르고 있었다. 네다섯 명 정도의 여자들이 곳곳에 흩어진 허름한 의자에 앉아 책을 읽거나 잡담을 나누고 있었다. 남자가 나와 내 친구를 보더니 가위 든 손을 허공에 뻗은 채 그대로 멈추었다. 아직 문간을 넘어가지 않은 내 눈에도 남자의 다른 한 손이 마치 환자의 벗은 몸에 올라간 의사의 손처럼 부드럽게 여자의 머리 위에 가만히 올라가 있는 게 보였다.

"안녕, 플로렌스." 남자가 내 친구에게 다정하게 말했다.

여자들이 일제히 고개를 들었다.

"바비, 손님을 데려왔어요." 내 친구가 말했다.

남자가 웃으며 이 일이 자기 인생에 도움이 될지 손해가 될지 살펴보는 사람처럼 나를 훑어보았다. "고마워." 남자가 똑같이 다정한 목소리로 말했다.

여자들은 다시 책 읽기나 잡담으로 돌아갔다.

플로렌스와 나는 자리에 앉았고 가위 든 남자는 다시 일을 시작했다. 가위가 여자의 머리카락에 닿자마자 남자가 이발 의자에 앉은 여자에게 말했다. "그래, 로라. 그 시청 스캔들 얘기 좀 해줘. 자기, 그 남자 밑에서 일하잖아."

책을 읽고 있던 한 여자가 책을 내리더니 기대감을 품고 고개를 들었다.

"응, 그렇지. 하지만 그 이야기는 할 수 없어." 이발 의자에 앉은 여자가 말했다.

"아이, 그러지 말고, 로라." 바비가 졸라댔다.

"경찰이 발견했다는 그 편지, 그 남자가 쓴 걸까요?" 책 읽던 여자가 물었다.

"당연하지." 또 다른 여자가 코웃음 쳤다.

"오, 난 그렇게 빨리 '당연하지'라고는 못하겠어." 세 번째 여자가 말했다. "이런 일은 알고 보면 엄청나게 복잡한 진상이 드러나기 마련이거든."

그사이 이발 의자에 앉은 여자는 여전히 자신이 연루되었다고 알려진 스캔들에 대해 아무 말도 하지 않았지만, 이미 미용실에 퍼진 추측성 발언들을 수정하는 일까지 거부할 수는 없었다. 바비의 시선이 말하는 사람 사이를 왔다 갔다 하는 동안 그의 가위는 한 번에 몇 분 동안 공중에 들린 채 멈춰 있었다. 나는 그가 고객들이 빠르게 주고받는 대화를 따라잡을 때는 가위질을 하지 않는다는 사실을 알아챘다.

오후 3시였다. 6시에 나는 내 인생 최고의 머리 모양을 하고 미용실 밖으로 나갔다. 하지만 이걸 고맙게 여겨야 할까? "우리가 거기 세 시간이나 앉아 있었던 거 알아?" 나는 분통을

바비의 살롱

터뜨렸다.

플로렌스가 어깨를 으쓱하며 말했다. "원래 그런 데야." 그가 말했다. "컷이 아주 훌륭하다면 마땅히 시간을 들여야지."

"늘 이렇다는 말이야?"

"늘."

"왜?"

"그 질문에는 대답 못하겠다. 왜 그런지는 '모르니까'. 그냥 바비가 원래 그래. 여자들을 기다리게 하는 걸 아주 좋아하지. 기다리면서 이야기 나누게 하는 거." 플로렌스가 거리에서 잠시 걸음을 멈추었다. "이야기 나누는 거, 그게 중요한 것 같아."

바비의 이름은 바비 카셀라로 그 자리에서 40년 넘게 미용일을 해온 육십대 남자였다. 그는 기억할 수 있는 오래전부터 뉴저지의 거친 이탈리아계 거주 지역에서 자랐고 걸핏하면 동네 아이들에게 예술가가 되겠다고 선언하는 바람에 따돌림을 받았다. "심지어 예술가가 뭔지도 몰랐어." 누가 어린 시절 이야기를 물어보면 그는 이렇게 대답하곤 했다. "하지만, 뭐, 내가 '예민한' 사람이라는 건 알았고 예민하면 예술가라고 생각했지."

외로운 꼬마였던 그는 가족의 친구였던 미용사 토니를 찾아가는 일을 무척 좋아했다. 토니는 자기가 일하는 모습을 지켜보게 해주었다. 뉴저지와 맞지 않았던 예민한 아이는 이 미용 장인의 기술을 모공으로 흡수하는 것처럼 보였고, 그러던 어느 날 토니가 '자기' 머리카락을 잘라달라고 청했다. 바비의 성공은 확실했다. 손에 가위가 들리자마자 언제나 되겠다고 선언했던 예술가가 되었다. 그는 이십대부터 토니의 미용실에서 일하기 시작했고 토니가 죽고 나서는 스스로 존중이라고 부르는 미신을 쫓아 그 자리를 지켰다.

바비는 가게에서 몇 블록 떨어진 작은 아파트에 혼자 살았고 이른 아침부터 늦은 저녁까지 일주일에 엿새를 일했으며 일요일을 싫어했다. 그가 손님들을 기다리게 하는 이유 중에는 그 스스로 절대 그 자리를 떠나고 싶지 않은 이유도 있었다. 모든 면에서 그는 고립되어 있었다. 가족과 사이가 나빴고 친한 친구도 없었으며, 어쩌다 한 번씩 만나 핸드볼을 하는 친지 한두 명도 운동장 밖에서 만난 적이 없었다. 사실 그는 이 세상에 '존재하는' 방법 자체를 몰랐고—나는 가끔 그가 심지어 자신이 게이라는 사실조차 모르지 않을까 생각했다—가게는 그가 편안하게 자리를 차지할 수 있는 유일한 장소였다. 그에게 미용 일은 머리카락을 자르는 불후의 즐거움을 의미했을 뿐만 아니라 여성들을 기다리게 하면서—기다리는 동안 말하게 하면서—매일 창조할 수 있는 세계의 감각을 들이마신다는 뜻이기도 했다.

그는 자신의 가위질 솜씨를 존중했지만, 시간이 흐를수록 가위질만으로는 충족할 수 없는 강렬한 어떤 것을 갈망하게 되었다. 이때 생생한 대화가 종종 효과를 발휘했다. 우리 중 한 사람이 그 이발 의자에 앉으면—나는 첫날 투덜거리며 그 미용실을 나갔지만 결국 바비의 단골이 되었다—그는 우리 옆구리를 찔러 자기 이야기를 시작하게 했고, 그러면 불꽃이 튀듯 대화가 시작되면서 바비의 얼굴이 황홀해졌다. 주제가 무엇인지, 논쟁거리가 무엇인지, 심지어 실제로 어떤 말이 오가는지는 중요하지 않았다. 대화가 달아오르면 바비의 목소리는 떨렸고(오오오, 방금 자기가 말했잖아!), 그의 손은 공포를 가장해 입을 가렸지만 눈은 반짝거렸고, 누런 뺨은 춤을 추었다. 갑자기 가게 안은 그의 귀에 드라마로 들리는 대화의 열기로 가득 차올랐다. 길게 이어지면 연극을 보거나 책을 읽는 기분이 들기도 했다. 그에겐 이 모든 것이 아름다움이 마련된 장소였고—그것이 없었다면 칙칙하고 텅 비었을—삶이 하나의 이야기로 변하는 기분이었다. 대화가 알아서 끝을 맺으면 바비는 한결같이 행복감에 허스키해진 목소리로 말하곤 했다. "정말 끝내주는 이야기였어. 그렇지, 자기들?"

그가 우리 모두를 어떻게 움직이는지는 언제나 수수께끼였지만 그의 욕구는 집요했고 그래서 그는 부끄러움을 몰랐다. 누군가 바비의 고객이 되면, 그는 곧바로 고객의 주요 신상정보를 입수하고—어디에 사는지, 어떤 일을 하는지, 남편이 누구인지, 없다면 왜 없는지—그 정보를 그의 마음속 인명 기록부에 등록한 다음, 고객이 그 낡아빠진 이발 의자에 앉자마자 어김없이 개시 첫수를 위해 활용했다. 이 일종의 사교 전략은 그의 다정한 손길과 흥얼거리는 듯한 음색, 고객의 목에 수건을 둘러줄 때 고객의 뺨 위에 자기 입술이 살짝 어른거리게 하는 방식 등과 다소 기이하게 결합해—전부 그가 무제한으로 연습해온 유혹의 기술이다—거의 언제나 자기가 원하는 방식으로 대화의 포문을 열게 했다.

"그래, 스테파니." 그는 매끄럽고 부드러운 목소리로 수건을 매듭지으며 말하곤 했다. "자기 남편 이야기 좀 해봐. 노벨상 받은 분 말이야."

또는 "글로리아, 자기 직업이 월스트리트 대기업 부사장이잖아. 그게 뭐라고 했지? 거기서 무슨 일을 하는 거야?"

아니면 "비비언, 요즘 자기 새 책 어때? 여자들이 남자들을 믿지 않는 이유에 관해 썼다면서? 누가 그러는데 《타임》에서 별로인 리뷰를 봤다더라고."

우리는 다들 재미로 반응하든("바비, 도대체 무슨 질문을 하는 거야?") 분노로 반응하든("빌어먹을, 바비, 그 입 다물어!") 결국 꼬임에 넘어가 대꾸를 하게 되었다. 나는 보통 분노로 반응하는 사람에 속했다. 넌지시 빗대어 말하는 방식이 내 신경을 긁어댔다. 그럼에도 나는 언제나 그에게 '무슨 말'인가를 했다. 바비의 요구를 들어줄 만큼 그의 가위질을 간절히 원했기 때문만은 아니었고, 다른 고객들과 마찬가지로 나 역시 그 장소에 푹 빠져 있었다.

거기 드나드는 여자들은 연기자 알선 업체 센트럴 캐스팅이 공급했을 법하게 뉴욕의 온갖 인물을 망라했다. 어느 날이든 그곳에 앉아 있으면 공화당 여성위원회 소속 여자, 링컨센터 무용수, 어퍼사이드웨스트 활동가, 은행이나 기업에 다니는 누구, 그리고 당연하게도 사회복지사와 심리치료사, 교사가 있었다. 나이도 스물다섯 살에서 여든 살까지 다양했고, 입고 있는 옷도 버그도프 굿맨 백화점부터 중고 가게 상품까지, 읽는 책도 프루스트, 《월스트리트 저널》, 자기계발서, 《뉴요커》까지 다양했다.

바비의 미용실에서 보낸 그 기나긴 오후들을 돌이켜보면 십 년 단위로 세월이 흘렀어도 어느 순간에나 우리를 하나로 묶어주었던 그 단 하나의 요소가 얼마나 뚜렷했는지 알 수 있다. 대화는 선거 정치부터 도시 생활과 교외 생활의 비교, 최신 소설, 일본인이 미국인보다 심장마비를 더 많이 일으키는가 여부까지 다양했지만, 궁극적으로 생생한 초점이 맞춰졌던 것은 여자들과 반대로 남자들이 그 문제를 어떻게 바라보느냐는 것이었다. 이 시각이야말로 거의 모든 질문이 숙달되고 빈틈없으며 활기차게 참고하는 틀이었다. 어떤 상황이 주어지고 개인적인 증언이 이어지면 각자의 반응은 지적으로 말해 매우 광범위했지만, 결국 가장 기억에 남는 말은 남자들과 관계된 우리 삶에 대해 불쑥 끼어든 한마디였다. "그 남자가 그런 말을 해서 자기도 그 남자 곁을 떠나지 않은 거네. 정말 흥미롭다." 혹은 "어머머, 정말 너무너무 낭만적이지 않니?" 또는 "그 남자, 내 말은 귓등으로도 안 듣는다니까." (이 마지막 말을 특히 좋아했다.) 그러면 거의 한결같이 《뉴요커》를 무릎에 올려놓은 누군가가 한숨을 쉬면서 "원래도 그랬고 앞으로도 영영 그럴 거야"라고 말했고, 뒤이어 말쑥하게 차려입은 오십대 여자가 《타임스》를 훌훌 넘기며 "신경 쓰지 마. 전부 개소리니까. 그런 것들은 설득할 게 아니라 실험실에 처넣어야 해"라고 말하면서 대화가 마무리되곤 했다.

그 세월 동안 바비는 남자들에 관해 무슨 말이 나오든—마치 자신은 그 종족과 아무런 상관 없다는 듯이—황홀해했다. 그는 눈을 반짝이고 입으로 씩 웃으며, 말하는 사람들 사이에서 고개를 앞뒤로 까딱거리면서 마치 특권층만 즐기는 대단한 관중 스포츠의 목격자가 된 양 굴었다.

그러다 내 나이 삼십대에 대본이 달라지기 시작했다. 이제 여성운동이 개인 정치를 선언했고, '토니 미용실'에서의 대화도 이를 눈치채고 조심하기 시작했다. 여성의 권리에 관한 새로운 대화는 평소처럼 열띤 반응을 불러일으켰지만 이제 일화의 증거들은 시트콤스러운 결론보다는 이론적인 통찰을 촉발했다. 누군가는 여전히 "어머머, 정말 낭만적이다"라고 신음했지만, 반사적인 "원래 그랬잖아"는 더 이상 마지막 말이 아니었다.

무릎에 《자매애는 힘이 세다 Sisterhood Is Powerful》를 올려놓은 청바지 차림의 젊은 여성이 어느 성명서를 읽어주는 동안 바비는 몇 분 동안이나 공중에 가위를 멈춘 채 최면에 빠진 듯 귀를 기울였고, 그사이 공화당 여성위원회 소속 여자는 두세 차례 입을 벌렸지만 어쩐 일인지 말을 하지는 못했다. 이제 피고석에 앉은 것은 그저 남자들이 아니라 문화의 역사였다. 청바지를 입은 그 여자의 목소리는 얼마나 유쾌했던가! 유죄라면 '그런 남자들'이 아니라 수백 년간의 성차별이었다. 그 여자가 '그런 남자들'이라고 계속 말했던 게 기억난다. 여자가 연설하는 동안 내가 만약 이발 의자에 앉아 있었다면 바비는 흥분해서 내 귀에 대고 이렇게 속삭였을 것이다. "저 애 말이 맞아? 저 애 말이 맞는 거야?"

1980년대 후반이 되자 우리는 문화 역사를 향한 고발에 완전히 익숙해졌고 암시적인 혁명이 완전히 이루어지지는 않았음을, 특히 카네기홀 맞은편 건물 3층에서는 아직 아니라는 것을 날카롭게 인식하고 있었다. 이상한 말이지만, 바비의 미용실 안 분위기는 이 도발적인 고비의 강력한 불편함을 반영했다. 익숙한 길을 따라가는 것처럼 보였던 대화가 갑자기 예상치 못한 방향으로 틀어졌고 깜짝 놀랄 쪽으로 회전했으며 막다른 골목을 만나기도 했다. 그런 전개는 어쩔 수 없이 변화하고 있지만 아직 완전히 변하지는 않은 시대를, 다르게 표현하자면 언제나 그런 모습으로 보였지만 사실은 그렇지 않았던 시대를 상기시켰다. 바비는 여전히 그 모든 것을 무분별하게 사랑했다. 그의 눈은 반짝거렸고 입은 키득거렸으며 이발 의자에 앉은 여성의 뺨을 스치듯 입술을 어른거리며 귀에 대고 속삭였다. "정말 끝내주는 이야기지 않아?" 이제 여자가 얼마나 자주 당혹스러운 눈으로 자기를 빤히 돌아보는지 전혀 알아채지 못했다.

그런 시기의 어느 날 내가 미용실에 앉아 있는데 덥수룩한 회갈색 머리를 한 여자가 이발 의자에 앉아 자기 딸이 요즘 얼마나 막무가내인지, 하지만 딸이 '무엇'을 원하는지 전혀 모르겠다는 말을 하고 있었다. 내 왼쪽에는 《타임스》를 읽는 여자가 앉았고(적어도 한 명은 꼭 있었다), 오른쪽에는 페이퍼백 대중심리학책을 읽는 여자가 있었으며, 같은 줄의 먼 쪽에 다른 두 여자가 조용히 허공을 바라보고 있었다. 그중 한 명이 아름답게 차려입은 칠십대로 백색 머리카락은 놀랍도록 숱이 많고 피부는 부드럽고 눈에 띄게 주름이 없었다. 그 여자가 다음 차례로 이발 의자에 앉았다. 순간 나는 그녀의 눈을 보았다. 밝은 파란색 눈빛이 몹시 차가웠는데, 마치 겨울 호수에 비치는 햇빛 같았다.

바비가 오랜 친밀감에서 비롯된 다정한 손길로 여자의 머리카락을 뒤로 쓸어내렸다.

"안녕, 로즈?" 바비가 여자의 귀에 입술을 바짝 들이대고 부드럽게 말했다.

"오, 바비, 제발!" 여자가 바비의 얼굴을 밀어내며 날카롭게 말했다.

"우리 로즈 여전하네." 바비가 웃었다.

여자가 입술을 꾹 다물며 한쪽 어깨를 으쓱했다.

바비가 여자의 머리를 자르기 시작했다.

잠시 가게 안이 조용했지만 바비가 침묵을 얼마나 견딜 수 있겠는가?

"자기 결혼 이야기 좀 해주라, 로즈." 그가 말했다.

우리 중 두 사람이 깜짝 놀라 고개를 들었다.

"제발, 바비." 이발 의자에 앉은 여자가 말했다. "난 안 해."

"아이, 로즈, 제발. 다들 자기 결혼 이야기 듣고 싶을 거야."

《타임스》를 읽던 여자가 신문 가장자리 너머로 그쪽을 보았다.

"정말 낭만적인 이야기잖아." 바비가 말했다.

"천 번도 넘게 들었잖아." 로즈가 코웃음 쳤다.

"응, 하지만 '저 사람들'은 못 들었잖아."

"내가 뭔데? 공연하는 동물이야? 여기 올 때마다 그 이야기를 해야 해? 제발."

"아이, 로즈, 그러지 말고." 바비가 양손으로 여자의 머리를 감싸며 애원했다.

"그냥 머리나 잘라, 바비, 알았어?"

"아이, 로즈, 그러지 말라니까." 이번에 바비는 매끄럽게 유혹적인 목소리로 말했다.

이발 의자에 앉은 여자는 어깨를 으쓱했지만 분명 저항이 빠져나간 뒤였다.

"자기도 알겠지만." 여자는 무릎 위에 손끝을 가지런히 모으고 머리를 바비 쪽으로 기울인 채 말했다.

"당시 나는 브롱크스에 살았어. 그 사람을 처음 만났을 때 말이야. 맨해튼에서 일했지만 사는 곳은 브롱크스였지." 여자의 눈은 이제 대중심리학책을 든 여자를 향했다. "당시에는 일하러 다니는 여자가 그렇게 많지는 않았어요." 로즈가 그 여자에게 말했다. "50년 전 이야기니까요."

"그래서 계속 부끄럽지 않은 상태로 남으려면, 물론 나는 그랬지만, 가족과 함께 살아야 했어요. 브롱크스나 브루클린 중 한 곳이었지요. 언니랑 브루클린에 살 수도 있었는데 형부가 허락하지 않았어요. 형부 말이 내가 언니를 부추겨서 언니가 자꾸 자기한테 대든다나요? 내가 한 일이라곤 그저 언니가 어린아이들도 볼 수 있는 것을 보게 한 것, 즉 그가 얼마나 썩었는지 주시하게 한 것이었지만, 뭐 그건 다른 이야기고요. 아무튼 그래서 나는 브롱크스에서 어느 근사한 가족과 함께 살게 되었어요. 방 하나와 화장실 하나를 나 혼자 쓰고 지하철이 두 블록 떨어져 있었죠. 사실 내가 타는 역은 그 노선의 종점이라 매일 아침 5분에서 10분 정도 좌석에 앉아 열차가 출발하길 기다렸어요.

어느 날 잘생긴 신사가 맞은편에 앉아서 같은 신문을 읽고 있는 걸 보았는데 그 사람도 내가 보고 웃은 기사를 보고 웃고 있더군요. 다음 날에도 그 남자가 또 내 맞은편에 앉아 같은 신문을 읽고 있었죠. 이런 일이 몇 주 동안 이어졌어요. 그러던 어느 날 우연히 고개를 들었는데 그 사람이 나를 보고 고개를 끄덕하더라고요. 나는 조금 놀랐지만 고개를 끄덕여 인사했어요. 뭐, 우린 어차피 인간이잖아요. 그 후로 매일 아침 그 사람이 맞은편에 앉았고 우리는 서로 고개를 끄덕여 인사했어요. '이런' 일이 족히 몇 주, 어쩌면 몇 달 동안 이어졌어요. 그러다가 그 사람이 통로를 건너오더니 내 옆자리를 가리키며 '괜찮을까요?' 하고 묻더군요. 뭐, 이쯤 되면 내가 안 된다고 말하는 게 더 우습지 않겠어요? 그래서 말했죠. '여긴 자유 국가예요. 그러세요.'"

여기까지 말하고 로즈는 입을 다물었다. 《타임스》를 든 여자가 다시 신문을 읽기 시작했다.

"그래서, 로즈?" 바비가 재촉했다. "그래서 어떻게 됐어?"

"그래서 어떻게 됐냐면." 로즈가 밀어내듯 말했다. "어떻게 됐을 것 같아? 우린 이야기를 나누기 시작했지. 매일 아침 42번가에 도착할 때까지 한 시간을 꼬박 이야기를 나누었어. 나는 42번가에서 내렸거든. 그는 한 정거장 더 가서 34번가에서 내렸고. 우리는 이야기를 나누고, 나누고, 또 나누었어. 지금 생각해보면 무슨 할 말이 그리 많았는지, 믿기지 않을 정도야! 뭐, 이야기라는 게 한 가지가 또 다른 한 가지로 이어주는 법이잖아. 그런데 어느 날 그 사람이 언제 같이 저녁을 먹자고 하더라고.

나는 바로 그 자리에서 믿을 수 없을 정도로 솔직하게 대답했어. '레빈슨 씨. 당신은 유부남이고 나는 부끄럽지 않은 여자예요.'"

"뭐라고요?" 청바지 입은 여자가 소리쳤다. "그 남자가 유부남이었다고요?"

"예. 내가 그 이야기는 안 했던가요? 맥스 레빈슨은 유부남이었어요."

이번에는 전부 고개를 들었다.

로즈가 다시 입을 다물자 바비가 또 재촉했다.

"그래서 어떻게 됐어, 로즈? 그다음에 자기가 어떻게 했더라?"

"그다음에 내가 어떻게 했냐고? 아무것도 안 했지. 정확히 아무것도 하지 않았어. 우리는 계속 그 상태였어. 달라진 거라곤 이제 매일 그가 퇴근 후에 만나자고 졸라댔다는 것뿐이지. 그게 안 되면 점심시간 도중에라도 만나자고 했어. 나는 들어주지 않았고. 몇 달이 흐르도록 말이야. 하지만 그는 끊임없이 졸랐어. 바위에 떨어지는 물방울처럼 나를 뚫어댔어. 어느 날 허락했지. 점심을 같이 먹기로. 그 후로 점점 약해졌다고 인정해야겠네. 우리는 거의 매일 점심시간에 만나기 시작했고 나는 거리를 건널 때 그 사람이 내 팔을 잡도록 허락했어. 그 일에도 익숙해졌고, 또 좋아했다고, 아주 많이 좋아했다고도 인정해야겠어. 내가 '그 사람'을 좋아했는지는 모르겠는데, '그 일'은 좋아했어. 무슨 말인지 알겠어?"

방 안의 여자들이 일제히 고개를 끄덕였다.

"그래서 어떻게 됐어, 로즈? 그래서?"

"그래서 우리는 '그런' 식으로 몇 달을 보냈어. 시간이 흐르고 있었지. 내가 맥스 레빈슨을 안지도 이미 2년이 넘어갔어. 이제 그 사람은 자기랑 함께 나가자고 졸라댔지. 그게 무슨 말인지는 알 거야. 맙소사, 그 남자, 얼마나 집요했던지. 그래서 내가 말했지. 맥스, 날 원한다면 레빈슨 부인을 떠나야 해. 그랬더니 그 남자가 그럴 수는 없다고 하더라고. 왜지? 그 여자가 많이 아파서 자기가 부인 곁을 떠나면 스스로 견딜 수 없을 거라고 말이야. 그래서 내가 그랬어. 좋아, 그렇다면 할 수 있는 일이 없네. 우리는 해결할 수 없는 상황에 빠진 거야. 하지만 그 사람은 여전히 원하는 것을 원했어. 나를 포기할 수 없다고 했지. 한 번도 느껴본 적 없는 사랑을 내게 느낀다고 말이야. 그래서 나를 반드시 가져야겠다고."

"어머나, 정말 낭만적이다." 방 안에 네 번째 여자가 말했다. 우리는 전부 그 여자를 보았다.

"그래서, 어떻게 됐어, 로즈?" 바비가 졸라댔다.

"그래서 당시 살고 있던 집을 떠나기로 결심했지. 그가 더는 나를 볼 수 없는 곳으로 가겠다고. 그렇게 했어. 어느 날 보니 내가 다른 동네, 다른 지하철 노선의 어느 방에 와 있더라고. 나는 그냥 사라져버린 거야. 맥스가 예전 집으로 전화를 백만 번도 더 했어. 그 가족을 아주 미치게 만들었지. 하지만 그 사람에게 어떤 말도, 절대 어떤 말도 하지 말라고 신신당부해두었거든. 나는 그 사람 인생에서 사라져버렸어."

방 안이 조용해졌다.

"그래서, 로즈? 그래서 어떻게 됐는데, 로즈?"

"5년이 흘렀어. 나는 그를 보지 못했고 그도 나를 보지 못했지. 우리 두 사람에게 무슨 일이 있었는지 아무도 몰랐어. 그러던 어느 일요일 여자 친구와 그리니치빌리지 거리를 걷고 있는데 그 수많은 장소 가운데 하필 그곳에서 맥스 레빈슨을 불쑥 마주친 거야. 그가 내 팔을 붙잡더니 내 친구에게 정중히 집으로 돌아가라고 부탁하곤 나를 어느 식당으로 데려가더라고. 그는 커피 한 잔과 데니시 빵 한 조각을 시키고 앉아서 몇 년 동안 내 생각을 멈출 수 없었다고, 그러니 다시는 사라지지 말라고 간청했어.

그렇게 그 모든 일이 다시 시작되었지. 함께 걷고, 말하고, 점심을 먹고, 다시 그 사람이 자기랑 함께 나가자고 졸라대기 시작했어. 나는 함께 식사하고 산책할 수는 있지만 나는 부끄럽지 않은 여성이므로 함께 나갈 수는 없다고 했지. 이런 식으로 일 년이 흘렀어. 그러던 어느 날 그 사람이 전화를 걸어 말했어. '무슨 일인지 맞혀 봐.' '무슨 일이야?' 내가 묻자 '아내가 죽었어.' 그 남자가 말했어. '간밤에 아내가 죽었어.'"

감방 같은 회색 리놀륨 바닥에 깃털 하나가 떨어졌대도 우리는 그 소리를 들을 수 있었을 것이다.

"그래서, 어떻게 됐어, 로즈?" 바비가 로즈의 귀에 대고 속삭였다.

"그래서 어떻게 됐냐고?" 로즈가 어깨를 으쓱했다. "그래서 어떻게 되긴. 우린 결혼했지."

마침표. 이야기의 끝. 로즈는 이번에는 정말로 그러겠다는 듯이 입을 꾹 다물었다. 바비가 입꼬리가 귀에 닿도록 씩 웃었고 눈을 반짝이며 경이롭다는 듯 고개를 흔들었다. 정말 끝내주는 이야기이지 않아? 정말 끝내주지? 그는 얼른 대화를 시작하고 싶어 어쩔 줄을 몰랐다. 그는 방 안에 긴장감이 돈다는 것도 혹은 침묵이 길어지고 있다는 것도 눈치채지 못했다. 마침내 불경한 시대의 부름을 받고 입을 연 사람은 바로 나였다.

바비의 살롱

"어땠나요, 로즈?" 내가 물었다.

로즈의 입술은 더욱 꾹 다물어졌고 허공을 멍하니 응시했다. 일 분이 흐르고 또 일 분이 흐른 다음 마침내 로즈가 입을 열었다.

"난 후회하지 않아요." 로즈가 단호하게 말했다.

다시, 방 안에는 어떤 소리도 들리지 않았다.

"나쁜 일 아닌가요?" 내가 말했다.

로즈가 내 쪽으로 완전히 몸을 돌렸는데, 나는 그의 파란 눈동자에 해가 져버렸음을 보았다. 그 눈은 더 이상 차갑지도 반짝이지도 않았다. 납작하고 텅 빈 고요가 두 눈에서 모든 표정을 밀어냈다.

"그는 남자였어요." 로즈가 말했다. "자기 말 말고는 누구의 말도 듣지 않았죠."

우리는 모두 바닥을 보았다.

"정말 끝내주는 이야기지 않아, 자기들?" 바비가 신경질적으로 키득거렸다.

나는 고개를 들고 바비의 얼굴에 드러난 혼란을 보았다. 다들 언제나 로즈의 공연을 향해 큰 소리로 웃었었는데—그것은 위대한 '성의 전쟁' 이야기 중 하나였다—지금은 왜 아무도 웃지 않는 거지? 혼란은 순식간에 놀라움으로 변했다. 내가 이곳에 드나든 이래 처음으로 바비는 이발 의자에 여자가 앉아 있는데도 가위를 내려놓았다. 그 순간 나는 그의 삶이 변하는 모습을 목격했다. 여자들과 남자들이 함께 등장하는 희극이 그의 안에서 죽기 시작했다. 그조차도 '토니 미용실'의 한 시대가 스스로 막을 내려버렸음을 알아챘다.

(2003)

옮긴이의 말

페르소나와 페르소나의
절도 있는 일인칭 춤

아버지는 매일 《뉴욕 타임스》와 《데일리 워커》, 이디시어 사회주의 신문 《Morgn frayheyt》를 읽었다. 어머니는 주로 19세기에 쓰인 낭만적인 소설을 읽었다. 노동계급 사회주의자 유대인 가정에서 나고 자란 비비언 고닉은 '읽는' 부모를 보며 자연스럽게 '읽고 쓰는 사람'이 되리라 생각했다. 1950년 대 중후반에 뉴욕시티칼리지를 다니며 자유와 인권운동의 발아를 목격했다. 친구들과 콜레트와 메리 매카시를 읽으며 교과서가 보여주지 않았던 여성 작가들의 과감한 글쓰기에 매료되었다. 고닉에게 정치와 문학은 분석 대상이 아니라 숭배의 대상이었다. 자연스럽게 세속적인 직업보다 작가가 되리라 생각했는데, 당시 작가는 거의 소설가를 뜻했다. 스무 살 무렵 어느 미술거래상에서 일한 경험을 짧은 소설로 써서 출판사에 투고했으나 편집자로부터 "너무 순진하다. 요즘 스무 살 여성이 이렇게 순진할 수도 있다니 믿을 수가 없다"라는 혹평을 받았다. 픽션을 쓸수록 글이 페이지 위에 "죽은 개처럼 누워 있었다." 자신은 소설을 쓸 수 없는 사람인가 싶어 좌절했다.

삼십대 초반 두 번째 남편과 헤어지고 대학원을 마친 후 버클리에서 뉴욕으로 돌아왔을 때, 수전 손택이 1964년 《파르티잔 리뷰》에 발표하고 1966년 산문집 《해석에 반대한다》에 수록한 〈'캠프'에 관한 단상〉을 접한다. '캠프'는 진지한 것을 경박한 것으로 전환시키거나 케케묵은 것, 속된 것, 기괴한 것을 좋아하는 감수성을 말하는데, 손택은 이 에세이를 통해 하위문화로 취급되었던 전위적 게이들의 문화 현상을 혁신적인 미학의 반열에 올려놓으며 평단의 큰 주목을 받았다. 그러나 고닉은 '캠프'가 손택의 주장처럼 오스카 와일드의 정신이 아니라 오히려 그의 연인 앨프리드 더글러스의 비참한 정신에 가깝다고 생각했고, 손택의 글을 비판하는 에세이 〈팝, 동성애가 되다: 모닥불에 불을 붙이는 퀴어의 손 Pop Goes Homosexual: It's a Queer Hand Stoking the Campfire〉을 써 대항문화 신문 《빌리지 보이스》에 투고한다. 고닉은 이 에세이로 주목을 받고 1969년부터 《빌리지 보이스》의 상주 기자가 된다.

어느 날 신문사의 편집장이 고닉을 불러 "블리커 스트리트에 여성해방론자를 자처하는 여자들이 있는데, 무슨 일인지 알아보라"고 주문한다. 이 취재를 계기로 고닉은 일주일 만에 케이트 밀렛, 수전 브라운밀러, 티그레이스 앳킨슨, 슐라미스

파이어스톤 등 당시 활발하게 활동하던 페미니스트들을 만난다. 고닉은 이 시기를 "인류학자가 원주민을 만나는 것처럼 페미니즘이 무엇이고 무엇에 관한 것인지, 왜 하는 것인지, 어떤 의미가 있는지" 묻다가 일주일도 안 되어 페미니스트로 '개종'한 개인적 격변기로 술회한다. 페미니즘은 번개처럼 고닉을 관통했고 그때부터 그는 역사와 문화, 세계, 그리고 자신의 삶을 오롯이 페미니즘의 관점으로 볼 수 있게 되었다. 여성과 남성의 관계가 빠르게 변화하던 시기에 고닉은 주로 《빌리지 보이스》와 《네이션》에 비평을 쓰기 시작했고, 개인적 증언에 대한 갈망으로 누구나 일인칭으로 글을 쓰던 당대의 쓰기 문화와 버지니아 울프 같은 에세이스트이자 비평가의 전통을 결합해 '일인칭 개인 비평'의 새로운 세대를 선도했다.

고독의 한가운데 함께할 '나'를 찾다

고닉에게 일인칭 화자인 '나'는 특별한 의미를 갖는다. 어머니와의 복잡한 애착 관계를 솔직하게 그려내 '개인 저널리즘'에서 '개인 서사'로 한층 발돋움하는 데 성공한 발군의 회고록 《사나운 애착》의 '나'와 고닉의 비평 총서라고 할 만한 이 책 《멀리 오래 보기》의 '나'는 같은 기원을 가졌지만 동일 인물이 아니며, 고닉 자신에서 출발했지만 고닉과는 다른 '나'다.

사십대에 접어든 고닉은 어느 날 문득 '더 이상 다른 이들의 삶에서 타인이 되고 싶지 않다'는 생각을 하게 된다. 그동안의 일이 바깥쪽에서 대상을 바라보며 질서를 세우고 더 깊은 의미를 부여하려 애쓴 시간이었다면, 이제는 거꾸로 안쪽에서 바깥을 바라봐야겠다고 생각했다. 내친김에 《빌리지 보이스》의 '상주 페미니스트 기자' 일을 그만두고 다른 글을 써보기로 했다. 내 안에서 터져 나오는 이야기를 기록하고 싶어졌다. 어쩐지 다급하게 어머니와의 관계에 관해 써야 한다는 생각이 들었고, 그렇게 완성한 《사나운 애착》으로 큰 주목과 인정과 찬사를 받았다.

고닉은 이 책과 더불어 자신의 쓰는 삶이 비로소 성인기에 돌입했다고 말한다. 이 책이 성공적이었던 것은 고닉이 생물학적 존재이자 글 쓰는 주체로서의 고닉 자신이 아닌 '상황'을 장악하고 '이야기'를 힘 있게 끌고 나간 또 다른 '나', 즉 페르소나를 찾아냈기 때문이었다. 이 페르소나는 '다시 혼자'가 되는 상황을 두려워하지 않고 고닉을 위해 기꺼이 싸워주었고, 회고록이 단순한 고백에 그치지 않고 솔직한 자기폭로를 성취할 수 있도록 용기를 내주었다. 이때부터 고닉은 글을 끌고 나가는 '진정한 관점'을 획득하는 과정은 외롭고 힘들지만, 고독이 나와 함께 있어 주고, '나'가 나와 함께 있어 주어 쓰기에 닿을 수 있다는 진리를 깨달았다. 즉, 페르소나를 찾는 일은 혼자이면서 혼자가 아닌 일, 기꺼이 고독을 자처해 외로움에서 벗어나는 일이다.

페르소나를 만나는 여정으로서의 읽기

페르소나의 발견은 고닉의 쓰기뿐만 아니라 읽기에도 큰

변화를 가져온다. 명료한 문장을 통해 글의 명징함clarity을 추구하고자 했던 고닉의 쓰기 열망은 화자의 진실한 목소리, 즉 적합한 페르소나 찾기라는 읽기의 관점으로 확장된다. 스스로 존중할 수 있는 문장을 찾을 때까지 오래 머무르며 기다리는 사람이 된 고닉은(문장이 말해야 할 것을 말할 때까지 붙잡고 있다가 문장이 완성되는 때를 아는 일이 세상에서 가장 어려운 일이라고 말한다) 다른 작가의 책을 읽을 때도 또 통증을 겪는 세계를 읽을 때도 존중할 수 있는 '본질적 감수성', 즉 화자의 진정한 관점을 찾아 문장 사이를 세심하게 더듬는다. 논쟁적 저널리즘에서 진짜 비평으로 옮겨가면서 정치적 관점을 위해 문학적 고려를 희생하지 않겠다고 다짐했던 고닉은 자신의 비판적 페르소나를 통해 타인의 글을 이끌어가는 페르소나를 찾아내고 두 진술자가 만나는 지점에서 '일인칭 개인 비평'이라는 포괄적인 관점을 성취해낸다.

궁극의 읽기는 다중의 대화다

작가란 자신의 경험을 지속적으로 검토하고 매번 더 깊은 의미를 만들어내야 하는 사람이므로 어쩔 수 없이 자신을 반복할 수밖에 없다. 특히 직접 경험하지 않은 것은 절대 쓸 수 없다고 선언한 고닉에게 이른바 '자기 표절'은(고닉의 표현이다) 피할 수 없는 일이었다. 다만 '진실처럼 명확하고 단순한 문장'을 만들기 위해 평생 노력해왔고, '명징함'을 모든 것에 우선하는 가치로 정했다. 고닉에게 명징함이란 감정적 진실을 의미하고, 장르를 막론한 모든 작가는 페이지에 감정적 진실을 담는 작업을 하고 있다고 생각한다. 다만 각자 언어의 사용법이 다를 뿐이다. 그런 맥락에서 고닉은 글쓰기에서 '발명'보다 '증언'이 더 강력한 힘을 발휘한다고 생각하는데, 이러한 기준은 쓰는 삶과 더불어 읽는 삶에도 다소 엄격하게 적용된다.

《멀리 오래 보기》에 수록된 메리 매카시, 로어 시걸, 프리모 레비, 한나 아렌트, 레이철 카슨, 시몬 드 보부아르, 캐슬린 콜린스, 해리엇 비처 스토를 향해 고닉이 드러낸 애정과 경의는 상당 부분 그들의 '발명보다 증언'을 높이 산 고닉의 가치관에서 비롯한다. 또 고닉이 존중하는 '증언' 혹은 경험의 진술은 상상력이 풍부한 언어를 동반해야 하는데, 이 언어를 음미하며 대화를 나누고('독서 모임' 같은 실제 대화와 작품 속 페르소나와의 대화를 모두 말한다) 읽기 전과는 다른 지평으로 자신을 데려가는 행위가 고닉에겐 바로 궁극의 읽기다. 그러나 고닉이 생각하는 상상력이 풍부한 언어는 소위 '미문'이 아니다. 온갖 수사를 동원한 언어보다 경험의 의미를 가장 명료하게 전달하는 언어가 고닉에겐 가장 아름다운 언어일 것이다.

그러므로 감히 이 책을 한마디로 요약해보자면, 고닉에게 한없이 아름다운 언어와 아름다운 장면에 대해 고닉 나름대로 아낌없이 애정을 퍼부었겠지만 독자의 눈에는 꽤 절제한 것처럼 보이는 비평과, 고닉이 추하다고 생각한 글과 감수성, 장면에 대해 고닉 나름대로 꽤 절제했다고 생각했겠지만 독자의 눈에는 한없이 맵고 매서운 비판으로 일관한 비평이 황금비율로 섞인, 페르소나와 페르소나의 절도 있는 일인칭 춤이라고 말하고 싶다. 언뜻 어려워 보이는 산문의 문장들을 더듬다가 어느 순간 행간을 오가는 페르소나끼리의 아름다운 춤을 목격한다면, 우리도 어느새 그 춤에 끼어들어 같은 행간을 누비다 우연히(그러나 필연적으로) 읽는 '나'라는 또 다른 페르소나를 발견할지도 모른다. 이 책을 읽는 저마다의 경험이 절도 있는 한판 춤의 목격이자 증언으로 확장될 수 있다면 옮긴이로서 더 바랄 게 없을 것이다.

이주혜

멀리 오래 보기
진정한 관점을 찾기 위한 기나긴 응시

초판 1쇄 발행 2023년 9월 25일
초판 4쇄 발행 2024년 12월 13일

지은이 비비언 고닉
옮긴이 이주혜
편집 나희영
디자인 원과사각형

펴낸곳 에트르
등록 2021년 11월 10일 제2021-000131호
이메일 etrebooks@gmail.com
인스타그램 @etrebooks

ISBN 979-11-978261-3-9 03800

이 책 내용의 일부 또는 전부를 재사용하려면
반드시 저작권자와 에트르 양측의 동의를 받아야 합니다.
잘못된 책은 구입하신 서점에서 바꿔드립니다.